《宁夏漫记——档案里的故事（Ⅱ）》
编纂委员会

策　划　孙建军
主　编　孙建军
副主编　李向福
编　辑　宋艳萍　王海荣　张磊　古小军　母新慧

NINGXIA MANJI

宁夏漫记

——档案里的故事 II

宁夏回族自治区档案馆 编

黄河出版传媒集团
宁夏人民出版社

图书在版编目（CIP）数据

宁夏漫记：档案里的故事. Ⅱ / 宁夏回族自治区档案馆编. —— 银川：宁夏人民出版社，2023.8
ISBN 978-7-227-07858-6

Ⅰ. ①宁… Ⅱ. ①宁… Ⅲ. ①宁夏 - 地方史 - 史料 Ⅳ. ①K294.3

中国国家版本馆 CIP 数据核字(2023)第 182219 号

宁夏漫记:档案里的故事（Ⅱ）　　　　宁夏回族自治区档案馆　编

责任编辑　周淑芸
责任校对　陈　浪
封面设计　马　冬
责任印制　侯　俊

黄河出版传媒集团
宁夏人民出版社　出版发行

出 版 人　薛文斌
地　　址　宁夏银川市北京东路139号出版大厦(750001)
网　　址　http://www.yrpubm.com
网上书店　http://www.hh-book.com
电子信箱　nxrmcbs@126.com
邮购电话　0951-5052104　5052106
经　　销　全国新华书店
印刷装订　宁夏凤鸣彩印广告有限公司
印刷委托书号　（宁）0027438

开本　710 mm×1000 mm　　1/16
印张　23.25
字数　370千字
版次　2023年11月第1版
印次　2023年11月第1次印刷
书号　ISBN 978-7-227-07858-6
定价　60.00元

版权所有　侵权必究

前 言

在人类文明的历史长河中，档案作为人类文明的结晶流传下来，见证历史、昭示未来。

2015年，我馆编纂出版《宁夏漫记——档案里的故事》，用档案讲述宁夏故事，贴近历史，贴近社会，更贴近百姓，受到社会各界人士的好评，堪称宁夏档案文化精品佳作。在"十四五"开局之年，为总结"十三五"档案编研工作，展现档案文化研究与建设成效，我馆决定编纂出版《宁夏漫记——档案里的故事（Ⅱ）》。全书收录了我馆《档案博览》期刊2015—2020年《史海寻踪》栏目刊载的70余篇文章，以讲述、解密档案文献背后的故事或事件为主线，举凡在宁夏发生的或与宁夏有关的档案文献掌故均在收录之列。所收文章具有浓厚的宁夏地方色彩，虽多是历史片段，且篇幅不长，但大都鲜为人知，史料价值弥足珍贵。

全书按收录文章内容分为"红色故事""往事回眸""史海掠影"和"兰台文苑"四部分。每篇文章文末注有刊发时间。文章作者大部分是全区各级档案部门的工作人员，他们依托各地国家综合档案馆馆藏档案资源信息，深入挖掘馆藏红色记忆、重要历史事件、历史文化等档案文献，旨在追述宁夏红色故事，或用档案史料见证宁夏社会变迁特别是改革开放以来经济社会发展轨迹，或用档案印证宁夏历史文化往事逸闻，传递、展示、解读馆藏特色档案史料，讲好中共党史、新中国史、改革开放史、社会主义发展史故事。

根据编纂和排版需要，我们对个别文章的标题、格式做了适当修改和调整，对其中的一些内容特别是方言和口语化的内容，进行订正、补充和完善，使其通俗易懂，避免出现歧义。

本书的付梓，凝聚着专家学者和广大档案工作者的心血，承载着兰台人的使命担当。在此，感谢长期关心和支持档案文化建设的社会各界人士，感谢为本书付出努力的各位同仁。在编纂过程中，难免有舛误和不妥之处，请读者予以批评指正。

编　者

2022 年 9 月

目　录

前　言 ·· 1

第一篇　红色故事

红军长征在隆德的革命活动 ···························· 梁喜太　3
红军在宁夏留下的标语 ·································· 张久卿　7
豫海县回民自治政府成立始末 ························ 金春宝　14
《抗日红军在西北大汇合》
　　——一篇写于1936年的珍贵文献 ············ 张久卿　20
杨一木同志口述的几件革命往事 ····················· 王海荣　28
毛泽民1936年来盐池 ···································· 王卫东　33
丁玲1936年到三边前线 ································· 张树林　37
陕甘宁边区时期盐池县的社会教育事业 ············ 张树林　42
陕甘宁边区时期盐池县的学校教育事业 ············ 张树林　46
盐池人民支援抗战二三事 ······························ 牛海武　51
毛主席推广盐池滩羊 ···································· 张树林　55
人民解放军进驻银川 ···································· 郑慧斌　58
盐池烈士纪念塔的由来 ································· 陈菊英　63

第二篇　往事回眸

民国时期宁夏省邮电机构设置	孙建军	69
民国年间宁夏筹修轻便铁路始末	胡迅雷	74
蒋介石三次来宁逸事	郑慧斌	78
侵华日军飞机轰炸宁夏的罪行	孙建军	82
民国宁夏军队血战绥西乌不浪口	兰建忠	87
抗战时期宁夏省的募捐与劳军	胡迅雷	93
抗战时期宁夏邮政历史	孙建军	98
抗战时期宁夏省的识字运动	张久卿	103
乌不浪口抗日烈士公墓琐记	兰建忠	110
宁夏抗战阵亡将士纪念碑小忆	朱文华	115
民国宁夏地区庆祝抗战胜利片段	古小军	117
记民国时期银川一起医疗纠纷	胡迅雷	121

第三篇　史海掠影

从报纸中看盐池县对抗日战争的贡献	杜春芳	131
陕甘宁边区时期盐池县元华工厂生产经营模式考究		
	夏先江　张伟芳	136
毛泽东主席为《宁夏日报》题写报头	张　磊	141
维护社会稳定　巩固革命新秩序		
——记中国人民解放军银川市军事管制委员会	孙建军	145
抗美援朝运动在宁夏	滕鲁平　李　翔	152
宁夏人民的爱国公约运动	陈菊英　李　翔	157
抗美援朝时期宁夏的拥军优抚	倪雪梅　李　翔	161
全省农民团结起来建设宁夏		
——记宁夏省第一届农民代表会议	张　磊	165

篇目	作者	页码
1950年宁夏枸杞产销调查	孙建军	170
大力发展农业生产 鼓舞群众生产信心		
——宁夏省第一届生产会议简述	李 翔	175
解放初期宁夏小学教育的整顿与恢复	孙建军	180
1950年宁夏省档案工作经验总结	孙建军	185
宁夏民族公学及其演变	张国栋	191
宁夏省休假制度的建立与调整	王 颖	196
计划经济时期的宁夏布票	张 磊	200
宁夏回族自治区的成立	孙建军	204
在宁夏工委驻北京办事处工作的日子	张 振	209
宁夏回族自治区成立周年庆祝活动的瞬间	张 磊 李 翔	212
银新铁路的"前身"	张国栋	217
宁夏防疫队赴唐山抗震救灾纪实	张久卿	222
宁夏回族自治区成立二十周年庆祝活动安排		
	王海荣 张 磊	229
宁夏回族自治区成立二十周年庆典筹备往事		
	王海荣 李 翔	234
改革开放初期宁夏落实知识分子政策综述	孙建军	237
宁夏回族自治区成立三十周年大庆献礼工程		
——银川火车站的前世今生	孙建军 王海荣	242
宁夏第一家中美合资企业：宁加农业环境仪器设备制造有限公司		
	孙建军	247
奋进四十年，一飞冲天		
——宁夏民航事业发展纪实	王海荣	251
宁夏高速第一路问世记	张 磊	256
宁夏首届支教讲师团纪实	蒋振邦	261
银川市成为宁夏回族自治区首府始末	蒯陟文	269
银川市行政区划的历史变迁	李 翔	275
翻阅银川城市发展 感悟百姓生活变迁	邱世杰	280

吴忠6次设市的时间及缘由探析 ………………………… 高广俊　285

第四篇　兰台文苑

鸿雁传书与苏武牧羊 …………………………………… 张发盛　295
历史文献中的隆德县沿革 ……………………………… 梁喜太　299
宁夏"壬辰兵变"中的两位功臣 ………………………… 张发盛　302
"清初第一良将"赵良栋 ………………………………… 孙建军　305
清朝宁夏府新渠、宝丰二县设置裁汰的档案记忆 ……… 孙建军　310
孙中山手抄影印本《建国大纲》档案简述 ……………… 孙建军　316
永宁县档案馆馆藏档案《金兰谱》略考 ……… 张国栋　郑玉果　321
民国宁夏省城的商业行话 ……………………………… 朱文华　325
乡村匠人一盏灯
　　——忆旧时中卫乡村匠人 ………………………… 张发盛　328
中卫古城街巷探源 ……………………………………… 张发盛　340
中卫市城区寺庙古迹探源 ……………………………… 张发盛　346
邮票中的档案故事 ……………………………………… 黄　华　352
鉴往知来
　　——宁夏档案馆馆藏实物档案的故事 …………… 滕鲁平　355
生态美，点亮银川美好生活
　　——银川城市园林绿化发展脉动 ………………… 邱卫华　360

第一篇　红色故事

红军长征在隆德的革命活动

梁喜太

1935年8月15日，红二十五军进入甘肃隆德县兴隆镇和单家集（今均属宁夏西吉县）一带休整。1935年10月，毛泽东同志率领中央红军翻越六盘山到达吴起镇。红军在隆德地区的革命活动，在隆德县各族群众心中播下了伟大的长征精神，对隆德各族人民的革命斗争，产生了巨大而深远的影响。

红二十五军在隆德的革命活动

1935年8月17日，红二十五军大部队从兴隆镇、单家集出发，沿好水川东进，经火家堡子、姚杜家、上马家嘴、毛李家、杨家河、中河、牛家河、王三道，进入红土路村。另有一连策应部队，从火家堡子附近的陈田玉上山，经李哈拉、彭家阳洼，到神林铺的阎家庄子，经沙塘铺，于16时前后到达隆德县城，与大部队会合。当天12时许，另一部分红军在隆德县城北的北象山与守城敌军接火，14时左右，红军占领隆德县城。凌晨1时许，先遣部队从红土路出发，经张银、水磨、蔡家湾、杨家店，黎明翻过六盘山。

8月18日，在瓦亭附近击溃了马鸿宾部三十五师一〇五旅3个营。经三关口于19日逼近平凉。经泾川、崇信，23日到达灵台县什字镇一带休整。8月28日又挥师北进，经崇信、平凉以东的四十里铺，上北塬过镇原等地，于9月17日胜利到达延川县永坪镇，与红二十六、二十七军会合，编为中国工农红军第十五军团。至此，红二十五军长征胜利结束，成为红军长征中先期到达陕北的部队。

红二十五军攻克隆德县城后，除处决敌司法庭庭长，破狱释放犯人，还俘虏了原保安团团长等，当晚即押往红土路处决。红军打开粮仓，把粮食分给穷苦农民。红军打击敌人、保护人民、严守纪律的行动，感动了当地群众。县城和红土路的群众积极为红军安排住宿，送水送饭。军首长住在伏龙寺（今好水中学），部队分住在农户家或露宿。红土路村村民纷纷给红军送鸡送菜，红军都及时付了钱。红军深夜经过蔡家湾时，许多农民给红军送来了热饭。

从兴隆镇到六盘山上的庙儿坪，凡红二十五军所经过的村镇，都书写了宣传标语。伏龙寺围墙和庙儿坪庙院围墙上，都书写有"打倒土豪劣绅""打土豪，分田地！"等宣传标语。在王三道村蒲应禄家油房墙壁上书写了《中国工农红军北上抗日宣言》的部分内容，墨笔楷书，字迹工整。红军走后，当地村民在标语上涂了一层泥皮进行了保护。1956年拆油房时剥掉泥皮，标语字迹犹存。此外，还利用各种机会同群众交谈，宣传中国共产党的政策和抗日救亡的道理，一些爱国青年受到启发而参加了红军。神林铺青年农民李友禄，8月17日上午给地主家犁地时，一支红军队伍在地头休息，同李友禄交谈，动员他参加红军。李友禄随即参加了红二十五军。

兴隆镇一带是回族聚居的地区，长期以来，由于国民党政府的反动宣传，当地群众对红军存在着恐惧心理，听到红军要来，青年男女就远逃深山野外躲藏起来。因此，在进入兴隆镇一带之前，红二十五军政委吴焕先就做了周密的安排，他找到几个贫苦群众、地方乡绅、小学教员和货郎小贩，向他们了解回族聚居区的社会情况、宗教信仰和风俗习惯。结合这一地区的特点，在部队内部进行了党的民族政策教育，发布了"三大禁令、四项注意"，即：禁止驻扎清真寺，禁止在回民家吃大荤，禁止打回族中的土豪；注意尊重回族的风俗习惯，注意用回民水桶在井里打水，注意回避回族青年妇女，注意实行公买公卖，要求指战员严格遵守。还指令各连队制定了具体措施。

红二十五军刚进兴隆镇时，各家门户紧闭，街头冷落无人。指战员立即行动起来，有的登门拜访群众，宣传党的抗日救国主张；有的打扫街道；有的下地帮助农民干活。军医院院长钱信忠同志带领医务人员热情为群众治病的情景，当地老人至今还在传颂。军政委吴焕先等首长，邀请有名望的老人、阿訇等到军部做客，反复耐心地向他们解释说明中国工农红军是穷人的军队，红军进驻兴隆只是路过稍作休息就走，一不派款，二不要粮，三不抓兵，决不骚扰老百姓，不必担心。通过开展广泛细致的群众工作，很快消除了群众疑虑，回族人民与红军逐渐亲热起来。第二天早晨，街上大小店铺开门营业，街道人群中欢声笑语，嘘寒问暖，非常热闹，军民亲如一家。有两位回族妇女给山顶上的哨兵送去一篮馒头和一罐热汤。这天中午军首长还给清真寺赠送了"回汉兄弟亲如一家"的锦缎匾额、6个大元宝和6只大羊等礼品，清真寺举行了热烈而隆重的欢迎仪式。随后，清真寺阿訇带领几十名回族弟兄，抬着礼品，牵着羊，又到军部回拜。

红二十五军离开兴隆镇时，街道两旁桌案上摆满了油香、糕点、鲜果……各族群众齐集街头，恋恋不舍地为红军送行，祝愿胜利，并高呼"欢迎红军再回来！"

红二十五军用实际行动教育和感动了当地人民群众，扩大了党和红军在回族人民中的影响。当地马青年等6名回族青年参加了红军。此后，"红军好"的消息不胫而走，很快传遍了隆德地区。

中央红军在隆德的革命活动

1935年10月5日，中国工农红军陕甘支队右路一纵队从界石铺、高家堡一带出发经显神庙、长尾河、团庄等地进入兴隆镇和单家集一带，当晚还宿营于此。左路二、三纵队宿营于葫芦河西岸的公易镇上村、新合庄、撒家湾、阎家、西冶等村庄。毛泽东、张闻天、王稼祥等领导人随一纵队到达单家集。

10月6日凌晨，一纵队由兴隆镇、单家集一带出发，经新店子、十字路、杨家磨、黄湾等地，向固原张易堡行进。二纵队、三纵队从公易镇一带出发，因向导带错了路，天亮时才过葫芦河，经兴隆镇北堡子、红城子，在十字路赶上一纵队，当晚宿营于张易堡一带。毛泽东等于6点左右出单家集东头，进东南五里的陈田玉山口，折向东北在马家嘴翻北山，经羊磨，抄小路，下午到达张易堡东南6里的毛庄村，住在这里。由于驻将台之敌前哨部队接近张易堡以西阎官大庄，红军留小部在堡子梁据险阻击，大部队经王套、后莲花沟，向六盘山疾进。毛泽东等从毛庄村出发，向东南行进到小水沟，攀登六盘山高峰。

10月7日拂晓，一纵队登上六盘山高峰，不多时，毛泽东等越过牛头山（小水沟北侧）一个壑岘也到了六盘山上。而此时，已有一股敌人进入青石嘴，挡住了红军的去路。得知敌人挡住去路时，毛泽东当即命令一纵队突袭青石嘴，消灭敌人，打开红军前进的道路。一纵队4个大队立即下山，经南马场、北马场向莲花沟集结。

毛泽东、张闻天、王稼祥等饱览了六盘山的雄姿。毛泽东同志坐在一块石头上，精神饱满、笑容可掬，对张闻天等说："这里可观三省，快到陕北了！"慢慢站起来又说："你们看，现在天高云淡，大雁南飞，景色多好啊！"在此构思了气壮山河的《清平乐·六盘山》。

一纵队在莲花沟召开了纵队指挥员会议，决定四大队（队长王开湘，政委杨成武）从正面攻击，一大队（政委杨得志）和五大队（队长张振山）从两侧迂回包抄，十三大队（队长陈赓，政委邓飞）担任后卫掩护，突袭青石嘴，红军从四面包围上来，敌守军一百多人全部投降。红军在青石嘴稍事休息后，乘胜从挂马沟沿着乃河，进入固原东山（今彭阳县境内），经镇原、庆阳、环县，于10月19日到达吴起镇（今吴起县），11月6日在甘泉县南边的象鼻子湾，与红十五军团胜利会师。

红军长征胜利虽然已经过去80多年了，但红军与隆德各族人民亲如一家的佳话至今传颂不息。长征精神将永远鼓舞激励六盘儿女，为建设富裕、秀美、文明新隆德，与全国同步全面建成小康社会而奋斗！

红军在宁夏留下的标语

张久卿

1935年,中国工农红军长征时曾转战今宁夏六盘山地区,播撒革命火种,并在这里留下了许多标语。如今,这些红军标语作为历史见证,已成为宁夏各族人民进行革命传统教育的生动教材,是大力弘扬"不到长城非好汉"精神的宝贵财富。

1935年10月,毛泽东率中央红军翻越了六盘山,胜利到达陕北。在宁夏,红军宣传群众,播种革命,严格执行党的抗日民族统一战线和民族政策,得到了宁夏各族人民的热烈欢迎和拥护。

1936年5月18日,党中央发布西征命令及西征战役计划,以红一方面军主力组成西方野战军,由彭德怀任司令员兼政委,率领1.7万余人,分左、右两路向陕甘宁三省边界地区进军。西征历时半年,进行重大战斗10余次,解放了包括宁夏盐池、豫旺、同心等在内的城镇10余座,开辟了陕甘宁新根据地,给国民党军及宁夏马家军以沉重打击。在新开辟地区,西征红军发动群众,建立政权,扩充兵员,征集资财,壮大了抗日力量,推动了抗日民族统一战线的发展,为红军三大主力会师创造了有利条件。

红军长征、西征作战所经过的宁夏地区多为回族聚居区,这里的群众以前没有见过共产党、没有见过红军。为争取各族群众的拥护与支持,红军大力开展宣传工作,尊重回民的风俗习惯,利用标语、口号、讲演、座谈等形式，宣传红军的宗旨，传播革命思想，而书写标语则是红军最为常用和有效的一种宣传方式。通过标语，各族群众了解到共产党与红军的方针、政策和主张，拥护共产党的政策，积极参加红军。1936年10月20日，陕甘宁省豫海县回民自治政府成立，成为中国共产党早期民族区域自治制度的雏形，意义重大。

红军在宁夏书写了多少标语，其数量已经无法统计了。主要是因为红军经过的地区多为国民党统治区，当年书写的标语大多没有保存下来。现保存下来的标语，均为红军西征作战时所写。2010年出版的《中国文物地图集·宁夏回族自治区分册》记载："红军西征期间，红军在驻地房屋的墙上书写有大量的革命标语，今同心下马关镇、预旺镇等地红军居住的墙壁上，仍留有'打倒日本帝国主义'等内容的标语60余条，海原县当年红军居住的祁家堡子红军书写'停止内战，一致抗日'等标语10余条。"

实际上，宁夏回族自治区成立之初，人民政府即对全区重要的革命遗迹和历史建筑进行初步调查。而据当时文物工作者记录，在今同心县、海原县、盐池县境内，共发现红军书写的标语、墙报、壁画100多条（幅）。当年文物工作者调查时，当地老人说："过去标语多得很，红军住过的地方都有革命标语。"虽然许多标语因保护不够被破坏了，但文物工作者还是在一些公房和庙内发现了众多革命标语。所幸的是，当年的文物工作者对这些标语、墙报的重要内容做了详细记录，并对部分标语进行了拍照，为今天的人们提供了十分珍贵的史料，再现了抗日红军的伟大胜利和不朽业绩。

为回顾红军长征的精神，弘扬革命传统，根据部分档案记载，按红军标语在宁夏的发现地，依次进行介绍。因有关红军标语的意义、作用、分类等研究已十分丰富，本文只就发现地点、标语数量及内容等做一概述。

豫旺堡城隍庙红军标语

豫旺堡今为同心县预旺镇。豫旺堡城隍庙，当年曾为西征红军总指挥部驻地。该庙前后两座正殿，东西两座侧殿，两个角楼，除西角楼，四殿及东角楼墙壁上均有红军留下的标语，总计60多处，主要内容如下：

红军是工人农人的军队，欢迎回民群众来当红军，欢迎回民官兵们到红军中来

我们是要打日本帝国注意［主义］！

日本占了我们的东北四省华北五省"

回汉两大民族联合起来，打倒日本帝国主义！

发展回民教育，红军不侵犯回民利益

组织抗日联军，组织国防政府，联合红军抗日，抗日救国的红军（署名为"红军宣通"）

抗日的国民革命军不该进攻抗日红军！

联俄联共一致抗日！

反对蒋介石坚持内战帮助日本！

下马关镇红军标语

同心县下马关镇旧时为豫旺县城，红军标语写在一处民房内（发现时为下马关合作食堂用房），内容如下：

反对日本强占中国的东北四省

欢迎二、四方面军北上！

欢迎白军同红军一致北上抗日

欢迎白军同红军一路北（上）抗日

欢迎两广出兵

反对蒋介石阻碍两广北上抗日！

中央第一师南下是阻碍两广北上抗日

反对中央第一师胡宗南南下

红军不拿群众一针一线，红军是抗日救国的军队，西北一切不想当亡国（奴）的人民同红军一路北上抗日去！

联红抗日

打倒卖国贼

打倒日本帝国

打蒋贼救西北，打日本救中国，打土豪救穷人

中国人应皆联合抗日去

反对日本鬼子在东北强奸妇女

反对马洪魁［鸿逵］活埋逃兵

巩固老苏区，发展新苏区，活捉马洪魁［鸿逵］，打到宁夏去

欢迎回民参加回民独立师

欢迎十五路兄弟们同红军一路北上抗日！

执行命令，遵守时间，动作迅速，爱护武器

每人一天要认三个生字

除标语，墙壁上标有"☆红军政宣"字样，还有几幅图画，如"日俄大战"岗楼、飞机大炮及花草等。

杨家堡子红军墙报标语

杨家堡子位于今同心县马高庄乡沟滩村，旧时为当地土豪庄院。1936年西征红军解放豫旺地区后，西方野战军后勤部驻扎在此。堡内四合院上房东墙上写有《美国记者的演说词摘要》《支部工作栏》《宣传大纲》3个大幅宣传栏。

美国记者是埃德加·斯诺，演说词摘要约410字。斯诺在豫旺为红军指战员所做的讲演中说："诸位英勇的同志们，在你们热烈的欢迎中，我万分激昂（动）和荣幸，在你们伟大的胜利中，现在二、四方面军很快的同你们会合了，你们的前途是无限地开展着。我今天替你们照了红军活动照片，我将带到世界上去传播，使全世界同情你们的人——广大的劳动大众，尤其是你们的同志兴奋鼓舞。"

《支部工作栏》紧靠演说词左边，上端横写"支部工作栏"，字前画有党徽，下面竖写"党的工作中心"及"八条工作要求"，最后一行写"三

六年十月份上半月工作"。《宣传大纲》在最左边，面积较大，上端横写"迎接全国红军大会合"，全文竖写，约600字。该宣传栏破损严重，一半字迹已不能辨识，从内容看应是新闻报道，述说二、四方面军进军情况，介绍全国抗日高涨情形，提出扩大红军，加紧团结蒙民、回民，进行统一战线等。

杨家堡子内除红军墙报，上房西、北墙上标语多已破坏，北墙存"团结一切抗日力量"，西墙有"三大纪律"等字迹。此外，该上房外墙书写有大字标语："实现民族平等"，署名："西红"。

红城水娘娘庙红军标语

红城水今属同心县下马关镇。1936年，红军西征时曾在此驻扎较长时间。红军的标语写在娘娘庙墙上神像壁画的间隙处和空白处。主要内容有：

"三大［打］三救"——打倒日本救中国，打倒卖国贼救同胞，打倒土豪救穷人！

"六大要求"——坚决执行命令，动作迅速，遵守时间，整齐清洁卫生，爱护自己武器，主义［注意］提倡礼节。

盘古至今已万年，出了蒋贼卖中国，民族组织是红军，打倒蒋贼救中国

打土豪分田地

红城水娘娘庙里的红军标语还有"八大注意"，只有"注意中国""注意工农""注意民族"可以看清，其他不可辨识。

辛庄滩雷祖庙红军标语

雷祖庙位于同心县张家塬乡辛庄滩。1936年红军西征时雷祖庙为"列宁室"，庙内东西墙壁均写有革命标语。

联合红军打日本救中国！（署名：红保工）
推翻帝国主义统治
没收帝国主义资本家的企业和银行
统一中国承认民族自决权
推翻军阀国民党政权
红军是抗日先锋军
建立国防政府

红军还在庙内墙上写打油诗一首："明月照天空，灯光遍地生，回汉一家人，打倒鬼子门（们）。"关于雷祖庙地址，因1959年《宁夏日报》发表《我区调查重要革命遗迹和历史建筑》一文及照片时，错把辛庄滩写成了高庄滩，造成后来以讹传讹之事时常发生。

祁家堡子红军标语

祁家堡子位于今海原县三河镇（原黑城镇），旧时为地主祁雨仓庄院。1936年红军西征进军固原县黑城，打开祁家堡子后，曾在此驻扎20余天，宣传标语即为当时所写。

停止内战，一致抗日！
没收地主阶级的土地分给农民！
红军是人民的军队！
联红抗日！
只有苏维埃才能救中国！
红军是抗日的先锋军！
不交租不交粮，打土豪分田地，牛马衣服分给农民

当年红军转移离开后，地主带着民团返回，当看到墙上红军写的标语时，便让长工将其铲掉。长工们舍不得铲下红军的标语，于是就在标语上

抹了麦草泥，上面再加白灰，红军标语得以保存了下来。1974年，宁夏博物馆将这些标语连同原来的灰旧墙皮一并揭取，提供展览，供广大群众参观。

除上述红军标语，宁夏其他地方也曾发现过红军标语，如同心韦州南关海家老坟旧房内有红军所写革命标语："打倒马洪奎（鸿逵）""反对日本灭亡东北、华北""打土豪要归公""买卖要公平"等。

〔作者说明：为保持文献内容真实面貌，摘录原文中的个别标点与现在阅读习惯不一致以及自认为需要说明的地方，做了必要修正，并以［］（）示之〕

《档案博览》2016年第5期

豫海县回民自治政府成立始末

金春宝

20世纪30年代，在宁夏诞生了中国历史上第一个县级回族自治政权——陕甘宁省豫海县回民自治政府。它的诞生，如同熊熊燃烧的火焰，照亮了宁夏解放的道路。

豫旺地区解放

1936年6月16日，西征红军左路军红一军团二师攻克豫旺堡。6月21日，右路军红七十三师解放王家团庄、同心城。6月27日，红十五军团七十五师等部攻克豫旺县城下马关。至此，豫旺县的主要地区均被解放。在红军的帮助下，很快成立了豫旺县苏维埃临时政府，西方野战军政治部派刘昌汉任中共豫旺县委书记兼县临时政府主席，豫旺县苏维埃临时政府下辖城关区、豫旺堡区、东南区（下马关东南滩）、甜水堡区、罗山区、毛居井区。

豫旺县苏维埃临时政府成立后，积极开展宣传群众和发动群众的工作，为建立区、乡基层苏维埃政权创造有利条件。红十五军团把缴获的枪支弹药拿出一部分，在群众中挑选思想进步、工作积极的青壮年，帮助各区、乡苏维埃政府成立游击小队，协助政府维护治安，打击恶霸。区、乡基层政权的建立，使广大群众有了主心骨，广大群众安心生产，支援红军，当地群众还编了《唱一个苏维埃》等歌谣，其中唱道：

胡琴拉起来

唱一个苏维埃

苏区的天下人人爱

看见嘛人民好自在

…………

1936年9月18日,《红色中华》报刊发的《路过回民区》一文中写道:"在豫旺堡,回民自己起来建立自治政府,组织自己的武装。在该地有三个土寨子因受着敌人的欺骗,对苏维埃红军还不完全信任,曾关起寨门不出来,后来经过该寨子周围附近地区(已建立回民自己的政府)的回民无数次的去宣传苏维埃红军的主张,解释苏维埃对回民的策略,使寨内过去不太信任的回民完全相信苏维埃,自动地打开寨门,与红军联合,并慰劳红军许多东西,正在积极起来建立自己的政府。"

豫海县回民自治政府成立

1936年8月,中共陕甘宁省委书记李富春专程来到同心,协助豫海县回民自治政府的筹建工作,并成立了以李富春、王首道、唐天际、程子华、王柏栋、杨奇清和马青年为成员的豫海县回民自治政府筹备委员会。筹委会给各区、各乡分配会议代表名额,并提出评选代表的条件。各区、乡通过群众民主评议,选出自己的代表。10月初,豫海县回民自治政府筹备委员会给党中央、毛泽东主席、各团体、红军各部队发出《召集豫海县回民自治代表大会通电》。

1936年10月20日,陕甘宁省豫海县回民自治代表大会在同心清真大寺隆重举行。来自各区、乡的各族代表和各界人士共300人出席了大会。同心清真大寺坐落在今同心县城以南1.5公里的一块高地上,是宁夏境内年代较久、建筑规模较大、保存较完整且又有影响力的一座清真寺。

大会开始后,有10多位各界人士向大会赠送贺幛、贺匾,发表贺词。大会召开了3天,讨论通过了《豫海县回民自治政府条例》《减租减息条例》《土地条例》等有关决议案。选举产生了豫海县回民自治政府组成成员，雇农出身的回族代表马和福当选自治政府主席，李存德（回族）任副主席。

大会正式启用自治政府印章，机关驻地设在同心城东南15公里的王家团庄。自治政府管辖8个巩固区：同心城、王家团庄、高崖、马家河湾、窑山、下马关、李旺堡、豫旺堡；4个游击区：喊叫水、韦州、惠安堡、关桥堡。总管辖人口3万多，管辖面积大约8200平方公里。

1936年11月9日，《红色中华》报刊登的《豫海县回民代表大会的盛况》中写道："10月20日豫海县回民自治代表大会在一个庞大的清真寺里开幕了，四个区代表共有100余人，各界送匾有10多幅，在三天的会议中通过回民政府的一切决案，全同心城的空气万分的活跃起来，到22日回民政府宣布成立！"

三军会聚同心城[①]

1936年10月22日，红二方面军在将台堡与红一方面军红一军团胜利会师。11月中旬，红一、二、四方面军三军会聚同心城，豫海县回民自治政府组织各族群众提着水壶，夹道欢迎红军。在同心城外的一个河滩上，召开了盛大的军民联欢大会。这是继会宁会师、将台堡会师以来，三军主力和主要领导会集一地的一次大会。部队情绪十分高涨，会场上红旗招展，红军总部首长朱德、张国焘和红二方面军贺龙、关向应、萧克，红四方面军徐向前、陈昌浩及西征红军首长彭德怀，豫海县回民自治政府主席马和福等参加了大会。在热烈的掌声中，豫海县回民自治政府主席马和福首先致欢迎词。他满怀激情的讲话，极大地鼓舞了全场人员，场内爆发出一阵阵经久不息的掌声。接着，朱德等领导同志也先后讲了话。大会结束后，红军在同心城、豫旺一带一边休整，一边进行民族政策教育。

---

①根据《中国民族区域自治实践的萌芽——陕甘宁省豫海回民自治政府资料与研究》一书中有关文稿内容整理。

保卫苏区胜利成果

豫海县回民自治政府成立后，中共陕甘宁省委决定成立中共豫海县委，由贺恩宽（贺旭东）任县委书记。豫海县回民自治政府和中共豫海县委成立后，吸引、发动、团结当地群众，使新开辟的陕甘苏区得到了巩固和发展。

为保卫胜利成果，自治政府发动群众组建地方武装，挑选40多名骨干，成立豫海县回民游击大队，由马和福兼任大队长。在红十五军团政治部唐天际、王柏栋帮助指导下，组建抗日游击队，由马青年任总指挥，马正龙任副总指挥，王柏栋任政治委员。抗日游击队的主要任务是：争取当地哥老会成员，改变其对红军的敌对态度，发展革命力量。游击队人数最多时曾达到3000多人。红军总部曾有"红军在回民区一般不打土豪"的规定，所有供给都靠自己筹措，自治政府就发动富户为红军献粮捐款，这些富户尽管经济比较富裕，但在马鸿逵统治时期，他们要负担沉重的税款，红军来了以后，既不派粮也不收税，使他们的经济状况大为好转。因此，政府一动员，他们在短期内便捐粮6万多斤、银圆8万多块、二毛皮衣1000多件。然后又用皮衣等换回棉花1000多斤、布2000多匹。除支援红军，还将剩余东西分给当地穷苦群众。

豫海县回民自治政府成立后，主要做了以下工作：

（一）组织回民解放会，建立地方武装。豫海县回民自治代表大会通过了"建立回民解放会"、《回民解放会组织章程》。章程如下：1. 二、三个村可组织分会，推会长一人。除反对自治分子外，不分男女、宗教，只要赞助本会者，均可加入会。2. 有三个或四个分会，可成立一个乡解放会。推正、副会长各一人，组织一人，宣传一人，交际一人，三人都是委员。3. 本会任务：（1）宣传红军抗日救国主张；（2）反对苛捐什（杂）税与派粮派款拔壮丁等；（3）组织回民自己的游击队，武装保卫自己……根据这个章程，各村、乡、区都先后建立了回民解放会。

（二）动员人力、物力，保障红军供给。豫海县回民自治政府自成立之日起，就积极动员人力、物力、财力，保障红军供给。政府有粮秣委员直接抓筹粮筹款工作，发动富裕户捐献粮款。自治政府还组织了一个支前运输队，向红军驻地运送粮食物资。

（三）进一步发动群众，扩大苏区。北圈子（今下流水乡）是个偏僻的回族聚居区，属喊叫水地区管辖（原二区）。那里山梁贫瘠，地下水少，从未屯过兵。豫海县回民自治政府成立后的第三天，即1936年的10月25日，马和福亲自拿着政府布告到北圈子去张贴宣传，发动群众。

（四）废除苛捐杂税，繁荣市场贸易。同心是一个小城镇，这里的人们历来都擅长手工艺生产和买卖交易。自治政府成立后，即废除苛捐杂税，发展手工艺和商业，恢复集市贸易，鼓励人们把农副产品拿到集市上出卖，换回自己所需要的日用品。很快，市场繁荣，买卖兴隆起来。

豫海县回民自治政府活动的终止

1936年10月28日，红军撤离同心城。11月中旬，撤离整个豫海地区，北上参加山城堡战役。此后，豫海县回民自治政府的活动也由公开转入地下。红军离开豫海后，胡宗南、马鸿逵的军队便前来进行"清党""清红"活动，对在自治政府工作的各级干部和工作人员大肆搜捕，严刑拷打，有的惨遭杀害。红军转移时，马和福正在乡下开展工作，没有及时接到随军转移的通知，遂带着县游击大队就地坚持斗争。1937年2月底的一天，马和福准备回豫旺了解情况，然后到三边找党组织。在他去锁家岔一个亲戚家告别时，被当地反动民团抓捕，并被押送到银川国民党宁夏省党部。马鸿逵亲自审问，严刑逼供，马和福忠贞不屈，大义凛然，敌人一无所获。

1937年4月，马鸿逵令国民党同心县县长屈端庄等人将马和福押回同心，在同心城西门外枪杀示众。至此，豫海县回民自治政府的活动终止。

新中国成立后，同心县于1953年在同心城东郊修建了马和福烈士陵园和纪念碑。碑文写道：

马和福同志为了中国人民伟大的解放事业，他在抗日时期艰苦的岁月里，领导豫海两县回汉人民日夜勤劳，支援红军北上抗日。

他在敌人法庭上、监狱里，视死如归，英勇不屈，直到壮烈牺牲，表现了革命的高贵品质。

他是中华民族的优秀儿女，他是人民的好战士。他的英勇事迹，将永远记在各族人民的心中。

豫海县回民自治政府的活动虽然只有短短的半年时间，但是在宁夏的革命历史上，特别是在同心、海原的革命史上留下了光辉的一页；在中国革命史上留下了光辉的一页。

《档案博览》2018年第5期

《抗日红军在西北大汇合》
—— 一篇写于 1936 年的珍贵文献

张久卿

1936 年 10 月，北上抗日的中国工农红军第一方面军分别与红四、二方面军在甘肃会宁、将台堡（今属宁夏）会师，胜利实现红军三大主力的大会师，结束了震惊中外的二万五千里长征。

1936 年 12 月 3 日，与红二、四方面军行动的陈志华随朱德总司令抵达保安（今志丹县）。当日，他依据红军三大主力会师盛举及与红二、四方面军在宁夏活动的随军日记，撰写了《抗日红军在西北大汇合》一文。1937 年 3 月 10—25 日，在法国巴黎发行的《救国时报》分 4 期刊发该文。

《救国时报》是中国共产党驻共产国际代表团以巴黎反帝大同盟机关报的名义，在苏联莫斯科进行编辑，在法国巴黎注册并公开印刷发行的一份宣传抗日救国的中文报纸，其主要任务是宣传中国共产党的方针和抗日民族统一战线。

《抗日红军在西北大汇合》的作者陈志华应是化名。通过与美国女作家艾格尼丝·史沫特莱所著《伟大的道路——朱德的生平和时代》有关章节的对照，有关档案专家认为，陈志华应是中国人民的老朋友马海德先生。为何马海德的信件和日记多年来一直未能引起人们的重视呢？这是因为史沫特莱引用马海德的信件与日记同《抗日红军在西北大汇合》相比，一是只摘录了少量的文字，而且多与朱德有关；二是在引用时基本没有红军活动的地点。

《抗日红军在西北大汇合》对于研究中国工农红军三军会师及抗日红军在宁夏境内的活动情形，具有十分重要的史料价值。现对馆藏《救国时报》所载《抗日红军在西北大汇合》一文节录刊发，供参考。

抗日红军在西北大汇合（节录）

陈志华

（一九三六年十二月三日自保安发）

这个随军日记是本报接到国内陕西保安陈志华先生来稿。据作者说，因避免检查，此次译成英文寄出。文中关于红军的主张与行动，红军与人民的关系，以及关于红军领袖的记载等等，虽然在时间上稍为陈旧，但在内容上都是非常珍贵的材料，特即译载以飨读者。其中地名有不详者则注明译音。

第一、四方面军是在甘肃西兰路线附近的会宁汇合的。首先是第一方面军在那里，占有这一带险要村庄和城镇，阻止白军前进，等候第四方面军到来。

蒋介石曾派胡宗南即第六师和王均的第二师到平凉一带，但赶不及来阻止红军的汇合。第一方面军又新近占领了原堡（译音）西南的六县地带，粮秣装都已准备妥当，所以没有什么问题。第四方面军的先锋队开始于一九三六年十月八日抵达会宁，朱德、张国涛［焘］、徐向前等于九日亦到。因为地小人众，第一方面军就将会宁让给第四方面军，利用原有各地电线网来建立两军的电话交换。当着朱德和第一方面［军］在电话里谈话时，他知道陈光①（第一师师长）也在第一方面军附近，朱德很愿看见这第一师，因为这是他最初亲自组织的一师，也是他最精锐的一师。因此在会宁就开一个联欢大会，互相庆祝。标语呵！旗帜呵！口号呵！真是闹闹热热的一天。这次联欢会还算是小的，因

---

① 查阅相关资料，应是陈赓。

为西兰路以北的第一方面军未来参加，而且那时第二方面军尚未抵临（它是第四方面军的后卫，于十月十九、二十日方到）。

第二方面军到太平天（音译）后，转到平芳镇（译音）[今宁夏西吉县平峰镇]，贺龙的总司令部及参谋部都设在这里。他们到达时，骑在马上，靠着山边驰骋，真是威风凛凛。贺龙骑的马是一匹"红湖"千里驹，极其伟丽。贺龙是现代的伯乐，自己还是个善骑能手。他自己带有骏马数匹，驶走如飞。那些马很像亚剌伯种，却是稍为小些。他们一眼看见我们一群人等候着，他们立即跳下马，飞奔的向我们跑来。他们简直是欢喜得要掉下泪来，因为他们都是自南昌起义的手足同胞，互相睽违已将要十年了。他们互相拥抱，互相搀握，大家手挽着手，肩靠着肩的踱走，互相慰问，互诉离情，欢呼嘈杂，此情此景，真非言语所能形容。

此后我就随着第二方面军，并按日做日记，现只择其比较可记的附上。

十月二十日　由平芳镇开赴消河[今宁夏西吉县硝河乡]。多是晚上行军以免飞机轰炸。开拔时还开了一个将士联欢大会，由第一方面军参谋部的演讲，叙述第一军在西北的战争，胜利以及新的任务。第二方面军全体都极为兴奋。

十月二十一日　第二、四方面军全军开拔到原堡及河梁湾（译音），目的在养兵休卒，避免和胡宗南作战。会宁及其它县城也放弃了，因为红军现在的政策是不和蒋介石军队作战，这样来保全国家抗日力量。次日说蒋介石抵西安。

十月二十六日　第四方面军徐向前部队渡河至宁夏、甘肃边界，渡河时正是上午七时，那时只有两个小船往来运渡，整整一日一夜，才算全军渡河。那地是清山（译音）南十里。他们现在陇北一带。

十月二十七日　在二府营（译音）的第二方面军司令部内的墙壁上满贴着地图，这是苏区最近出版的地图，红军的和白军的都有。看见贺龙兴高采烈按图口说手指的规划红军次日的行程。随后参谋长就写军令，用电话、无线电及差使分别发令。

十月二十八日　在杨明堡（译音）（今宁夏海原县杨明乡）第二方面军司令部。昨夜行了六十五里。日间贺龙到各营去慰问战士并鼓励他们。贺龙在夜间行军的时候，他大半是步行着，还替他的部下背机关枪，使他们休息，诸如此类，不一而足，他真是一个为人爱戴的群众领袖和一个超群出众的军事人才。

十月二十九日　晚间接到消息说，胡宗南四师人要来包围我们，并劝我们赶快行动，并给我们以该军的确实地点和他们的计划，还说有一骑兵旅是对红军表示良好的和同情的态度，那骑兵旅将在我们路上的某山驻扎，但他们将不攻击我们，而且掩护我们。他们将于上午十一时做出向我们攻击的样子，但我们应于清早六时就要渡过那地，他们未实行攻击，但故意做出攻击模样，因为他们的行动受着指挥官同飞机来监视。这种消息的传来，证明统一战线工作有了进展的一个明显的例子，同时证明南京军队方面已有许多部队有了爱国的觉悟，除掉打日本强盗以外，并不想打自己的同胞——红军。

十月三十日　足足走了一晚，抵达一个山谷平地，我们停留在山上。当时发现山谷平地上有两旅人经过，那时距离很远，一时未辨他们是谁。是红军呢，还是南京军呢？调查结果，知道他们是沿打拉池、海原公路前进的，由打拉池开到的红军第四方面军，后面的朱德、张国涛［焘］及第四方面总司令部也不久开到。我和朱德会面，最使人惊异的是，他简直不像一个普通想像的所谓军官。他好像是一个红军的一位父亲——实在他真是红军的父亲——他的眼睛是非常锐利的，却是也非常和蔼可亲的。他说话很从容迟慢，常带着沉静自得的非常动人的微笑。他背着自动手枪及子弹匣，他是有名的射手和抽香烟的人。他现在五十多岁了，却是甚强健而且面貌仍如壮年。他的面孔有绉［皱］纹了，却是极其活泼。那日我到了司令部，因为是战争，司令部忙得不（可）开交，工作人员们都出出入入，有如蜂窝。发命令啊，打电话啊，发无线电啊……真是忙得不亦乐乎。

此后我离开第二方面军，而随着第四方面军，在三十六小时内走了二百四十里，走得真快。和朱德、贺龙及总司令部安全抵达关桥堡（今宁夏海原县关桥乡）。这日司令部又是很忙的一天。彭德怀和我们相距只二十里，他就到来参加军事会议。朱德对第四方面军校员生演说，这是我听到他演说的第一遭。他的音调虽很平静，却是充满着热情与兴奋信念。贺龙也登坛演说，他真不愧为一个善于口才、娓娓动人的演说家，他那尖高的、洪大的而清爽的声音，表示其有力，而且还有动人的姿势，真不愧为震[振]聋启聩的洪钟巨吕之音。演说的要旨都是着重说明反日民族统一战线和反日战争的任务，说明三方面红军都汇合起来了，而红军学校在这里就要尽着其应有的任务。

十一月一日　彭德怀到来参加将领会议。胡宗南派来进攻的两旅人，本日全军被我方俘虏，计共一千余人、马八百余匹。该军没有曾和我们激战即向我们投降，他们对于红军及反日民族统一战线，极表同情。我们打算将人带马、带枪都通通送回。旅长二人本日已经送回。

十一月二日　彭德怀就[任]三个方面军前敌总指挥之职，听令于总司令朱德与革命军事委员会。

十一月三日　在毛屈（居）士井（在宁夏南部）。一个被红军俘虏的南京军马队军官在路上和我攀谈起来。他问我对苏区与红军的印象。我们隐避于一个防空洞中，谈了三个小时。他对于红军的反日民族统一战线的主张极表同情，对于苏维埃政府的种种设施极感趣味。在政治认识上，他并不落后，而且他的思想也很接近红军。他说他的部下的态度，也和他一样。后来我们和他的部下兵士谈话，他们个个表示着愁眉不展。我问他们为何这样，他们就说，他们想加入红军，和红军一齐[起]抗日；但是恐怕红军不会轻易收容他们。一般说来，他们的政治思想是很好，他们赞助［成］反日民族统一战线及学生运动和民族解放运动。不久前，苏维埃政府发表［布］命令：红军不得进攻国民党军队，只于被攻击时始可作自卫行动。

十一月四日　在同心城遇到萧克。他小而瘦，还很年轻，他操作甚勤，好像勤苦好学的学生一样；但他是一个英明的指挥者。他常带笑容，他随时随地都发现［散］着高度的热情和力量。他是三十一军的军长。罗炳辉是三十二军的军长。萧克有一三个月的小孩，面貌与他完全相似。我和他谈了一小时话后，他就到前线上去指挥三十一军抵御胡宗南向苏区的进攻。在大拉碑［打拉池］之战，南京军失了数百支枪和其它的军用品。

十一月七日　苏联十月革命胜利和中国苏维埃第一次全国代表大会开幕纪念日。今天特别为战士多加点心和其它食品，到处是宴席、唱歌、戏剧，居民和军队的联欢大会等等。那日虽然有南京飞机来轰炸，然而当天是快乐的。那天只有一匹驴被炸死（他们在环堡一共掷下七十二个炸弹，却只炸死一匹驴。这件事情，传闻遐迩，在百里内的农民都拿来当作一种茶余酒后的笑柄）。

十一月八日　和一个阿洪［訇］谈话，他是本城社会和宗教的领袖，对红军极表同情。他于两天前刚由宁夏（今银川，时称宁夏省城）回来，他说他本人曾与马鸿逵在宁夏（省城）讨论时局，他告诉马说：红军之多，"如恒河沙数"，并说红军对回民非常的好。阿洪［訇］又说，马颇惧怕红军，但因受日本方面的唆唤，要和红军作对。阿洪［訇］在回教农民大会上演讲，他演讲的真好，不愧为一个特殊的演说家。他在演讲中十分赞成红军和反日自卫战争，并反对马鸿逵的压迫，激昂慷慨，听者动容。

十一月九、十、十一日　在本地之红军第一、二、四等方面军全体调到环县环堡和河连湾。红军积极准备防御节节进逼的南京军队。因为此后红军决不能再多放弃地域了。朱德、彭德怀、林彪、徐向前、贺龙、萧克等每天召集会议。这是战事前很重要的日子。在一个大会上，朱德等着重指出说，红军志在抗日，因而曾屡次对国民党军队让步，但国民党军队未接纳红军停止内战、联合抗日之要求；反而节节进逼，红军作战，系不得已之自卫行动，红军最重要的任务，仍系用尽一切力量来与国民党及一切中国军队建立反日民族统一战线。

十一月二十一日　直到现在，南京军行军非常谨慎。十八日在离河连湾百里之遥的钳水①地方有了小小的接触。南京军失掉六百件大衣、很多的火药、数百支来福枪、几架机关枪和一尊山炮。红军放弃了钳水堡后，南京军即向前进。胡宗南的两师进到一个山多路狭的地方，这地距山城堡②不远，离河连湾与钳水堡均六十里。此地有一个苏区，农民因惧怕南京军，均逃避一空，所以既没有食物，也没有向导人，也没有可饮的水，只有一条小河，水带有金鸡纳霜似的矿质。南京军像瞎子样就到了这个地方。南京军的食物和水的供给均被截断，并且他们人地生疏，所以不得不露营。在二十一日晚上，红军已将山上各要隘占据了。南京军一师，在丁某指挥之下，偕同邵某一旅人，出发向苏区进攻。这就造成他们的劫运。在天暗飞机不能再飞时，红军即开始动作。在山上的红色战士感受严寒，他们的手指为宁夏吹来的北方寒风冻僵了。红军第一师攻击南京军仓促用泥土建筑起来的七个碉堡，毫不费力的便把它们占领了。主力战事于天暗后继续下去。红军战士手均冻僵，不能向敌人开火，亦不能去掉手榴弹的盖子。他们即开始冲锋。他们高喊："弟兄们！中国人不打中国人！我们大家联合起来打日本鬼子去！"南京军队方面的炮火渐渐稀弱了，红军逼入南京方面的阵地，生擒八百人，获一千多支来福枪、多量的子弹，每一个红色战士可以得到一百发而有余——和几十担别的军用品。翌日晨，又发现了一百五十多个南

---

① 应为甜水堡，位于宁夏盐池与甘肃环县交界处。
② 今属甘肃环县。

京军兵士于夜间坠入山谷，空井，山洞……中。直到第二天，我们尚用绳把他们曳出，和投下食物给他们吃。我个人曾与数百被俘的兵士谈话。他们是由湖南用火车运至北方的。开拔时，他们的长官骗他们说是开到北方去打日寇，他们都极高兴，后来他们知道不是去打日本，而是去打红军，他们就表示反对；却是他们的高级长官用各种威胁的手段，逼迫他们进攻红军。现在他们被红军俘虏以后，得着红军的优待，并且受着教育，每天有演讲、戏剧，每天和红军战士杂在一起。

这样就结束了胡宗南将军由南方的进攻。

十二月三日　与朱德的总司令部同返保安。

〔作者说明：为保持文献的真实原貌，节录时只对原文中的个别标点符号和自认为需要说明的地方，做了必要修正并以［］（）示之〕

《档案博览》2015年增刊

杨一木同志口述的几件革命往事

王海荣

杨一木同志于1911年出生在山西省临汾县金殿镇界峪村，2011年在北京逝世。1937年9月任中共宁夏工委书记，1977年任宁夏回族自治区革委会副主任，1978年4月任宁夏回族自治区党委常委。

2003年11月，原国家机械工业委员会党组成员兼国家机械设备成套总局局长、党组书记杨一木同志，应自治区档案局之约，在北京的家中通过录像、录音和文字记录的方式，向口述历史档案采集人员讲述了自己有关工作情况。经自治区档案局整理，建立杨一木同志口述历史档案全宗。

陕北接受工作任务　两次成功躲过抓捕

1934年，杨一木在临汾开展革命运动，办《垦汾》刊物，共刊发了3期。当时阎锡山发动晋南地区种烟叶，1933年比前几年种植面积都大，导致烟叶价格一再降价，杨一木撰写的《阎胡思政》一文发表在第三期上。第三期《垦汾》所刊载文章本无太大问题，但在太原印刷时，因编辑一时疏忽，在刊物末尾加了一条关于陕北红军的大好形势的消息，为此6个编辑全部被国民党当局抓捕入狱，太原和临汾党组织也遭到破坏。杨一木躲过抓捕后到达了陕北，并与党组织取得了联系。在陕北，杨一木学习了中国革命的经验办法，到多地考察了贫农会等活动情况后，又悄悄返回临汾着手组建游击队。这期间又因叛徒出卖，再次躲过抓捕后，又来到了陕北。1936年，党中央给杨一木重新分配了工作任务，主要负责陕甘苏区边境的少数民族工作。

负责回民工作　设计巧识奸细

1937年1月，杨一木先后担任陕甘省委白区工作部部长、中共少数民族工作委员会副书记兼回民部部长，在定边工作。中央安排在延安学习的回族干部马怀蔺到定边配合杨一木工作。一天，杨一木和马怀蔺谈话。谈话期间，马怀蔺的副官马子成（后查明是马鸿逵特务、便衣队副队长）非常殷勤，又是倒水，又是插话，在谈及一些党团员的情况时，更是不停插话打探情况，这引起了杨一木的怀疑，为防不测，他俩就此结束了谈话，并约定第三天继续谈。再次谈话时，马子成在小炕桌上张罗杨一木与马怀蔺喝茶吃（抽）烟，杨一木问马子成在哪弄到的烟，马子成没有直接回答问话，而是说如果杨一木需要就给想办法弄，这就更加引起了杨一木的警觉。谈话时杨一木让马子成关上门在外守候，他和马怀蔺故意不设防高声谈，问谁谁谁是怎么回事、四支队为什么下五支队的枪（游击队叛变情况）等内容比较敏感的话题。谈到中间，杨一木忽然起来把门打开，果然看到马子成在门口偷听。杨一木故意推说自己去解手。看见马子成慌乱的样子，但杨一木没吭声。发现马子成有问题后，就让娄志（中共少数民族工作委员会书记高岗的秘书）和马子成谈话，让他介绍宁夏情况。马子成为了取得信任讲了不少宁夏情况。不久马子成被安排回到宁夏，搜集国民党军事情况，要求把马鸿逵部各个部队驻地情况和装备变动情况一个月作一次报告。前两个月马子成报告得很及时，但报告内容大家都知道，就是师长、旅长、团长是谁，驻地在什么地方等等。第三个月杨一木安排宁夏的地下党同志盯梢马子成，发现马子成进出便衣队，门口站岗的哨兵还给立正敬礼，就这样杨一木将马子成是马鸿逵特务的身份落实了。

受命转送毛主席亲笔书信
争取回族宗教人士支持抗日

在杨一木任回民部部长期间，毛主席曾为争取宁夏回族宗教人士马进西的支持，亲自给马进西写了一封信交给高岗让设法送去，高岗将送信的事情安排杨一木办理。杨一木布置马宗彪先期接洽马进西。为了试探马进西的政治态度，马宗彪先把毛主席1935年12月20日发表的《对内蒙古人民的宣言》送给了马进西。《对内蒙古人民的宣言》的内容主要是反对日本帝国主义、反对蒙奸的抗日宣言。马进西看后，表示赞成这个宣言，还要把回民组织起来抗日。杨一木把马进西的这个政治态度迅速向中央进行了汇报，中央让杨一木亲自把毛主席的信送给马进西。杨一木考察了前往马进西家沿途的地形、地貌以及边境地区的情况，将一个骑兵支队留在盐池回六庄作为接应。当时，马进西是马鸿逵部重点监管对象，在马进西板桥（现吴忠市利通区板桥乡）的家周围布置了很多特务。杨一木和马宗彪设法躲过盯梢的特务到了马进西家附近，安排马宗彪先行进去见马进西，向马进西介绍了杨一木的身份及见面的意图。由于当时政治环境非常紧张，马进西在见与不见杨一木的问题上犯了难，见面难免会走漏风声，但不见又事关重大。马宗彪将见到马进西的情况和马进西的为难态度向杨一木进行了汇报，杨一木反复考虑后决定还是不见马进西，以免引起特务的注意，影响中央的抗战大局。杨一木让马宗彪将毛主席的信件代为转交给马进西，并向马进西宣传中国共产党不占回民的房子、不吃回民的饭、不占清真寺等政策。马进西向马宗彪表示回民不打红军，如果日本人要进犯宁夏，回民和红军联合起来抗日。杨一木把情况向中央汇报，中央认为暂时不动，等日本人进犯宁夏再联合马进西。

抗日战争爆发　担任宁夏工委书记

1937年9月，中共中央为加强绥蒙和宁夏工作，决定撤销设在定边的中央少数民族工作委员会，成立绥蒙工委和宁夏工委。任命杨一木为宁夏工委书记，霍士廉、刘一宁为委员。到宁夏工作前，洛甫（张闻天）同志同杨一木谈了话，谈了两个问题。第一个是形势，日军占领包头后有两个师西进准备占领兰州，日本人扬言要3个月内吞并中国，形势很紧迫，要杨一木尽快进入宁夏。杨一木一直在边境做少数民族工作，洛甫同志强调说战略上不是回民工作的问题，而是宁夏和内蒙古的问题，要将少数民族工作变成一个开辟这个地区的工作。第二个是进入宁夏后的工作任务。一是要深入宁夏建党建军。建党，宁夏过去有些党员进行活动，但是没有党组织，你们进去后要建立党组织。建立党组织要做好一王、一主、一马的上层统一战线，一王是阿拉善旗的王爷达理札雅，一主是回民教主马进西，一马是马鸿宾。马鸿逵在北平有一个机关，和日本人联系很紧密，将来要打起来还要靠马鸿宾。还要抓紧建军任务，建军任务很紧迫，要考虑敌人来了怎么打。迅速派人去了解贺兰山的情况，看贺兰山是不是有建立根据地的可能性。积极筹备一个回汉支队，把马进西的力量用起来。地形重点勘查贺兰山和七十二连湖，要打起来后这个仗怎么打要搞清楚。杨一木也向洛甫同志要求，说原来的人都给了蒙地，就是自己一个，需要人手。在杨一木赴宁夏前，洛甫让组织部从三边分委抽调人员与他到宁夏工作。

杨一木一行人，先到了鄂托克旗，后到磴口，翻山到了阿拉善旗，在阿拉善旗查看了吉兰泰盐场，到南寺、北寺后又返回贺兰山，在石嘴山停留了20余天。杨一木考察了贺兰山后山，前山还尚未考察。随后杨一木又继续考察了七十二连湖及银北、王全沟、大武口、归德沟、李俊堡、邵岗堡和石嘴山惠农一带的情况，根据考察情况研究拟把工委建立到银北。杨一木便化名杨寿亭到黄渠桥完小任教，开展抗日工作。

身份暴露　离开宁夏

1938年12月底，石嘴山大地主郑万富的侄儿子要开个澡堂子，杨一木打算去拉关系并送贺礼。这个大地主是杨一木下了功夫做工作的统战对象。他在鄂托克旗有个碱池还是掌柜。杨一木打算从那里建一条秘密的交通线，之前已在定边安排了两个党员，打算通过到碱池拉骆驼带文件，然后在石嘴山建立一个据点，把交通线建立起来。杨一木准备了礼品，晚上到铺子里去拜见郑万富，郑热情地招呼杨一木进了屋，这时从里屋炕上站起来一个人，杨一木一看是马子成，他正在那抽鸦片烟。杨一木见马子成在这里，故意用家乡口音和郑交谈，并把手放在袍子下顶起来，让马子成误以为他带了枪，以此先将马子成稳住。然后，找借口回到了住处，迅速将党旗、证件等能暴露身份的物件一律销毁，准备立刻离开。刚走到院中，听见哗的一声学校门被推开，敌人追来了，他和学校另一名教员李振声一同从后院翻墙逃出躲进了邻居家。第二天早晨，一支由七八个人组成的马鸿逵车子巡逻队（自行车队）来到了杨一木躲藏的地方附近搜寻，杨一木觉得不对劲，就顺着旁边的一条沟赶快走了。原来，马鸿逵驻军接到马子成的报告后，命令部队将附近的各个山口、路口、渡口全部封锁，抓捕杨一木。杨一木和李振声从山上走到一个学生的家里又躲了几天，由于当时银北盘查得太紧，无法继续从这里逃出，杨一木打算到银南去。他们从燕子墩走到新城又走到邵岗，发现所有的渡口、山口、路口都被马鸿逵部队封得死死的，无法向大坝、中卫方向走。就找到了一个开油坊的学生家，在学生家的油坊后院里躲藏起来。这时，马鸿逵下令部队全力抓捕杨一木，说他是大间谍，并奖励一千块大洋到处悬赏抓捕。就这样，为确保安全，杨一木他们在这个学生家里躲了20余天。随着天气变冷，黄河结了冰，杨一木他们就从冰面上过了黄河，安全回到了延安。（马子成解放前被抓，解放后由于不了解马子成的情况和历史，被释放并得到了任用。杨一木得知此事后，向当时宁夏省委告知了马子成情况。后通过审查马子成的历史，将其抓起来，审判后枪毙）

杨一木抗战期间在宁夏开展革命工作时间并不是太长，但为宁夏的建党建军做了大量的工作，为中央的决策提供了许多参考依据。

（注：口述历史档案是国家机构、社会组织以及个人从事政治、军事、经济以及科技文化等活动直接形成的，具有保存价值的，由事件当事人或事件亲历者口述的，以标准方法采集的各种文字、声像形式的历史记录。为了抢救社会记忆、改善革命历史档案资料匮乏的局面，自治区档案局于20世纪90年代末启动了口述历史档案征集工作。口述历史档案的内容直接延展到历史之中，通过当事人的讲述来印证、补充和重构社会记忆。口述历史档案受限于当事人的记忆，不够准确或不十分完整，有其局限性。）

毛泽民 1936 年来盐池

王卫东

1936年6月21日，西征红军七十八师解放了盐池县，从此盐池人民当家做了主人，生活揭开了新的一页。盐池刚解放，面临着严重的经济困难，铜板不能使，法币没有，苏维埃货币群众还不相信使不开，商号不开张，手工业工匠停工停产，农民不进城卖米面卖柴火，城里人吃不上粮，没柴烧，困难很多。为此，盐池县城市革命委员会的同志们急得如坐针毡。

1936年7月，时任中华苏维埃共和国中央政府西北办事处国民经济部部长毛泽民同志，头戴大草帽，穿白粗布衫蓝老布裤，与国民经济部工矿科科长高登榜、钱希钧①一同，风尘仆仆赶到盐池，帮助恢复和发展生产，指导开展经济工作。

毛泽民同志一进盐池县城，先看了街面市场，然后径直走向盐池县城市革命委员会办公室。经自我介绍后，马上就向革命委员会主席王锡林等同志了解情况。当听到王锡林等同志关于盐池经济困难的汇报之后，毛泽民同志坦然笑道："困难不要怕，能克服的。我给你们带来了一部分法币和苏维埃币，可以先兑换着使用。盐池刚解放，群众对共产党的政策还不大了解。现在的关键问题，是要多向群众宣传党的经济政策，使苏维埃货币在人民群众中建立起信誉。"同时，又耐心地给大家教了一些宣传群众

---

① 钱希钧为毛泽民爱人。

的方法。

按照毛泽民同志的指导，革命委员会的同志马上组织人员，分头行动，一部分人在县城里召开群众宣传会，动员商号开门营业，一部分人到周围的二堡、五堡、八堡等村庄，向农民做宣传，鼓励动员农民进城卖米面、卖柴禾，告诉他们见了苏维埃货币放心收，保证能在城里买到东西。万一不放心，革命委员会可给兑换法币。只用了两三天时间，盐池县的各商号开门营业了，农民进城卖东西了，市场活跃起来了，宣传工作威力果然大。

接着，毛泽民同志又指示革命委员会发出安民告示，告诉群众：外地商贩可以自由来盐池做生意，驮盐的脚户可以自由出入；法币和苏维埃币一样通行，自由兑换；买卖公平，不许囤积居奇、买空卖空；等等。公告一出，民心安定，生意兴隆，经济一天天好了起来。

毛泽民同志在盐池期间，发现了因部分干部对党的政策理解不深、掌握得不准，出现了打土豪扩大化的偏差。毛泽民同志立即召集革命委员会的干部，提出纠正的意见。有些同志想不通，毛泽民同志就给大家耐心解释，把打过的土豪一户户地提出来分析。他说："人家自己流汗劳动，没剥削别人，虽然生活富裕，如果打人家土豪，没收浮财，这不符合当前政策，天理也不容！"并给大家解释了保护工商业者对团结一切可以团结的力量共同抗日的重大意义。大家认识到错误后，很快就把没收毛生秀等人的牛羊给退了回去，把押错的王维善、唐文焕等人放了，还把已全部没收的"复盛兴"等商号的东西退出一部分。这一措施影响甚大，那些外逃的商人闻讯纷纷回乡操持业务，有的还给红军"欢迎"（赠送）东西。革命委员会按照毛泽民同志的指示，把没收"聚和兴"和"万兴和""和树德"3家商号的货物集中起来，以此为底子，利用"聚和兴"商铺办起一个名为城区消费合作社的门市部[①]。

7月4日，毛泽民同志在盐池县群众大会上还做了生动的讲演。他说，消费合作社不是政府开的商店，也不是几个有钱人合伙开办的专以赚

---

①位于今盐池县商城。

钱为目的的商店，它是广大群众、集体的经济组织。过去我们向商人买货物，不但数量不足，而且货物不好的居多，价钱又大，一年到头，不知道要吃多少亏，把许多不应出的钱，都送到商人的腰包中去了；不但如此，我们卖剩余的产品时，又是卖不上好价钱，商人一转手，又把我们应卖得的赚去了。我们要抵制商人的这种过分剥削，要减少可以节省的支出，增加我们应得的收入，把过去一向依靠商人替我们买卖的事情，拿过来自己去办。这些事情少数人和少数资本，固然办不成，人多钱多而没有组织，也不会弄好。所以我们要组织起来，大家拿出股本，选出几个我们信任而且有才能做生意的人去管理、去经营，专门替我们大家办好事。赚了钱还应当按照章程规定，按股给我们分红，我们开办这么一个商店，它的名称就叫作"消费合作社"。为了把我们自己的合作社壮大起来，大家就要多入股金，人多力量大，资本雄厚，才能更多地替我们这些股东老板多做些好事情，合作社才能有力量担负起这个伟大的任务。

毛泽民同志生动的讲话，对群众启发很大，大家积极入股，没多几天，就入了654股，每股3角，共合大洋196.2元。消费合作社从油、盐、酱、醋、火柴、毛巾，到布匹、文具、锄头、犁铧，人民生产、生活的必需品都经营，还组织收购当地"三宝"（咸盐、毛皮、甘草）等土特产品，从外边换回些苏区军民急需的物资。消费合作社由于买卖公平、价格合理，很受群众欢迎。

毛泽民同志在盐池期间，还亲自抓了盐池县税务局的组建工作。1936年9月，毛泽民同志将原子美叫到定边县，对原子美说："盐池县成立税务局，你去当局长。"在任志远同志的帮助下，经过紧张的筹备，当年10月，盐池税务局成立了，并在盐池县各区设立了税务所，确定了公平合理的应征税目和各项税率，受到人民大众的支持与好评，进一步促进了盐池县商业贸易的发展繁荣。

毛泽民同志在盐池工作了近半年之久，他深入实际，联系群众，认真贯彻党的方针政策，及时纠正了盐池县在打土豪过程中发生的偏差，保护了工商者的利益。帮助建立了消费合作社，大力组织当地土特产品向外地流通换回军民急需物品，为迅速缓解盐池的经济危机发挥了巨大的作用。

后又帮助筹建三边贸易局、三边税务局、盐池县税务局等经贸机构，为盐池县经济建设打下了良好基础。

《档案博览》2017 年第 3 期

丁玲1936年到三边前线[1]

张树林

著名女作家丁玲，1930年加入左翼作家联盟，任左联机关刊物《北斗》主编。1932年加入中国共产党，任左联党团书记。1933年5月，丁玲被国民党特务秘密逮捕，1936年9月，在党组织和宋庆龄及鲁迅等营救下，逃出魔窟，于11月10日辗转到达陕甘苏区的"红都"——保安。

丁玲是中央红军抵达陕北之后，第一个来到苏区的知名作家。所以，当天晚上中共中央机关就在一孔宽敞的大窑洞里，为她举行了热情的欢迎晚会，党中央一些负责同志都参加了。周恩来、张闻天、林伯渠、凯丰、李克农等讲了话。毛泽东主席来得较晚，可能是因为刮脸耽误了时间。他披着一件棉大衣，容光焕发。大家一看他脸刮得很干净，都笑着说："主席今天漂亮啦！"毛泽东笑着摇摇头，说："我还没理发呢。"他没有讲什么话，但受这个会场热烈气氛的感染，情绪很好，一首词作的腹稿在他脑中逐渐构思成熟。

---

[1] 1993年初，笔者曾到盐池县红井子乡帮助开展乡村选举工作。在当地，听革命老人张儒宾先生讲，山城堡战役后红军休整期间，以彭德怀为总指挥的红军前敌总指挥部曾驻扎在盐池、定边交界处的梢沟塬村。

在梢沟塬，我们寻访到了当年彭德怀和任弼时住过的小小的土窑洞，参观了彭老总当时用过的方桌和木椅。同时也听到了丁玲1936年随同杨尚昆到过梢沟塬村的线索。于是，作者经过查找丁玲的有关资料和她的著作，结合在梢沟塬采访得到的口述资料，整理出这篇《丁玲1936年到三边前线》。

会后，丁玲又到毛泽东主席住的窑洞继续交谈。毛问："丁玲，你想做什么事呀？"丁玲毫不犹豫地回答："当红军。"毛泽东听了很赞成地说："好呀！还赶得上，可能还有最后一仗，跟着杨尚昆他们领导的前方总政治部上前方去吧。"丁玲见毛主席批准了她的要求，自己将要成为一名女红军了，激动的心情难以自已。以后几天，她参与筹备了陕甘苏区的第一个文艺团体——中国文艺协会。11月22日文协成立大会开完之后，她便换上戎装，踏上了到前线去的征途。

队伍翻山越岭经过8天行军，到达了前敌总指挥部驻地——定边南山与盐池县交界处的一个村庄——梢沟塬。丁玲后来在她的文章里将"梢沟塬"误写作"绍构沿"，这显然是她的南方口音与盐池、定边口音的差异所致。杨尚昆所领导的总政治部，驻在梢沟塬村南边五六里地的一个村庄，是盐池县南部山区的苏堡子村。彼时，毛泽东所说的"最后一仗"——山城堡战役，已经结束七八天了。会师之后的三大主力红军，除了渡河西去的西路军，其余都集中在陕甘宁三省交会处的山地进行休整，统一由新成立的中国人民抗日红军前敌总指挥部指挥。总指挥彭德怀，总政治委员任弼时，参谋长左权，政治部主任杨尚昆。国民党军队在山城堡遭受了红军的沉重打击之后，暂时不敢向红军进攻了，战争前线呈现出短时期的平静。

丁玲加入红军的行列，来到前线。她的出现，宛如深山里飞来了一只金凤凰。在当时红军指战员文化水平普遍不高、女同志又极少的情况下，这位具有传奇色彩的女作家，自然成了大家钦慕的对象。在一些年轻的红军战士眼中，她浑身闪亮，光彩照人。红军领导人彭德怀、任弼时、左权等热情地欢迎，任弼时见丁玲骑来的那匹马很不起眼，便送了一匹枣红色的草地马给她。

丁玲初到前线，组织上没有给她分配具体工作。她就利用这个机会四处串门，谈谈讲讲，抓紧一切时间去感受新的生活。有时她到连队去，听红军战士们谈话、辩论、唱歌，还教他们认字写字。有时她又硬缠住一位红军首长，要他讲述自己的经历和种种战斗故事。她把所见所闻随手记录下来，很快整理成有血有肉的生动文章。在不长的时间里，先后有《到前线去》《彭德怀速写》《记左权同志话山城堡之战》等文章，在中华苏维埃政府机关报《红色中华》上发表。

她是这样"速写"身在前线的彭德怀大将军的："穿的是最普通的红军装束，但在灰色布的表面上，薄薄浮着一层黄的泥灰和黑色的油，显得很旧，而且不大合身，不过他似乎从来都没有感觉到。脸色是看不清的，因为常常有许多被风所摧裂的小口布满着，但在这不算漂亮的脸上有两个黑的、活泼的眼珠转动，看得见有在成人脸上找不到的天真和天真的顽皮。还有一张颇大的嘴，充分表示着顽强，这是属于革命的无产阶级的顽强的神情。每遇到一些青年干部或是什么下级同志的时候，看得出那些昂奋的心都在他那种最自然诚恳的握手里显得温柔起来。他有时也同这些人开玩笑，说着一些粗鲁无伤大雅的笑话，但更多的时候是耐烦地向他们解释许多政治上工作上的问题，恳切地显示着对同志的勉励。"

"有时候他的确使人怕的，因为他对工作是严格的，虽说在一切生活上是马马虎虎。不过这些受了很凶批评的同志却会更爱他的。"

"拥着一些老百姓的背，拍着他们，听老百姓讲家里事。举着大拇指在那些朴素的脸上摇晃着说：呱呱叫，你老乡好得很……那些颈上披得有长毛的人也会拍着他，或是将烟杆送到他的嘴边，哪怕他总是笑着推着来拒绝了。"

在她娴熟生动的描写之下，彭老总这位受人尊敬的红军高级将领的形象跃然纸上，更加使人觉得可亲可敬又可爱了。

大约是12月上旬的一天，三边特委书记贾拓夫到梢沟源，向彭老总汇报筹粮工作。回去的时候，丁玲要求同往。她说："我呢，只是怀着急切的愿望，想去看看慕名已久的董老[①]和成仿吾同志，还有我在上海平民女校的同学钱希钧。"

三边特委刚从盐池迁到定边，在特委的大院里[②]，中华苏维埃共和国中央政府西北办事处国民经济部部长毛泽民的夫人、国民经济部会计科科

[①]董必武，时任中央党校校长。
[②]定边西街杨铜匠家。

长钱希钧热情地接待了丁玲。她俩在1922年是上海平民女子学校的同学，自从女校分手以后，她们十多年再未见过面，这次听说钱希钧在定边，丁玲特来专访。老同学久别重逢，心里话自然多得说不完。当晚，丁玲就住在钱希钧家中。第二天早饭后，钱希钧领着她去中央党校拜访董老和成仿吾。董老时任中央党校校长，成仿吾任教务主任。

董老见到丁玲很热情，他把一张完整的狐狸皮作为礼物送给丁玲。狐狸皮是三边地区珍贵的特产，以前只有高贵的阔人才配享用。在寒冷的冬天，只要有一张狐狸皮围在脖子上，就会感到周身都暖烘烘的。将狐狸皮完整囫囵地从狐狸身上剥下来，是三边人的"绝活"。操刀者只是将狐狸的嘴唇剥开，就可以将皮子囫囵地扒下来，其他处再没有一点刀口。

成仿吾是创造社的老前辈。在丁玲的想象中，他一定是一个很洋气、潇洒、傲气十足的文人。但见面一看，是一个土里土气、老实巴交的红军干部。他和丁玲促膝长谈。她觉得他是一个不会花言巧语，也不是谈笑风生，而是使人处处都觉得诚实可靠的人。

12月11日是共产党人张太雷、叶挺、叶剑英同志领导的广州起义9周年纪念日。定边城内的工、农、兵、学、商各界举行隆重的纪念活动。下午3点，纪念大会在城隍庙大院里召开。红军士兵和党校学生都排着整齐的队伍走进会场。各族群众一起涌进了会场。主席台上许多人轮流讲演，台下的口号声欢呼雷动，鼓掌声此起彼伏。会后又举行了声势浩大的示威游行。人群结成一条长龙，手里都举着五颜六色的小旗子，沿着黄色的街道，穿过钟鼓楼，在红色的暮霭中雄赳赳地前进，象征着团结，象征着力量，也向往着光明。晚上又举行了文艺晚会，节目都是一些初登舞台的演员赶着新编排的，虽说水平不高，但却得到群众的欢心，台下不停地高喊着"再来一个，再来一个!"直到深夜，人们尚觉得余兴未尽而散。

丁玲热情满怀地参加了定边各界群众集会纪念广州暴动的全过程。当晚她就挥笔疾书，写下了《广暴纪念在定边》一文。她以真挚的感情、明丽的文笔，真实地记载了三边人民坚决反对内战和积极要求抗日的革命热情，同时也如实反映了三边人民朴实、憨厚的感情和粗犷的性格特征。

西安事变发生后，红军前敌总指挥部接到中央军委命令，为了支援东北军和西北军，防御其他国民党部队的进攻，在陕甘宁三省接合部休整的红军主力部队，一夜之间拔营而起，迅速向三原、潼关等地开进。12月13日，西安事变的消息传到了定边，丁玲闻讯，像是接到了紧急命令，辞别了定边，快马加鞭驰回梢沟塬，随军出发。

一天，前线指挥部把中革军委主席毛泽东发来的一份电报转给丁玲。她打开一看，是毛主席写给她的《临江仙·给丁玲同志》。

临江仙·给丁玲同志

壁上红旗飘落照，西风漫卷孤城。保安人物一时新。洞中开宴会，招待出牢人。

纤笔一枝谁与似？三千毛瑟精兵。阵图开向陇山东。昨天文小姐，今日武将军。

好一个"纤笔一支谁与似？三千毛瑟精兵"！毛主席将革命战线中文艺工作者的作用评价多高！丁玲当时激动的心情是无法用语言表述的，毛主席这首词成了她一生引以为荣也引以为戒的座右铭。

1937年元月，中共中央及苏区政府由保安移驻延安。丁玲在毛主席的建议下，担任了中央警卫团政治部副主任，使她真的做了"武将军"。

丁玲将毛泽东主席的手书当作至宝。后来，她怕这件墨宝在战火烽烟中遗失，就把它寄给了远在重庆编辑刊物的老师和朋友胡风。胡风不负重托，精心保管了40多年。到1980年，他又把这件墨宝郑重地交还它的主人丁玲。

陕甘宁边区时期盐池县的社会教育事业

张树林

20世纪三四十年代，盐池县因为经济落后，群众长期受社会影响，对念书识字认识不足，情绪不高。据1944年《陕甘宁边区国民教育概况》统计，盐池县文盲占总人口的99%以上。"穷苦的农民，简直是几辈子不识字"。过春节的时候，农民往往要跑几十里路请人写春联。有时找不到写字的人，就只好将碗底涂上墨汁，在红纸上印一些圆圈当作对联。据1944年统计，盐池县共有农村党员365人，其中文盲269人，占73.7%；初识字76人，占20.8%；其余有初小程度的17人，高小1人，初中2人，总共只占5.5%。

开展得很有朝气的社会教育

边区政府自1937年9月即提出识字运动，是年冬季第一次开办冬学。以后随着识字组的建立，以乡村小学为中心，建立起来半日学校或夜校，组织不脱离生产的成年男女进行识字教育。1938年，盐池县政府在县城办起了民教馆1所，主要开展宣传教育。城区办起夜校1处，由县城完小主办，报名学员46人，主要是店员；妇女半日校1处，教师陈凤兰，参加学习的青年妇女30多人。教材是抗日常识。夜校、半日校以扫盲识字为主，每星期还上政治课、自然课、唱歌各一次，学习气氛很是活跃。全县农村共办起识字组108个，参加学员600多名。二区教育科长亲自领导一个模范识字组，学员有的在两个月内认识三四百字；三区四乡群众自发组织起识字组，每晚集会识字。

由于历史的原因，盐池县社会教育的最大困难是师资缺乏。1945年，全县教员和区教育助理员共31人，其中盐池籍的本地人只有7人；公派教员15人中，本地教员只有2人。从1942年起，边区政府每年从延安派来一批冬学教员，由分区和县上干部配合，深入到各区各乡宣传动员办学。截至1944年，在全县办起冬学、夜校、家庭识字组、读报组、半日校、轮学班等57个，参加学习的1765人，其中妇女255人。

在办学过程中，延安来的教员们能吃苦耐劳，密切联系群众，涌现了许多先进人物和事迹。如，延安大学派来的教师王哲在二区二乡办冬学。他首先说服动员了几个学员，就一边教这几个一边继续动员和影响其他人。一些原来不愿意入学的人，看到入学既能念书认字又不耽误生产，于是纷纷报名，学员很快增加到45人。三区二乡从延安来的冬学教员梁尔钧，用"拆字"的方法教学，如将"主"字拆成"王、三、二、一"来教，学员在学会一个字的同时，就学会了5个字，效果很好。他用这种方法教一个哑巴学会了367个字。二乡的群众说："我们的那个教员真耐心吃苦！雪下得那么厚，他总是跑着，留也留不住。"第二年，当听说梁老师不再来了，一个小女孩学员当场就哭了起来。当地人对于办学也表现出很大的热情。五区一乡劳动英雄牛天业，从县上开会回去后，就挨门逐户地"劝学"。在他的努力下，先后办起了3处冬学。二区石家庙子的石礼老汉，30多年坚持自学，不仅读了许多戏本子和小说，还学得了不少应用文知识。他深深明白学习文化的重要，不让一个子女成为"睁眼瞎"。他在自己家里办起了识字班，5个儿子、2个女儿、3个侄儿、2个孙子和一个妻弟的儿子共13人，都由他一人教授念完了《三字经》《百家姓》《庄稼杂字》等4本书。他还是一位热心的教育家，到处劝学。他们村子及周围的许多男女，都在他的影响和教育下，学会了不少字。早在民国13年，他赶着毛驴到宁夏城请先生，在天池子办了一所私塾，前后教出了30多个学生。二区的识字人，大多数都是他办的私塾里教出来的。在当地数十里之内，自请先生办私塾的，他是第一人。二区五乡妇女李兰英，从小跟哥哥学习认识了一些字，就搞起了家庭识字组，教丈夫和两个孩子识字。《解放日报》报道了这个好经验，县委也给予宣传推广。受李兰英启发，二区的750户农民，到1944年有80户办起了家庭识字教育。

社会教育的教材内容，县城内的半日学校和夜校，以学习新文字①为主，乡下学校以学习汉字为主。使用的教材有边区教育厅编印的《识字课本》《日用什②字》和三边分区委宣传部校阅、吴百宣编的《新三字经》。有的教员如朱彦政，还自编了一本教材《新华什字》。其他教员自编教材的也不少。有的教员给学员每人每天写一个字片，学会之后自己保存，作为复习资料或拿它再给别人教。还有的学校（班、组）结合实际需要，增添了珠算课程、记账方法和写契约、写条据、写书信等内容，受到群众拥护和欢迎。

农村社会教育的重点是办冬学

1938年，边区教育厅要求盐池县消灭文盲500个。10月27日，县委、县政府在区长联席会上布置了办冬学的任务。当即三区成立4处，其他各区各成立2处。共有学员68人。在识字组和冬学、夜校的相互配合下，至1939年基本完成了消灭500文盲的任务。当时对学员的要求是要达到"四会"，即会认、会写、会讲、会用。

在抗战时期陕甘宁边区相对和平的环境下，盐池县形成了一个人人学文化扫除文盲的热潮。以城区二乡深井村为例：1944年该村共182人，其中常年上学的学生6人，冬学14人，夜校30人，丈夫教老婆的25人，妻教夫的1人，儿子教母亲的5人，小姑子教嫂子的1人，兄嫂教弟妹的6人，父教子的9人，上半日校的3人，其他办法识字的20人，共120人参加识字，都订了学习计划，村民们自称是"村民公学"。冬学是村民朱彦政在自己家里创办的，他自任教员。农历十月开学，春节前放假。年底前政府给深井村补助教育经费15元。县三科干部冯茂③来检查奖励一

---

①即拼音文字。
②什通杂。
③新中国成立后曾任宁夏回族自治区人大常委会副主任。

次，给学员朱新月、朱全各奖铅笔1支，给教员奖2支。

教育是文化的基础

教育的发展带动了文化的进步。1942年边区教育厅指示，把各种形式的识字运动扩大为进行一般的社会教育。1943年冬更明确指示，社会教育要和各县其他工作任务紧密配合，如生产运动、防奸自卫、拥军、拥政爱民、减租减息等。在这些工作中有计划地组织社教活动，对群众进行教育。县上成立了一个民教馆，经常出黑板报宣传党的政策和时事新闻。1944年4块黑板出14期，1945年5块出109期。

1944年10月11日—11月16日，陕甘宁边区文化教育工作大会在延安召开，有450余名代表参加。如此规模盛大的文教大会，在全国还是第一次。毛泽东、朱德、林伯渠、李维汉、吴玉章、徐特立、李鼎铭等出席会议并先后讲话。毛泽东在10月30日做了题为《文化工作中的统一战线》的讲演，为大会的胜利召开指明了方向。大会奖励了71个先进单位和202个模范人物。盐池县由宣传部长何广宽带队，还有田大润[1]、李望平[2]参加。在大会上，二区获集体特等奖，李和春[3]获个人特等奖，驻盐警备三旅七团七连张治国班荣获部队特等奖，二区教育模范石礼获个人甲等奖，民办小学教师阎成美、王百宜获个人二等奖。

1947年3月，宁夏马鸿逵部配合胡宗南部队大举进攻陕甘宁边区，盐池县绝大部分地区沦陷，人民群众被卷入战争的漩涡，所有学校遭到破坏。学生、学员被迫解散，公办学校教师有的跟随盐池县委、县政府到南部山区开展游击战争（如李鸣凤、张志良等），有的自动回了家。民办私塾学校教师大都被迫停止了教学工作。盐池县的教育事业中断达3年之久，直到1949年8月盐池县光复以后，在恢复行政、生产建设的同时，大力恢复学校和教育工作。

《档案博览》2018年第3期

---

[1]时任县政府一科科长兼完小校长。
[2]时任盐池完小教导主任。
[3]时任二区教育科长。

陕甘宁边区时期盐池县的学校教育事业

张树林

据地方志记载，清代花马池分州[①]曾办过社学，但未能坚持下来。民国七年（1918年），成立了县城小学，学校利用孔庙的院落改建。孔庙大殿坐北向南，供桌上立着一米多高的孔子牌位，摆着香炉供器。学校设施简单，孔庙东侧有5间平房，几条桌凳，就是教室。1937年，盐池县共有小学7所（五区未计），报名学生166人，其中女生42人。县城有完全小学（一至六年级）1所，学生50多人，其余均为初级小学（一至四年级）。教师8人，中学程度者4人，高小程度者4人。

恢复与整顿

1936年红军解放盐池后，由于战争的创伤尚未恢复，群众对革命的认识和信心还不够彻底。恢复与整顿学校教育，首要的工作是动员学生。在当时不是学生主动到学校求学，而是学校要想尽办法请求群众把孩子送到学校上学。为了打开局面，政府支持学校采取强迫命令的办法动员学生，往往引起学生家长对教师不满。有一次，一位教师到一个家庭去动员学生，家长不让孩子去，教师把一个小学生拉上就往学校走。家长在后面连追带骂，但教师仍厚着脸皮坚持把小学生抱到学校去了。

[①] 今盐池县。

后来，从强迫命令转变为说服和行政动员相结合，区、乡干部配合学校教员动员学生。三区四乡农民郭学举有孩子不让上学，但应付不过干部和教师三番五次的动员，就雇佣了郭学凤的儿子去顶替；二乡张广喜雇了刘永的女儿去顶替他儿子上学，不但给付工资而且吃穿都管。二区四乡的马鸣，经过五六次动员，不得已流着眼泪把儿子送到学校。还有一个乡长，明着把儿子送到学校，但背后则叮咛儿子不要好好念书，假装傻子；有的乡干部把动员学生当作不光彩、得罪人的事情，到了动员对象家门口把教师推进去，他自己则不进去。以上种种情况，说明当时动员学生的困难，但绝大多数干部和教师都还是把动员学生当作一项艰巨任务完成。城区书记在乡长会议上无奈地说："不强迫可以，但要变相强迫，不然学校就会垮台的！"

加强组织领导

在教育行政领导方面，边区设教育厅，分区及县政府设教育科，区政府设教育助理员，乡政府设文教主任。县政府直接领导完小，区政府领导中心小学，乡政府领导普通初级小学。1942年以前，教育经费由各县单独筹措。1943年以后，由县政府统筹统支，属于县事业费之一种。为了加强教育工作，于1938年成立了县、区、乡各级文化教育委员会。县文化教育委员会由县长、宣传部长、三科（教育科）长、青年主席、工会主任、完小校长、妇联会主任等7人组成；区文化教育委员会由区教育科长、宣传科长、区长、青年主任、工会主任等5人组成。乡与区同。另外，委员会如果遇到有关教育工作方面的问题，也经常提到会议上讨论解决。

为了加强教育工作，盐池县各区都配备了一名教育科长，县上经常召开各区教育科长与小学教员联席会议，讨论教学计划和交流经验。1940年6月，三边分区组织教育辅导团到盐池，由王金璋（后曾任宁夏回族自治区政协主席）带队，深入各区乡学校调查辅导，对盐池的教育工作极有助益。广大群众对教育很支持，1939年8月，一次就募集教育基金921.6元。1938年，一、二、三区各增加1所小学，加上五区2所，共12所，学生171名。1939年，学校增加到19所，即一区3所、二区3所、三区

5 所、四区 4 所、五区 4 所。其中，县城小学为完全小学（简称完小），三区石山子小学、五区大水坑小学为中心小学，其余均为普通小学。1939 年共有学生 301 名，其中女生 41 名；1940 年有学生 392 名，其中女生 59 名。

师资队伍建设

随着教育事业的发展，师资缺乏成了大问题。当地教师除了张光祖、郑文华、白中富等少数人能胜任新型教育工作，多数是只能教私塾的老先生。1938—1939 年，边区教育厅从鲁迅师范给盐池县派来王库、焦志英、冯剑涛、全仁福、□□□、雷兆春、陈西平（程希萍）7 名教师。1941 年又从边区师范派来桑志良、李流玉，从三边师范派来冯健、田荣、汤铭鉴等教师，缓解了师资困难。其中的王库担任了县城完小校长，给学校带来了较快的进步和发展。

1944 年边区文教工作大会以后，盐池县在办好公办学校的同时，号召发动群众建立民办学校，政府从人力和资金方面给予支持。边区政府从鲁迅师范、绥德师范和三边师范，分配高鹏林、高鸿宾、霍仲廉、王崇仁、吕祯瑞等青年到盐池担任教师。盐池县也从当地培养选拔了一些教师，有田荣、慕文等。当时教师的政治待遇、物质待遇均比行政干部要高。一般在乡小学任教的教师，就是乡政府的委员；区管学校的校长，就是区政府的教育委员。1941 年陕甘宁边区实行"三三制"，各级政府机构中多有教师参政，教师得到政府与群众的普遍优待和尊重。公办小学教师的待遇，有薪米制和实物供给制两种。薪米制一般为完小校长每月小麦或小米 5 斗，教员 4 斗 5 升至 5 斗；实物供给制的标准，大致是每月小米 1 斗 5 升、菜费 1200 元（边币，下同）、津贴 40—50 元，每年棉、单、衬衣各 1 套，棉鞋 1 双，单鞋 2 双，毛巾 2 条，肥皂 6 条；医药、被褥全部由公家解决。对于教员家庭无劳动力者，政府组织发动群众帮助代耕；女教员产假两月，薪金照发，小孩另给奶费，每年还供给棉布 5 丈、棉花 2 斤。

盐池人对老师特别尊重，有的学生受了老师批评责怪，家长会带着孩子去给老师赔礼，希望好好管教。每年春节、端午、中秋等节日，学生会给老师送节礼。学生上街遇到老师，都会老远站下侧立一旁敬礼。有些成年人见到自己以前的老师也是一样，戴眼镜（非近视镜）的会把眼镜摘下，以示尊敬。

规范教学秩序

在党的正确的文教政策指导下，盐池县委、县政府进一步加强了对文教工作的重视和领导，人民群众对文化教育有了迫切要求，使得全县的教育事业有了长足发展。边区小学的教学课程以文化教育为主，初小设有国语、算术、美术、音乐、体育、劳作（与生产常识结合）等科目，每周上课共约 20 小时；高小设有公民、国语、算术、社会（包括史、地）、自然、卫生、美术、体育、劳作等科目，每周上课约 26 小时。小学教育以认字、写字为中心。除一年级学生，其他年级每天都要写——"仿"毛笔字，并在大字写完之后，给大字中间的空格里用小楷毛笔填上小字。三、四年级和高年级学生，每日还要用小楷毛笔写一篇日记。为了培养学生对生产劳动的正确认识，有的学校给中高年级增加了农业常识课，并引导学生参加实际的生产劳动。如田记掌小学种了 4 垧地（每垧 5 亩），石山子小学种地 5 垧，都实现了蔬菜自给。为适应农村需要，还增加了农村应用文、珠算等课程。公办学校三年级以上的学生，都学会了记账、算账和写信等技能。由于学校学生人数连年激增，课本往往不能满足需要，老师常常要给学生抄写课本。边区教育厅允许各学校可以根据当地社会情况及学生程度自己编选教材，在课程、教材等方面都不加严格限制，特别是民办学校。但有的民办学校仍然沿袭过去私塾的教材，如《三字经》《百家姓》《四言杂字》《七言杂字》《五言孝经》《千字文》等等。

在教学管理方面，提倡从边区的实际出发，适合边区抗战建设需要，办边区人民的教育。严格取缔有害儿童身心健康发展的体罚制度。在学校条件可能的情况下，灵活采用启发、参观、实习、实验、讨论、漫谈、互助、竞赛等教学方式，倡导学生自治，组织学生会（初小为儿童团），培养学生正确运用民主集中制，使儿童在实际活动中自己管理自己，自觉地遵守纪律。盐池县在全县教员座谈会上总结出一套说服教育的训导方法。

训导的目标是：热爱边区，拥护政府，勤苦生产，帮助别人。具体办法是：一、教员与学生要生活在一起，了解学生的心理、学习、思想等情况；二、对待犯错误的学生，要分析思想根源，并要耐心地说服教育，不要态度生硬，不要处罚，不要使学生感到孤立无助等；三、多鼓励少批评，个别谈话不要揭破面皮伤害学生的感情；四、最调皮的儿童，必要时采取集体的自我批评及互相批评，或适当制裁的制度；五、建立学生会或近似学生会的学生自治组织，来自我管理。学生毕业时，学校要给学生家里送喜报。大红喜报贴在大门口，乡亲们多来祝贺，还有要喜钱的。

在教学活动中，盐池各学校还学习边区其他县的先进经验，开展"小先生"运动，就是利用高年级学生帮助低年级学生学习和完成作业等，或者利用学习成绩优秀的学生帮助较差的。这样既解决了一个教师同一堂课带几个年级顾此失彼的问题，也使较差的学生能得到及时的帮助和辅导。

巩固与发展

1937年以后，陕甘宁边区实行国防文化教育，盐池县的学校教育事业得到较快发展。特别是比较多的女孩子走进校门。以三区石山子小学（校长张光祖，教师郑文华）为例，1937年该校有学生14名，1938年新增男生7名、女生14名。据不完全统计，1936—1943年，盐池县各级小学共培养一些有文化的劳动者125人，其中参加革命工作的24人，上三边公学的17人、新文字训练班21人。二区陈家圈小学培养出1个乡长、6个小商人和23个回家务农的学生。截至1945年，盐池有完全小学1所（县城完小）、公办中心小学2所、公办普通小学3所、民办小学15所，总计21所，在校学生293人。县城完小有男生52名、女生31名，共分6个班（一年级3个班，二、三年级各1个班，高年级1个班）。

《档案博览》2017年第6期

盐池人民支援抗战二三事

牛海武

盐池县是陕甘宁边区的西北门户，具有十分重要的历史地位。在抗战中，盐池人民一方面努力巩固新生的红色政权、打击地方非法武装、肃清匪患，另一方面积极参军参战、开展大生产运动、发展武装力量、支援前线，不少人参加过地方武装组织、骑兵游击队和自卫军。县委、县政府先后组织过四五次青壮年参军活动，有上千名盐池儿女被送上抗日前线，发生了许多感人的故事。

为抗日红军筹粮

1936年11月下旬，红军三个方面军联合作战取得了山城堡战役重大胜利后，全部后撤到陕甘宁三省交界地带的山区休整。红军前敌总指挥部驻在盐、定交界处的梢沟塬村，也就是彭德怀后来在《自述》中讲到的"我和任弼时住在一个一米高、两米宽的土洞（牧羊者住的）内，聊避风沙"的那个地方。此时，毛泽东电示李维汉、董必武在定边成立"筹粮委员会"，由李维汉、董必武负责，高岗、贾拓夫均为委员。

筹粮委员会成立以后，马上在盐、定两县开展筹粮工作。至今，在宁夏博物馆还保存有向盐池县南区三乡农民白天义借谷子二斗五升的借粮证，上面写着："为着抗日战争胜利，保证抗日红军给养，征求爱国人民自愿地借粮给苏维埃，以便充分供给抗日红军，这是每个不愿当亡国奴的人民的光荣义务！"盐池农民张世英等，还保存着他们前辈借粮给红军的借粮证。这是盐池人民积极支持抗日红军的历史见证。

毛主席甘当"运盐政委"

抗战时期，三边地委发动干部、群众和战士到盐池打盐。"咸盐、皮毛、甜甘草"在抗战时期，救了党中央和陕甘宁边区的"驾"。当时，国民党对边区进行经济封锁，把边区军民逼到了几乎没有衣穿、没有油和菜吃、没有纸用的生死边缘，战士们没有鞋袜，工作人员冬天没有被子盖。党中央、毛主席发出"自己动手，丰衣足食"的伟大号召，同时首先想到了"到盐池驮盐去"。电视连续剧《八路军》艺术地再现了这一情节：朱老总向毛主席请求，他要亲自去当运盐大队的队长。毛主席说，那我就当你这个运盐大队的政委吧！

党中央和边区党委除了大力发动当地干部群众打盐，还派王震三五九旅四支队到盐池打盐。三边专员罗成德亲自带领干部下湖打盐，毛主席曾亲笔题词"不怕困难"表扬他。据统计，1939年三边产盐19万驮（每驮平均200斤），1940年23万驮，1941年29.9万驮，1943年38.8万驮，边区军民将这些盐运往西峰、关中、西安等地，换回急需的粮食、棉花、布匹等等，为缓解经济困难、支援抗战作出巨大贡献。

为抗战情愿出人出粮出钱

在盐池县档案馆，有一份1940年2月13日的《盐池县扩征工作报告》。"扩征"就是在正式征集之后又增加的数额。这次三边分区给盐池县分配的扩征任务是粮食600石（每石500斤），扩军40名，募集抗日救国券1万元。结果在半个月之内完成征粮761石2斗2升，募集救国公债超额570元。虽然当时老百姓都很困难，但是为了抗战，大家情愿出人出钱出粮，都很踊跃。《报告》中说，征粮都是在大会上1石、2石、7斗、8斗自己报名交纳的。有些贫困户不应出粮，但他们也报名要求出粮。如四区五乡回六庄的回民，原本不计划征他们的粮，但他们自愿交出10石；

三区三乡的赵国珍自报交4石，众人觉得他负担太多，一致提出减少，结果拿了6斗；一区贫困户李三成、姚学林、田举等，也在大会上报名一定要出粮，结果每家4斗。还有实在无粮可交的人，自己报名帮助纳粮多的人把粮送到粮站。扩军、捐款工作也是一样，还互相竞争比赛。如二区的陈七对李万清说："你家能出一人，我家一定出两人。"结果两家的3个青年都当了新战士。这与国民党统治区强拉硬捆"抓壮丁"的情景形成鲜明的对照。

1938年，盐池商会甘草庄在7天之内就募集军鞋500余双。全县还募集羊皮，为前方缝制皮衣142件。1940年，募集救国公债券10570元。1941年完成救国公债券16000元，还超额完成了救国公粮。每年秋收后，群众都争着早交粮，交好粮，一边打碾（米谷都要碾成黄米、小米），一边赶上毛驴跋山涉水，把粮草送往粮站和前方。

全民支前抗战

抗战期间，盐池县真正做到了全民动员，成为边区的铜墙铁壁。全县青壮年除了参军参战而外，在家的2000多自卫军都组织了起来，少年儿童也组织了少先队。自卫军平时除了站岗放哨、锄奸防特、传递情报，还要随时准备协助部队参加战斗。当时的鸡毛信传递，就像运动场上的接力赛跑，信传到谁手里，不管他是正在吃饭或睡觉，要扔掉饭碗马上就走，绝不能等到饭吃完或者睡到天亮了再走。

当时的盐池人民，除了要搞好生产、种好田、养好牲畜，还要负担大量的战地公勤任务。比如运盐，每年打下的几十万驮食盐，全靠毛驴和少量的骆驼，运到五六百里外去销售。所以，农民每年都有运送公盐的任务，只要家里有一头毛驴，就要接受一头驴的运量。除了完成自己的生产任务，还要帮助抗战军属代耕代种、代交公粮。保证抗属有较好的生活条件，使前方将士无后顾之忧。妇女每人每年给抗日将士做几双军鞋。在当时既无布料又缺棉线、大麻的情况下，做一双军鞋实在不容易。但她们谁也不推辞，不甘落后，总要把对人民子弟兵的热爱纳进做鞋子的千针万线之中。在艰苦卓绝的抗战中，盐池人民无私奉献，从人力、财力和物力上大力支援。他们先后将上千名子弟送上了前线，不少人在与敌寇的斗争中献出了鲜血和生命，有些还成了无名英雄。虽然牺牲了，但在今天的烈士名单上却找不到他们的名字。

革命战争年代，盐池是个比较贫困的地区，但盐池人民把一分钱掰成两半，一半支援革命，不惜用自己仅有的一斗粮，分出来半斗支援革命，用肩扛、背驮，赶着毛驴、赶着耕牛支援前线。

《档案博览》2015年增刊

毛主席推广盐池滩羊

张树林

宁夏盐池县在土地革命到解放战争的14年间①,是党中央和毛泽东主席亲自领导的陕甘宁边区的一个组成部分,是边区的西北大门和前哨阵地。毛主席虽然住在延安,但是对于盐池县的一切情况都非常了解,对于盐池县的生产、战事和人民生活事事关心。早在20世纪40年代就关注到盐池县的滩羊生产和发展事业②。

陕甘宁边区时期,滩羊是盐池农民的主要收入来源,也是支援边区建设的主要物资之一。据三边贸易公司1944年8月调查统计,盐池县1943年有白羊(绵羊)134039只、黑羊(山羊)34404只;1944年有白羊115634只、黑羊38849只。③白羊性情温顺,不善于爬山,适宜于滩地放

---

①指1936年至1949年,即盐池解放至新中国成立。

②自古以来盐池县有"三宝":咸盐、皮毛、甜甘草。盐池滩羊是以生产皮、毛和肉食著称的独特绵羊品种,2000年被农业部列为国家级保护品种。2003年,盐池县被国务院命名为中国"滩羊之乡"。盐池滩羊是在严酷生态环境中孕育出的滩羊品种,数百年来一直是盐池广大农牧民不能缺少的生产资料和生活资料。一个月龄左右羔羊的二毛皮,轻盈柔软,毛色洁白,毛股长而花穗紧实,并呈波浪形弯曲,形成美丽的花案,是制作高级裘衣的理想原料;一两岁和两三岁的滩羊,也是皮毛软绵,羊毛纤维细长白净,制成皮衣较一般皮衣轻暖。每只羊年产毛2—3斤,且羊肉无腥无膻,细嫩可口,深受市场青睐和广大群众欢迎。

③注:当时统计不含今惠安堡镇。

牧，故称"绵羊"或"滩羊"；黑羊善于爬山越岭，故称"山羊"。绵羊平均每只每年剪春毛1.5斤上下，剪秋毛14两[①]；山羊平均每只每年剪毛5两（0.3125斤），产羊绒5两（0.3125斤）。绵羊毛是纺毛线，织毛布，制毛毡、毛毯，做衣胎被胎的好原料；山羊毛宜做毛口袋，也可以制毛毡、毛绳；山羊绒是制作毛呢、绒毡、绒毯的上好原料。

以1944年为例，全县共产春毛173412斤、秋毛101179斤、山羊毛12140斤、山羊绒12140斤，合计298871斤。羊绒毛在当时是重要的战略物资。例如，1943年1月11日，陕甘宁边区政府《关于各机关及个人的自给数量暂定标准的通知》中说："每人发熟毛[②]二斤半。"又说："用公家发的熟毛打成毛衣一件、毛袜一双。"[③]这样，在延安的机关干部和学生们，就可以依靠二斤半熟羊毛安全过冬了。

羊皮也是盐池县的宝贵畜产品，尤其是绵羊二毛皮、山羊黑猾皮，更是皮中上品。1944年，盐池县共产二毛皮28908张、白羔皮11565张、老羊皮（包括羯羊皮）4625张、黑猾皮5827张，合计50925张。盐池县所生产的皮毛，制皮衣、纺毛线、制衣胎等，有力地支援了前线，支援了抗日战争，对边区贡献很大。

1942年12月，毛泽东主席在陕甘宁边区高级干部会议上作了《经济问题与财政问题》的报告。在报告中发表了关于发展盐池滩羊的指示，将盐池滩羊向全边区推广。他用带有命令式的口气号召与会的高级领导干部们说："应由政府从盐池买一批滩羊，发给羊多[的]农家配种，每一头公羊可配二十只母羊。这种羊毛很细软，且每羊年产二斤"，"我们如能认真实行以上各种办法，边区的畜牧会有更大的发展，希望建设厅及各县同志加以注意"。毛泽东主席的报告，使边区部队机关学校的生产自给运动走上健康发展的新阶段。

[①]老秤为16两，14两相当于0.875斤。

[②]熟毛就是经过拣选并弹松的滩羊毛。

[③]陕甘宁边区财政经济史编写组，陕西省档案馆：《抗日战争时期陕甘宁边区财政经济史料摘编·第八编·生产自给》，陕西人民出版社，1981年，第278页。

边区建设厅积极响应毛泽东主席的指示，先后在各分区、各县推广盐池滩羊，并首先在延安县柳林区取得成效。延安《解放日报》1942年9月9日报道："建设厅自选定推广滩羊示范区后，即进行羊种改良。借以改良羊种并在光华农场试验成功。最近该厅新从盐池一带购来公滩羊百余只。此种羊毛细长曲弯多，并可制二毛皮。该厅特选定柳林区为推广示范区，不日即将此种公羊分别换给各养羊户饲养，以便大量繁殖。闻此种推广事业将来要在其他各县区推行云。"可见毛泽东主席在陕甘宁边区推广滩羊生产，在当年就取得了一定成果。

毛泽东主席在战争年代的百忙之中，还在关心着盐池县的滩羊生产情况，殚精竭虑地向全边区推广盐池滩羊，这种全心全意为人民服务的精神，盐池人民是永远不会忘记的。

《档案博览》2019年第5期

人民解放军进驻银川

郑慧斌

1949年9月23日,中国人民解放军进驻银川,宁夏和平解放。峥嵘岁月,世事沧桑。人民解放军进驻银川,令宁夏人民世代不忘,给我们留下的不仅仅是一幅波澜壮阔的历史画卷,更是值得我们不断学习、永远继承的精神财富,是需要我们世代相传的红色基因。

签订和平解放宁夏协议

1949年9月的金灵之战给国民党宁夏兵团以沉重打击,使宁夏马鸿逵防线全面崩溃,银川完全暴露在我人民解放军的攻击之下。此时,马鸿逵父子已逃往重庆,极大地动摇了敌人军心,银川更是混乱不堪。

9月21日下午5时,彭德怀司令员向以马全良领衔的28名国民党宁夏兵团高级将领发出复电:

二十日电悉。诸将军既愿宁夏问题和平解决,殊甚欣慰,望督率贵部即速见诸实行。此间即告杨得志司令员。告各方望即派代表至中宁与杨司令接洽。

特复。

彭德怀
二十一日酉

9月22日上午,马鸿宾遵照此复电精神,在银川住所"五亩宅"内召集宁夏兵团将官及党政界人士召开紧急会议,决定派一二八军军长卢忠良,政界代表马廷秀、马光天赴中宁谈判。23日上午,人民解放军第十九兵团司令员杨得志、政委李志民、副政委兼政治部主任潘自力等在中宁接见了国民党宁夏军政代表。经过谈判,于下午2时签订《和平解决宁夏问题之协议》。

该协议本拟于24日通过新华社向全国公布,但在协议签字1个小时后,中国人民解放军得知国民党宁夏兵团在签字前已全部溃散,仅剩下毫无组织的残部官兵,根本无力执行协议。所以,十九兵团首长立即撤销了向全国公布协议全文的决定。协议签订后,得到宁夏各界人士的热烈欢迎,但个别反动分子和一些顽固分子不甘心灭亡,采取各种手段阻挠和破坏宁夏的和平解放,并扬言要杀害通电求和的宁夏军政界代表。驻银川老城区的宁夏兵团一八九师亦蜂拥出逃,几万名溃散国民党官兵,在银川城乡造成极为混乱的社会局面。一些溃散官兵公开鸣枪,恣意闹事,公然抢劫民宅、店铺和武器仓库,银川郊区火药库也被人引爆,火光冲天,整个银川城内人心惶惶。马鸿宾等人已无法控制银川动荡不安和极度混乱的局势。在此情况下,国民党宁夏兵团贺兰军军长马全良和副军长王伯祥于9月22日连夜赶往吴忠,向人民解放军六十四军报告银川的形势,并请求解放军尽快率部进驻银川稳定社会秩序。

9月23日,马鸿宾也急电彭德怀司令员:"宁夏部队形成崩溃现象,官不能管兵,到处发生抢劫事情,请求杨得志司令员速派兵进驻银川,以安定人心,维护社会秩序。"

人民解放军进驻银川

随着形势的变化,十九兵团改变了原拟于25日进驻银川的计划,遂命令六十四军派一个师的先头部队连夜进驻银川,维持社会秩序。一九一师五七二团两个营在副师长孙树峰和团长张怀瑞的率领下,从永宁仁存渡口渡过黄河进入银川。

23日深夜11时，解放军先头部队抵达银川。在兵力有限的情况下，战士们发扬"一不怕苦、二不怕死"的革命精神，迅速控制银川城的4个城门、钟鼓楼、玉皇阁等制高点。同时，占领了马鸿逵的公馆——将军第，控制了敌人的武器弹药库、机场、粮仓，收缴了敌人的电台，在炮兵阵地、交通路口等重要部门和地区布岗设哨。

24日上午10时，人民解放军六十四军军部率一九一师等部队，在各族各界人民群众的热烈欢迎中，浩浩荡荡进入银川城。部队入城后，立即组织工作组和文工队，在大街小巷继续清理收缴马鸿逵部残余军队丢弃的武器弹药和各种物资，广泛开展政治宣传。在街头广为张贴《三大纪律八项注意》《中国人民解放军布告》《约法八章》《告回民同胞书》等文告，向群众逐字逐句讲解中国共产党的各项政策和纪律。人民解放军严明的纪律和优良的作风，赢得了各族人民群众的赞誉。

9月25日，雨过天晴，解放军大部队陆续进城。银川街道两旁贴出了"毛主席万岁！""中国共产党万岁！""欢迎中国人民解放军解放银川！"等标语，学生们争着向人民解放军要宣传品代为散发。工人、学生、市民自发组织起来，上街游行庆祝，就连马鸿逵部的军乐队也自发加入了游行队伍，口号声、欢呼声伴随着锣鼓军号声此起彼伏，全城人民沉浸在幸福与欢乐之中。

9月26日，解放军十九兵团举行隆重的入城仪式。马鸿宾率领各族各界群众代表两万多人齐集南门外欢迎，他们举着彩旗标语，敲锣打鼓，载歌载舞，欢呼宁夏的新生，庆祝塞上古城银川的解放。

成立银川市军事管制委员会

9月26日，为了迅速安定社会秩序，保障人民生命财产安全，恢复生产，建立政权，中国人民解放军军事委员会发布命令，成立银川市军事管制委员会（以下简称军管会），主任为杨得志，副主任为马鸿宾、朱敏、曹友参。军管会下设军事、政务、财经、文教、公安、秘书6个处。办公地点设于银川中山公园怀远楼。军管会的成立标志着国民党统治在银川的结束，新生的人民民主政权的建立。

军管会成立后,首先连续两次发布文告,阐明中国共产党和人民解放军对新解放区的方针、政策,明确了当时许多实际问题的处理原则。很多溃散的马鸿逵部官兵纷纷携带枪支和其他物资,到军管会或当地解放军驻地投诚报告,由解放军发给他们和平解放证。

其次,责令国民党宁夏兵团残部的散兵游勇,包括将校军官,都必须向军管会联络处投诚登记。军管会坚持执行"争取多数、孤立少数、惩办个别罪大恶极分子"的方针,将480名旧职人员一律送到训练班受训,帮助他们弃旧图新,转变立场,提高思想觉悟。大部分人经教育后都予以留用,个别人按其意愿资遣回乡,自谋生计。

再次,加强治安管理,稳定社会秩序。当时银川社会秩序混乱,军管会及时公布了户口管理暂行办法,清查户口,以监控不法分子和特务分子的破坏活动,并举办公安人员训练班,培训公安人员,建立健全各种群众性的治安组织,在较短时间内破案600余起,处理不法分子1400多人,使社会治安状况得到了根本好转。共登记、收容、处理了7300多名散兵游勇,收缴各种火炮262门、轻重机枪1573挺、步枪16963支、手枪153支、子弹800多万发、各种汽车359辆。另外,还有黄金442两、白银2383两、银圆91485块、粮食23万石、被服374296套。接管了公营工厂、银行、学校、医院等单位,经过初步整顿后,均逐渐复工、复课、复业。这些工作,深受各族各界人民的拥护和欢迎。

与此同时,银川市军管会与中共宁夏工委还派大批军地干部根据"各按系统、自上而下"的方针,对各市县进行接管。

9月28日,银川市人民政府成立,隶属银川市军事管制委员会。遵照中共宁夏工委《对接管宁夏工作的初步意见》和中央政务院颁布的《关于县级人民政府组织通则》以及宁夏省人民政府编制委员会制定的《关于县级市机构设置方案》的规定和要求,市政府先后设立了秘书、民政、财经、建设、文教、卫生、统计、税务、工商、粮食、劳动等科,同时也设立了室、委、局和人民法院、人民检察署、人民银行等机构。孙璞任银川市第一任市长。

9月29日,中国人民解放军银川警备司令部成立。阮平任司令员,杨银声任政治委员。警备司令部成立后，在清除国民党军队的散兵游勇和暗藏的特务、收缴私藏武器、保护人民群众生命财产安全、安定社会秩序等方面做了大量工作。

欢庆宁夏解放

10月7日，银川市两万多各族人民和中国人民解放军十九兵团举行庆祝中华人民共和国成立、宁夏省解放、拥护世界和平大会。（原定10月1日举行，因受秋雨的影响，推迟了6天）十九兵团司令员杨得志、中共宁夏省委书记潘自力、银川市军管会副主任马鸿宾等出席大会并讲话。大会还通过了给中央人民政府和毛泽东主席的致敬电。晚9时，举行了大规模的火炬游行。

10月10日，中国共产党银川市委员会正式成立。中共银川市委隶属中共宁夏省委，下设秘书室、组织部、宣传部。李坤润任第一任市委书记。

12月1—4日，银川市首届各界人民代表会议，在原宁夏省政府礼堂举行，到会代表共115人。会议的主要议程和任务是：听取军管会和市政府的工作报告，检讨解放以来两个月的工作情况，制定今后工作的方针和任务，选举银川市首届各代会常委。会上，中共宁夏省委书记潘自力、银川市市长孙璞分别讲话。银川市军管会主任杨得志作了题为《银川市接管工作总结及今后的建设方针》的报告，提出了今后建设新银川的5项工作方针，以恢复和发展生产、肃清匪特，进一步巩固新秩序为中心工作。并宣布成立银川市人民委员会，孙璞任银川市第一任市长。

银川市军管会作为临时过渡性政权，是地方人民政权的最初形式，也是宁夏省的最高权力机关，与宁夏工委一起在接管旧政权和建党建政等工作中，发挥了极其重要的作用。

《档案博览》2017年第5期

盐池烈士纪念塔的由来

陈菊英

盐池县是宁夏唯一经历过土地革命战争、抗日战争、解放战争的革命老区。峥嵘岁月中,盐池人民为抗日战争、解放战争的胜利和新中国的建立作出了不可磨灭的贡献,涌现了许多英雄模范人物和革命烈士。为了纪念在中国革命战争中壮烈牺牲的烈士,缅怀革命烈士,教育子孙后代,铭记革命先烈英勇事迹,盐池县于1952年4月在县城东南隅兴建了盐池县革命烈士陵园,陵园内建有革命烈士纪念塔、革命烈士纪念馆等。

纪念塔塔身由青砖砌成,塔形呈八棱锥状,高18米,塔北正面镌刻时任宁夏省人民政府主席邢肇棠的题字:"烈士纪念塔"。纪念塔基座四周刻有中共宁夏省委、省人民政府、省军区,中共盐池县委、县政府的题词和部分烈士名字。

中共宁夏省委题词:"创造与保卫陕甘宁边区的烈士们是劳动人民和共产党的优秀儿女。我们要继承先烈遗志,建设好盐池县老根据地,建设好可爱的祖国。"

宁夏省人民政府题词:"驰骋疆场,为解放、保卫锦绣山河,抗强敌,反内战,英雄事业可歌可泣;功在国家,名垂千古,勒石纪念,永世不磨。"

宁夏省军区题词:"英雄们的鲜血灌溉了中国人民自由之花。"

中共盐池县委的题词:"烈士们斗争的精神永远和中国人民共存!"

盐池县人民政府题词："革命先烈的伟大功绩永远铭记在中国人民心中！"

纪念塔四周筑有砖砌围栏，高约 1 米，北侧建有烈士纪念馆一座。

1977 年 10 月，纪念塔修葺一新，塔身增高到 19 米，用白色水泥粉饰。塔西正上方镌刻："革命烈士永垂不朽" 8 个红色大字，正下方刻有："在中国人民的解放事业和（保卫）陕甘宁边区的战斗中，在保卫社会主义建设事业中英勇献身的烈士，功与日月争辉，德同天地共存；言炳丹青留芳，行作后人楷模。英名垂青，浩气长存，虽死犹生，永垂不朽。"塔基周围除保留原有题词，补刻了原中共银南地委的题词："高举毛主席的旗帜，继承先烈遗志，为全人类彻底解放而奋斗。"

塔北侧重建烈士纪念馆一座，馆内陈列着 70 多名烈士遗像及其生平事迹。

1986 年，盐池县又在烈士塔东侧重新修建了烈士纪念馆，为重檐歇山顶楼阁式建筑。

2003 年，盐池县对纪念塔进行了重建，新建纪念塔为正四方形，塔高 19.36 米，象征着 1936 年盐池县解放，塔身为汉白玉贴面，面西镌刻"革命烈士纪念碑" 7 个红色大字。塔座周围贴有汉白玉浮雕，塔基东西为花岗岩台阶，南北为汉白玉栏杆，塔基内空，布置为展厅。

2006 年，适值盐池解放 70 周年，盐池县将烈士陵园易地迁建，并更名为革命烈士纪念园，总占地面积 400 亩。

盐池县革命烈士纪念园内建有革命烈士纪念馆和中国滩羊馆两大主体建筑，以及解放广场、解放纪念碑、红军陵、王贵与李香香雕塑、大生产磨坊、群羊雕塑等。

革命烈士纪念馆为二层框架结构，建筑面积 3380 平方米，有序厅、革命历史陈列厅、历史文物陈列厅 3 个专题展厅，主要展示实物、图片、文字、雕塑、油画、多媒体资料、模型、情景再现等。革命历史文物展共分 "西征解放盐池、红色政权建立""盐池军民大生产、边区经济得保障""回汉军民齐战斗、民族团结显神威""李塬畔——打不垮的红色政权""《王贵与李香香》——边区文化教育的里程碑" 5 个部分，从政治、军事、经济、文化等方面全面再现了盐池的辉煌革命历程。

解放广场用红砖铺成，取意"红场"，占地19.36亩，寓意1936年盐池解放。

解放纪念碑为写意的三把刺刀，为不锈钢材质，总高27米。橄榄环以下6米，以上21米，与19.36亩的广场共同表达1936年6月21日凌晨3时盐池县城解放。

红军陵由丰碑、缅怀广场、祭台组成，共雕刻79位盐池籍烈士的英名、事迹，是纪念园内重要的缅怀场所。

2016年，盐池解放暨红军长征胜利80周年之际，县委、县政府又对纪念塔进行维修。自此，盐池革命烈士纪念塔以全新的面貌展现在人们的视野当中。

盐池县革命烈士纪念园是全国100个红色旅游经典景区之一，先后被命名为宁夏国防教育基地、全国民族团结进步教育基地，并获得全国文物系统优秀爱国主义教育先进集体、宁夏文明风景旅游景区、国家AAA级旅游景区、宁夏"十佳"旅游景区等荣誉。1995年4月，盐池革命烈士纪念园被命名为自治区爱国主义教育基地。2009年被命名为全国爱国主义教育基地。2010年被自治区党委党史研究室确定为宁夏第一个党史教育基地。

《档案博览》2018年第6期

第二篇 往事回眸

民国时期宁夏省邮电机构设置

孙建军

据傅作霖《宁夏省考察记》记载，宁夏邮政始创于清光绪三十一年（1905年），当时宁夏隶属甘肃省，故邮政亦直辖于设在兰州的甘肃邮务管理局，1929年宁夏建省后此制未改。此后，邮政局、所等营业网点逐步向各县延伸。1929年，在石嘴子[①]设电报局，开通宁夏至石嘴子报路，长途电话通信始于1933年3月，以省城为中心，向部分县镇及重要关卡架设军用电话线路。

邮政机构的设置演变

1929年宁夏建省。据《宁夏省考察记》记载，邮政机构设有二等局3所，即宁夏[②]、中卫、磴口；三等局5所，即平罗、石嘴子、吴忠堡、花马池、宁安堡；代办所18处，即豫旺、同心城、硝河城、叶盛堡、杨和堡、宁朔、瞿靖堡、李俊堡、金积、石空寺、惠安堡、灵武、横城、宝丰、李刚堡、三盛公[③]、黄渠桥，游牧区则仅设定远营[④]代办所，通邮乡

[①]今惠农区。
[②]今银川市。
[③]今内蒙古巴彦高勒。
[④]今内蒙古巴彦浩特。

村信柜多处，宁夏各县重要的城乡均已通邮，所有邮政机构归甘肃邮务管理局管理。

1933年12月，宁夏省政府从中卫县析出中宁县，县治宁安堡二等邮局相应改为中宁三等邮局。是年，民国交通部将全国邮政局划为三等六级，宁夏为二等甲级邮局。至1942年，宁夏省共有二等邮局2所（宁夏、中卫）、三等邮局6所（平罗二、磴口、吴忠堡、盐池、中宁）、代办所18所（豫旺、同心城、硝河城、叶盛堡、杨和堡、宁朔、瞿靖堡、李俊堡、石空寺、惠安堡、金积、灵武、横城、宝丰、李岗堡、三盛公、黄渠桥、定远营），及乡村信柜多处。

1947年，在银川市东大街羊肉街口，宁夏邮政局自建局房建成。1948年12月，宁夏一等甲级邮局奉甘宁青邮务管理局第3824号训令，在银川成立"甘宁青邮区第一战区邮务管理段"，与宁夏一等甲级邮局一个机构，两块牌子。

1949年9月23日银川市解放，中国人民解放军银川市军事管制委员会于26日接管宁夏一等甲级邮局，更名为"银川人民邮局"。此时全局共辖有代办所21处、信柜11处、邮票代售处5处、邮亭1处，员工49人。11月初，军管会将邮局移交宁夏省人民政府代西北军政委员会管理。12月，奉甘宁青邮政管理局令，银川人民邮局名为"银川一等邮局"，隶属甘宁青邮政管理局。宁夏全境解放后，各县（不含银川市）及固原地区共有二等邮局4处（吴忠、固原、中宁、中卫），三等邮局5处（隆德、石嘴山、海原、同心、黄渠桥），邮亭2处（西吉、金积），邮政代办所50处，信柜、邮票代售处19处，员工89人。

电报机构的设置演变

宁夏电报创于清光绪十七年（1891年），在宁夏固原设电报分局，开通固原至兰州、平凉报路。1903年开通宁夏到宁安堡、固原报路。1904年，完成宁安堡至宁夏线路，在宁夏设立分局，正式通报。1913年开通宁夏至磴口报路，并设报房一所，1925年兴修包宁线，由包头起经五原、临河、磴口三局，而至宁夏，包兰可直接通报。1928年添设大坝经金积至吴忠堡支线，并在吴忠堡设局一所，至1929年民国宁夏省建省前，宁夏共有二等电报局1所（宁夏）、电报支局6所（固原、宁安堡、磴口、吴忠堡、石嘴子、中卫）。

1929年，奉南京国民政府交通部令，甘、宁两省合设一个管理局，定名为"甘宁电政管理局"，局本部设在兰州。宁夏省城设三等电报局，隶属甘宁电政管理局。1934年，奉交通部令，宁夏省及固原地区邮、电机构合设，宁夏二等甲级邮局迁入宁夏电报局，一个局址，两块牌子，邮、电两家同院办公，各自独立经营。此后，固原二等乙级邮局、中宁三等邮局、石嘴子三等邮局也分别迁入电报局同院办公。吴忠电报支局迁入吴忠三等邮局。中卫、海原城的邮电机构因未找到合适的房子未能合设。1935年3月23日，根据交通部训令第1561号，宁夏电报局与当地电台实行合并，合并后的宁夏电报局共有有线电报务员11人、无线电报务员2人、业务员7人、事务员2人、机工2人、线工9人、小工6人、报差3人、局役4人。

据《宁夏通史》交通运输卷记载，1939年3月6日，日本飞机空袭省城，宁夏电报局奉命将对外营业的电报收发报处迁至南关义盛栈内，报房迁至南郊杨家湾子。1937年全面抗战爆发，因临近绥西前线，军政电报骤增，宁夏电报局增设韦氏快机，与兰州、陕坝[①]通报，职工增至50人。1942年7月，奉交通部令，宁夏电报局更名为贺兰电报局。按交通部公布的《电报局组织章程》，贺兰电报局定为二等局，共有职工67人。1944年10月，奉交通部令，全国各地电报局统一改名为电信局，贺兰电报局更名交通部宁夏电信局。

1945年1月，奉交通部令，第一区电信管理局在西安正式成立，宁夏电信局划归第一区电信管理局领导。交通部于1946年再次调整电政区划，甘宁青三省划入第八区电信管理局。同年12月，交通部电信总局颁布《各区电信管理局所属电信局组织章程》，依照业务成分，将原来的六等改分为三等，每等再分甲、乙两级，宁夏电信局核定为三等甲级局。

---

①今内蒙古杭锦后旗。

1949年9月23日银川市解放，中国人民解放军银川市军事管制委员会于26日接管宁夏电信局。11月初，军管会将电信局移交宁夏省人民政府代西北军政委员会管理，根据省人民政府决定，宁夏电信局与省电话局合并定名为宁夏人民电信局。12月，宁夏省人民政府责成宁夏电信局管理全省各县电信机构，下设报务、话务、线务、机务、营业、总务6个组。全省共有电信局7处（宁夏、中宁、同心、吴忠堡、石嘴山和今属内蒙古的巴彦浩特、磴口）、电信营业所1处（中卫），各县政府公用电话员8人，共有职工170人。

电话机构的设置演变

据胡平生《民国时期的宁夏省》一书记载，电话当时仅供各机关之间通话。到1933年，在省城（今银川市）设宁夏长途电话局，省城各商号大多都安装电话，可随时与各县通话。宁夏省电话局成立后，筹巨款在天津、汉口等地采购大量器材，并聘请专家详加设计，力求改进，凡属军事有关的各重要地段，完全架设复线，以省城为中心划分东南西北为四大干道，支线若干，每干线置有一等分局或二等分局，每支线置有驻工处若干。

1936年以线路走向，在军事要道及重要县、镇设电话分所。黄渠桥、吴忠堡、大坝、中宁为一等分所，石嘴山、平罗、盐池、金积、韦州、宁朔、同心、中卫、石空、磴口为二等分所。各设主任或所长1名，线工1—2人。

其线路状况大致如下：

东路：

宁横干线——由省城至横城；

横河支线——由横城经陶乐、阿太庙至阿拉庙；

横倒支线——由横城经横山堡、清水营至倒塔；

横吴支线——由横城经灵武至吴忠堡。

南路：

宁卫干线——由宁夏经宁朔、大坝、广武、石空至中卫；

宁大段——由宁夏经宁朔至大坝；

大中支线——由大坝经张恩堡、白马滩、恩和堡至中宁；

中同支线——由中宁至同心城；

大吴支线——由大坝经金积至吴忠堡；

吴惠支线——由吴忠堡经石沟驿至惠安堡；

惠下支线——由惠安堡经韦州至下马关。

西路：

宁定干线——由宁夏经新城、苏峪口、范家营子至定远营。

北路：

宁磴干线——由宁夏经平罗、惠农、石嘴子至磴口；

石新支线——由石嘴子至新召；

黄宝支线——由黄渠桥至宝丰。

此外军事专用电话，亦普及全省境内，并与绥西、平凉、兰州、西安等地取得密切联系。

1945年抗战胜利后，民国宁夏省政府将全省划分为银南、银北两专区，银南专区辖八县和陶乐设治局，银北专区辖五县。省电话局相应对所辖机构进行调整：在省城设电话售票处；将一、二等分局改为分局、分所；吴忠堡、中宁、黄渠桥、定远营设分局；惠安堡、韦州、中卫、同心、平罗、石嘴山设分所；取消支线驻工处，其线工移交各分局、分所。次年10月，又设大坝、横城分局及金积、灵武、宁朔分所。11月，又增设立岗、永宁、惠农、石空、陈麻子井、灵武、补隆淖（今属内蒙古磴口县）、谢岗、盐池分所。

1949年，由中国人民解放军银川市军事管制委员会接收的电话机构有吴忠堡、中宁、大坝、黄渠桥、定远营、横城、定边等地电话分局，金积、灵武、惠安堡、韦州、中卫、石空、同心、陈麻子井、宁朔、永宁、广武、平罗、立岗、谢岗、陶乐、盐池、定边等地电话分所。

《档案博览》2016年第4期

民国年间宁夏筹修轻便铁路始末

胡迅雷

1935年，国民党宁夏省政当局为发展交通运输，繁荣地方商业，并为将来促进修筑宁夏至包头铁路之倡导，计划在宁夏修筑轻便铁路，以省垣（今银川市）西关为车站。由此，向东延展跨越黄河至水陆交通要冲横城，再达盐池县；向西延展至出产煤炭、木料甚富之贺兰山根，以发展宁夏地方经济而"利民用"。

一

当时，国民党宁夏省政当局计划修筑轻便铁路主要考虑到两大方面因素：

（一）修筑横城至贺兰山根轻便铁路

宁夏地处边陲，幅员偏小，南通甘肃，北达包头，东连鄂托克旗，西接阿拉善左旗。年来，南、北两地已通汽车道路。唯东俱僻壤，西阻高山，然实为商贾经蒙地入宁夏必由之要道。乃因交通梗塞，行旅维艰，本省财源常致枯竭。拟修筑自东面黄河沿岸之横城至西面贺兰山根一线，俾利宁夏与内蒙古之交通，而期商业发达。

当时，宁夏省垣日趋繁华，生齿日繁（人口较两年前增加三分之一），用煤、用盐日有增加，贺兰山之煤、盐池县之盐皆赖人力、畜力运输，感受困难诸多。尤其人民日常所需燃料多仰给贺兰山之煤，运输工具纯系西北之"旱板车",每辆牛车载重400斤,日行约40里,是以宁夏省垣之煤渐感缺乏。若由贺兰山根修筑轻便铁路至省垣,则贺兰山所产之煤可大量运销省垣。

(二) 修筑横城至盐池县轻便铁路

宁夏所属之盐池县有三大盐池,产量极丰,其盐质殊佳,即所谓"红盐"也。除宁夏、甘肃各地悉取该地食盐,年销绥远、山西、陕西各地为数亦多。据包头榷运局统计,每年由宁夏船运来包头及过包头运往山西河曲转销陕西、山西各地者可五六百船,每船以四万二三千斤计,年约2500万斤。

但盐池距黄河甚远,运销极感困难。若由位临黄河之滨的横城修筑轻便铁路直达盐池县,可便利运销"红盐"。红盐至此,即可装船,顺黄河东下包头,运输既便,销路自可推广。

鉴于上述两大方面因素考虑,国民党宁夏省政当局决定分两步实施在宁夏修筑轻便铁路计划,并预期此轻便铁路"修成后,贺兰山煤矿及盐池盐运即可运输畅达",以利民用。

二

国民党宁夏省政当局计划在宁夏修筑轻便铁路之第一步,以省垣西关为车站,向东延展跨越黄河至水陆交通要冲横城,向西延展至出产煤炭、木料甚富之贺兰山根。先期筹拨10万元,修筑100里。

宁夏自计划修筑轻便铁路之后,即向各有关方面请求协助进行事宜。适接上海福罗洋行来电,意欲承包修筑此轻便铁路,并可供给铁路车辆、钢轨等类物资。省建设厅当即电复,请福罗洋行即派专门工程师来宁夏,以便面商计划,而策进行。

嗣后,省建设厅接到上海福罗洋行西北经理处西安分行来函,并附铁路车辆与钢轨等图样及所选用的各种物料价目说明书。

在该行开列所选用的各种物料价目说明书中云:

(1) 如路长30英里(约合100华里),用12磅重轻便铁路钢轨,共计重810吨(每吨价格需英金7磅,连附件在内),计合华币(法币)约

79380元。

（2）车轮、地轴等（另有附图），每套计英金3镑。至少须购100套，共计英金300镑，合华币（法币）约4200元。

（3）车架（车架另有附图，车身归购主自装）所载重量，每部可装4480磅，约合3850斤之货物。每部车架价目，计英金6镑，至少须购100部，共计英金600镑，合华币（法币）约8400元。

以上所列价目，若用30英里、16磅钢轨（原文如此，与上述用12磅重钢轨似不合——著者），连车100辆，共计华币（法币）91980元。如加长度，准此类推。概由天津交货，关税不在其内。

对此，省建设厅决定"一俟该行代表前来，再行当面接洽，以便进行"。然而，至1935年7月，省建设厅在工作报告中指出，"该行工[程]师尚未到宁。一俟前来，再行妥为磋商，开始修筑"。

三

国民党宁夏省政当局计划在宁夏修筑轻便铁路之第二步，自横城向东延展至产盐量丰质佳之盐池县，计长300余里。

为此，省政府主席马鸿逵致函平汉路管理局驻郑州办公处处长周啸潮，请其"计划所需材料及价值"。

不久，周啸潮处长便"详细函复"省政府主席马鸿逵。其估算宁夏修筑轻便铁路"所需材料及价值（价格）"为：

每百里轻便铁路，约需枕木9万根至10万根，若采用外国材料，则每万根枕木约需1700英镑；（牵引）机车用七八十马力者，可载重200吨，约需10辆，每辆约需220英镑；钢皮车（箱）载重10吨或20吨者，约需200辆或180辆，每辆约需134英镑。

据此，省政府主席马鸿逵"复令省政府人员估计[算]工程及运货"情况。然而，据有关人员估计"所需费用，除以兵工代筑工资不计外，预算需用二百数十万元。一切建筑详情正在研讨中"。

当时，宁夏省政府驻包头办公处亦详估了有关修筑轻便铁路各种物料等运输来宁夏的情形，并呈报省政府，指出："周氏①所估计者，系就在天津交货而言，由天津运到包头，有平汉铁路之便，由包头至宁夏省城，则须由黄河或旱道起运"。

四

当时，宁夏计划修筑轻便铁路之举，受到省内外社会媒体与报刊舆论的广泛关注而喧嚣一时，并寄予很大的期望。

如陕西《西京日报》在1935年6月份"宁夏通讯"中报道云：

现马主席②对于路政异常注意，复于汽车路以外，并拟修筑轻便铁道，以期发展商业，繁荣地方，并为将来促进宁包③铁路之倡。

闻计划筹拨10万元，暂时修筑100里。以省垣西关为车站，由此东展至横城、西展至贺兰山。

盖横城为本省水陆交通要冲，各处运来货物咸聚集于此，运输颇感困难。贺兰山出产煤炭、木料甚富，亦因运输困难，价值昂贵。

此项轻便铁路倘能如期完成，于工业、商运均有莫大发展，诚宁夏之幸也。

然而，可能由于当时国内外形势日渐紧张，一方面红军长征即将来到西北并临近宁夏，一方面日本侵华势力与日本特务活动日益渗透宁夏，再加之宁夏亦无资金及人才、技术、物资等保障，致使宁夏修筑轻便铁路计划流产而不了了之，再无下文可查。

《档案博览》2016年第6期

①即周啸潮。
②指马鸿逵。
③指宁夏至包头。

蒋介石三次来宁逸事

郑慧斌

民国期间蒋介石到底来宁夏几次，什么时间来宁，当时背景怎样，蒋介石来宁搞了些啥名堂，言者各异，论述不一。据《宁夏百科全书》记载，"蒋介石两次视察宁夏省"。又据《马鸿逵年谱》所记，蒋介石曾来宁4次。另据《宁夏五千年》"大事记"所记，蒋介石曾3次来宁。根据《民国宁夏风云实录》《银川中山公园志》《宁夏文史》《中国共产党银川历史》《峥嵘岁月》等公开出版的书籍和相关史料记载，蒋介石至少3次来宁有据可查。

一来宁夏，悄悄地来匆匆地走

第一次来宁是1934年10月19日。

据国民党中央情报社当时报道，1934年10月17日，蒋介石以"视察农村实业"为名，率张学良及宋美龄等乘福特号飞机到兰州，并招宴军事长官。两日后，即1934年10月19日下午2时半乘该机飞达宁夏。同行者有宋美龄、张学良、马麟父子等。马鸿逵、马鸿宾亲自到宁夏省城东教场简易军用飞机场迎接，并在停机坪合影留念。合影的还有胡宗南等，接着马鸿逵设宴进行了招待。蒋氏一行于当日下午巡视宁夏省城后飞返西安。当时上海《申报》报道："蒋委员长由宁夏飞返西安，在宁夏停留一小时，视察归来感想极佳。"

1935年春天，马鸿逵为向蒋介石表忠心，即着手大力整修中山公园，期盼蒋介石再次来宁。在中山公园内修建宁夏高级宾馆——明耻楼，而此楼完工后却成了马鸿逵的逍遥宫。为此并发表舆论"本省遥居塞外，为西北门户，甚为重要，我蒋委员长不时来宁巡视，惟一切建筑设备，简陋异常，均不足以食起居，故于二十五年春季，在省垣中山公园鸠工建筑'光园'一处……俾作委座行辕之用"。在中山公园内的东南处为蒋介石专建怀远楼一幢，并从北京月红花场购回3船名贵花卉，专为之建土温室一座，又从西安购进了常青树。在公园东园路种上了两行钻天杨行道树。同时，在蒋介石结拜之兄马云亭的纪念碑四旁各种了一株钻天杨，翻修了吉鸿昌时期主建的中山纪念堂——人民会场。整修了公园的文昌阁，购进了数十种小型野生观赏植物。

二来宁夏，密谋"围剿"空欢喜

蒋介石第二次来宁为1936年老历十月下旬。

1935年10月19日，中央红军到达陕北吴起镇。至此，中央红军行程二万五千里的长征胜利结束。国民党政府十分恐惧，于11月1日在西安成立剿共司令部，蒋介石自兼总司令，以发动对陕甘根据地的"围剿"，妄想彻底消灭红军。马鸿逵为了迎接蒋介石，于1936年2月修建了宁夏新满城军用飞机场，但因跑道太短不能使用，又急命工兵将新城西边大沙滩中的沙丘铲去，坑洼填平，很快建成了宁夏唯一的土跑道军用飞机场（后为银川民航机场）。经查《十年来宁夏省政述要》，的确有民国二十五年（1936年）在新城西开辟飞机场的记载。又据民国二十五年十月二十三日《申报》言，蒋介石今天由南京飞抵西安观察，并指示"剿匪"计划。

据当年亲赴新城西飞机场迎接蒋介石一行来宁的陈某所言："那时我是由马鸿逵特务团提拔的少将副旅长，就在1936年老历十月下旬的一天。天气晴和，马鸿逵这天命省府四大厅、总部八大处的官佐上午到现在的民航机场迎接蒋介石，交通工具自备，我是骑马去的。我们穿着整齐的军装，在机场不时向天空瞭望，就在11点钟，先是听到飞机的轰鸣声，不一会在西南上空出现了一架飞机，由小变大，由远而近，掠过我们头顶，来了一个180°的后转弯，从北向南徐徐降落在机场上。马鸿逵用3辆小汽车的家底迎到了飞抵宁夏的蒋介石、夫人宋美龄及张学良等一行。在马鸿逵的陪同下，从飞机场经现在的银新南路（今黄河路）过西门进入省城。蒋介石一怕群众，二怕共产党，沿途根本不顾夹道欢迎的群众，连车速都不减，也不敢居住偏僻的怀远楼，而直达马鸿逵的一号公馆。当时的马公馆由于1929年马仲英放火烧毁后未来得及翻修，马鸿逵只好将他与四老婆刘慕侠同住的东面小楼腾给蒋氏夫妇住，让张学良住西边小楼，部分随从人员住怀远楼，形成蒋住怀远楼的误传。晚上，马鸿逵亲自给蒋介石站岗放哨。"

蒋介石来宁当天下午没安排活动。第二天，马鸿逵召集军队上校以上军官及部分省城中少校以上官佐，在总部礼堂①听了蒋介石以"剿共"为中心议题的训话。

随后，蒋介石、张学良游览了中山公园，还在公园云亭纪念碑旁合影留念，于第三天上午10时许飞离宁夏，直达南京。

三来宁夏，策划反共竹篮空

1942年，抗日战争进入紧张激烈的阶段，蒋介石为了拉拢马鸿逵，让马鸿逵"担负起监视陕甘宁边区的任务"，第三次窜到宁夏。

1942年9月1日早上，马鸿逵坐大轿车到新城西边飞机场，并实行全城戒严。下午3时，迎到了从酒泉飞抵宁夏视察的蒋介石及其随行陈布雷、谷正伦、傅作义和宋美龄等人。马鸿逵把专门为这次接待蒋氏一行而购置的7辆小汽车开到机场，在马鸿逵、刘慕侠夫妇陪同下，蒋介石一行驱车直达南门外谢家寨宁夏省招待处下榻。

马鸿逵一再叮嘱部下调妥蒋介石饮食，深夜亲自为蒋放哨。据当时的知情者梁碧梧女士生前言：马鸿逵这次专为蒋介石夫妇举行了两次欢迎大会。第一次是来宁的次日上午在省府大礼堂举行大会欢迎，参加大会的有党政军头目及教育、工商、妇女各界人士和地方绅士共约千人，梁女士也

---

① 现银川市兴庆区宁夏回族自治区文联附近。

参加了大会。

会后马鸿逵、刘慕侠夫妇等人陪同蒋氏夫妇参观了北塔，视察了毛纺厂、地震局等。

下午蒋介石在中山公园怀远楼召开了第八战区高级军事会议，名为布置抗日，实为策划反共。会后，蒋介石同马鸿逵、马鸿宾、傅作义等在怀远楼前合影留念。

当天下午，省城各界妇女又召开联欢会，欢迎宋美龄来宁。参加大会的有妇运会主任委员马汝邺①、刘慕侠、妇运会总干事瞿亚明②。除此外还有四大厅、八大处官员的夫人。会上宋美龄表彰了宁夏妇运会，并奖给该会五万元法币作活动经费。会后，宋美龄和开会的人员在省府门前合影留念。晚上宁夏妇运会主任委员马汝邺在中山公园工字楼设宴招待了宋美龄及其随行。

另外，蒋介石这次来宁还同宋美龄在中山公园工字楼合影留念。

9月3日上午，蒋介石一行离宁。此次来宁的相关活动报道，在1942年10月3日发行的宁夏《贺兰报》上陆续刊登。

《档案博览》2017年第4期

---

① 马鸿逵的庶母。
② 马鸿逵的二儿媳。

侵华日军飞机轰炸宁夏的罪行

孙建军

宁夏档案馆编印的《抗战时期的宁夏——档案史料汇编》（以下简称《汇编》），收录了1931—1945年与宁夏抗战有关的363件档案史料。一件件往来电文，揭示了一个个历史细节，其中包括11件记录侵华日军飞机轰炸宁夏的往来电文档案资料，为揭示侵华日军飞机轰炸宁夏提供了生动翔实的依据，印证了侵华日军飞机轰炸宁夏的罪行。

侵华日军飞机轰炸宁夏企图

宁夏依山面河，大漠环抱，地理位置至关重要，在军事上易守难攻，具有独特的战略地位，是保护西北的第一道防线和前沿阵地，堪称西北的咽喉，也是兵家必争之地。宁夏是通往中原的重要门户，一旦失守，敌人将长驱直入，直逼关中，威胁到国民政府的陪都与后方基地西南地区和陕甘宁边区，关系西北、西南乃至全中国抗战的全局。

抗战前期，国民党中央抗日决心还未形成，国民党宁夏省主席马鸿逵也就采取观望态度，静观时局变化。日本妄图挑拨中国内部的民族关系，破坏中国抗日民族统一战线，以实现其"以华制华"、灭亡中国的野心，企图在宁夏、绥西一带先行建立"回回国"，然后逐渐向西扩张。为了实现其阴谋，日军对马鸿逵采取又拉又打、软硬兼施的手段，逼其就范。日军策反马鸿逵未奏效，希望彻底破灭，恼羞成怒，随即于1937年11月开始发动对宁夏的飞机轰炸，一直延续到1939年11月，其间共向宁夏出动飞机大约200架次，给宁夏城乡造成巨大的财产损失和重大的人员伤亡。

侵华日军飞机轰炸宁夏累累罪行记录

抗战期间，侵华日军飞机对宁夏各地的轰炸，给当时的民众造成了深重灾难。1942年出版的《十年来宁夏省政述要》这样记载："被炸死难者千余人，伤者数百人，炸毁房舍数千栋，死尸枕藉，情极可悯。"日军一共几次轰炸了宁夏？因时间久远，且留存下来可以查阅到的档案史料缺失不全，故一直说法不一。经笔者查阅宁夏档案馆有关档案文献，确认从有明确记载的1937年11月5日第一次轰炸银川开始，至1941年5月21日最后一次袭扰海原和固原等县城止，侵华日军飞机在宁夏各地投弹轰炸造成人员伤亡和财产损失的次数至少有11次，其中1937年1次，1938年3次，1939年7次，且宁夏省府所在地银川市遭到了7次轰炸，固原县2次，中卫县1次，原属宁夏省管辖的磴口县1次。通过档案史料中记载的侵华日军轰炸宁夏记录，为现在的我们还原历史原貌与细节，揭露日本侵华日军的累累罪行。

（一）1937年11月5日，轰炸银川

1937年11月5日，侵华日军7架飞机空袭宁夏省城南北大街，全市毫无防备，人民群众伤亡惨重。这是首次有关侵华日军轰炸宁夏的记载。

（二）1938年2月20日，轰炸中卫

1938年2月20日，多架侵华日军飞机欲对兰州进行轰炸，驻兰州空军第17航空队与敌机展开激烈空战，数架日机被击落。未完成对兰州轰炸任务的18架日机返航途中，将剩余炸弹投向中卫县城。

（三）1938年9月16日，轰炸银川

1938年9月16日，侵华日军飞机轰炸银川，各学校相继停课。

（四）1938年12月23日，轰炸磴口

1938年12月23日，日军两架飞机午间侵入磴口，投弹11枚。

《磴口香生藻报告日机轰炸情形电》记录，磴口于1938年12月23日梗午，突来日机两架，在上空窥伺20余分钟，即投弹11枚，计9枚爆炸，2枚未发。炸毁民所四五间，炸伤驻磴口警备旅四团二连士兵3名，内伤重2人殒命，1人负伤，且炸伤地方税务局缉私队巡兵1名，并用机关枪向各处扫射，极为凶暴，事后即向东飞去。

（五）1939年1月30日，轰炸固原

1939年1月30日，侵华日军飞机轰炸固原，炸毁县城西门商铺、民房多间。

（六）1939年2月9日，轰炸固原

1939年2月6日，侵华日军航空兵团第一飞行团，集结于山西运城机场，准备对战略要地兰州进行第二次大规模轰炸。为掩盖这一军事动机和破坏兰州毗邻的中国空军基地、机场，日本空军从6日至9日，先以少量飞机轰炸距离较近的洛阳、延安和宁夏地区。9日，9架日军飞机在固原县城投弹20余枚，造成较重伤亡。

（七）1939年3月6日，轰炸银川

1939年3月6日，日军飞机12架再次空袭宁夏省城。事先虽然发出警报，但由于平时宣传教育不够，没有引起人们的重视，群众伤亡和损失较大。日机从东门起开始投弹，沿东、西大街轮番轰击，炸弹绝大部分偏于大街南侧，省汽车管理局中弹，10辆汽车被炸毁，被迫停业，西塔附近防空洞亦被击中，洞内躲藏人员全部遇难。

《马鸿逵关于日机侵入宁夏轰炸伤亡极惨给何应钦的电报》记载："敌机十二架于1939年3月6日下午2时50分，由东北侵入宁夏省城上空，在东南两城繁华街市，投弹七十余枚，死伤军民三百余人，毁屋六七百间，情形极惨。因本市防空设备，较为差逊，虽经高射部队密结射击，未能予敌伤创。损失详情，容续电陈。"1939年3月6日，在《何应钦复马鸿逵日机侵入电》中称"敌机侵入宁夏市空肆虐，灾情极惨，噩耗传来，曷胜悲愤"，表示"仍希转饬城市民众，妥为疏散以免再蒙损害"。

《中国农民银行宁夏分行关于日机12架轰炸给总行的电报》中记载："本日午后，敌机12架来宁大肆轰炸，本行后门落一弹，炸毁偏房7间，汽油11箱，门窗玻璃震碎，大半人员均安。"

1939年3月10日，《中国农民银行宁夏支行陈报敌机12架轰炸宁夏详情及损失》中记载，"六日下午二时三十分，忽闻紧急警报，当即停止营业，由各股主任以及人员分别负责收拾文卷账册传票库存等件入库。讵知未及五分钟，敌机十二架已窜入市空，开始投弹……据当地民国日报载：共计投弹壹佰零叁枚，毁民房六百余间，死伤民众四百余人，情节惨重，为宁夏空前未有之浩劫。本行前后左三面，共落六七弹，后面一弹适在后门外，炸毁后门台面一间，请愿警宿舍二间，堆存杂物及汽油一间（计毁汽油十一箱），空屋三间，全行门窗玻璃破碎大半，幸未伤人……又宁夏城区自六日轰炸后，连日警报频传，人心惊惶万状，商民迁避一空，各机关均移城外办公。省银行业已停止营业，本行自当处以镇静，照常办公。惟因电灯尚未修复，营业时间暂定下午五时起至七时止"。

（八）1939年9月15日，轰炸银川

1939年9月15日，日军飞机空袭宁夏省城，30架飞机经由石嘴山南飞宁夏省城，从北门开始轰炸。由于事先多次发出防空袭警报，群众早已疏散躲避，故伤亡损失不大。

《关于日军飞机侵入宁夏轰炸造成伤亡的电报》中记载，1939年9月15日上午10时，敌机30架由鄂托克旗侵入宁省上空，于石嘴山渡河后沿途在李岗堡、通济堡、黄渠桥、杨家大湖等地滥施轰炸。10时40分侵入省垣，投重量炸弹115枚，死平民20余人，伤平民30余人，毁房696间。

1939年9月15日，《交通部宁夏电报局电告本日敌机二十九架分两批袭宁》记载，15日10：45时，敌机29架分两批袭宁，第一批24架，第二批5架，投弹七八十枚，局门口落一弹，房屋损坏8间，其余房屋门窗多被震坏。

经与其他记载比较，此次轰炸是目前所知侵华日军轰炸宁夏出动飞机架次最多、投弹数量最多的一次。侵华日军飞机从银川北门开始轰炸。由于事先多次发出防空警报，群众早已疏散躲避，造成伤亡不大。同时，宁夏军民也对日军飞机轰炸进行了奋勇反抗，在《关于日军飞机侵入宁夏轰炸造成伤亡的电报》中还记载着"……经高射炮部队迎击，（敌机）向东南一带去"。

(九) 1939年9月18日，轰炸银川

《中国农民银行宁夏分行关于日机三十架侵宁轰炸给总行的电报》记载，1939年9月18日晨10时，敌机卅架来宁狂炸城郊。行安，员役无恙。此次轰炸后，蒋介石于19日在《关于日机轰炸宁夏给马鸿逵的抚慰电》中，对宁夏复被炸，造成的民间损失，由马鸿逵代为抚慰。

(十) 1939年11月15日，轰炸银川

1939年11月21日，《第八战区战报——日机在宁夏投弹》记载，11月15日晨6时，敌机3架飞宁夏，投弹3枚死3人；下午2时敌机两架飞五原侦察20分钟，未投弹，散发蒙汉合语传单。

(十一) 1939年11月15日，轰炸银川

1939年11月25日，《第八战区战报——日机3架在宁夏省城投弹》记载，11月15日上午五时廿分，敌机3架由陶乐方向飞来宁夏省城上空，以天尚未曙，即向西南去；七时卅分，又折回，南北大街投弹10余枚，伤人民廿个，毁屋10余间，仍向陶乐方向窜去。

此外，还有侵华日军飞机对宁夏部分地区进行袭扰的两次记载。1940年8月28日，日军飞机87架分别对陕甘宁地区袭扰，日机在飞临灵武地区上空后东返，当地群众十分惊慌，纷纷出走躲避。1941年5月21日，日军数架飞机袭扰海原和固原等县城。

《档案博览》2017年第2期

民国宁夏军队血战绥西乌不浪口

兰建忠

乌不浪口，系蒙古语"乌布拉克"之音转，意为"大水泉之口"。在今内蒙古自治区乌拉特中旗境内南部，处于德岭山镇和温更镇交界地带。清末民国初，这里是北通外蒙古、南接后套平原的交通枢纽和商贾往来之通衢。现今是包银①、五海②两条公路交会处，车来人往，一派升平景象。然而在抗战期间的1940年初，这里却是炮火连天、弹石横飞，宁夏马鸿宾部马腾蛟第35师守军对侵华日军进行惨烈阻击战斗的山河大地。

防守绥西 抗击日军

1937年七七事变爆发，日本侵略者发动全面侵略中国的战争。日军分兵多路向中国腹地进攻，其中一路沿平绥铁路西进，归绥③、包头相继失陷。在中国共产党抗日民族统一战线的影响和全国抗日高潮的推动下，鉴于绥远傅作义部队主力已调防山西，绥西防务空虚，蒋介石任命驻守宁夏第81军军长马鸿宾为绥西防守司令，其主力第35师驻防绥西，抗击日军。同时，国民党军宁夏马鸿逵部骑兵第1、2旅，步兵警备第2旅也开

---

①包头—银川。
②五原—海流图。
③归绥，今呼和浩特。

往绥西前线，归马鸿宾指挥。

1938年5月底，第81军35师移驻临河、五原东北沿山一带，军部驻临河县城。第35师师长马腾蛟，辖有第103旅205、206团和第104旅207、208团，师部驻折桂乡。第103旅部和205团（团长马文清，后为马维麟）团部及第3营驻乌镇，第2营驻万和昌，第1营驻四义堂，第206团（团长张海禄）团部及所属3个营驻乌兰脑包，防线东至桃儿湾，第104旅旅部及208团（团长马钟）团部及所属3个营驻守乌不浪口一带，第207团驻临河县黄羊木头。马鸿逵部骑兵第1旅（旅长马光宗）第1团（团长马彦）在乌不浪口以西的三女店、黑石虎一带。当时老百姓因宁夏军队由西部而来，故称其为"西军"或"老西军"。民国初年，宁夏将军马福祥率部在伊乌二盟围剿外蒙古叛匪，河套老百姓称其队伍为"西军"，再次进入河套即"老西军"。1939年2月，傅作义率部由晋北返回绥西任第八战区副司令长官后，"西军"配属傅作义指挥，并将原灰色军装改换为傅部黄色军装，补充了一些武器装备。

马鸿宾部自驻防以来，为防御日军西进，抓紧构筑营房、地堡、瞭望塔等工事和掩体，在村外田野山地修筑纵横交错的堑壕交通沟，还有梅花坑、蛇形等战壕、陷阱，以防日军坦克、汽车通行。土方工程浩大，皆由士兵挖掘完成。士兵每日伙食，季节性蔬菜很少，以盐水煮黑豆为多，时有少量山药；食粮名为14两①，实际最多只能吃到13两，故亦称13两兵。由于挖掘工事十分艰辛，士兵土布军衣又不耐磨损，所以夏日为节省军装近乎赤身。到秋季则不得不穿军装，而在冬天跑步操练时，破棉衣的棉絮常常甩落在地上，不少村民指使孩童捡拾用之。士兵夏穿草鞋，均系自己用草麻绳控制，寒冬加一层夹布里御寒。虽则如此，士气并无低落，仍积极操练演习防守备战，随时准备迎击入侵之敌，并豪迈地自称"西军枪不硬人硬"，表现出坚决抗战到底、不甘当亡国奴的民族英雄气概。

---

①老秤16两为1斤。

血战乌不浪口

1939年12月，傅作义部队奇袭包头，日军受到很大打击。为了确保归绥、包头两个军事要地，日军于1940年1月上旬决定向河套发动进攻，参战部队有驻包头、固阳、萨拉齐的日军骑兵集团，从平绥、同蒲路沿线①及华北方面军抽调部队，另有伪蒙古军李守信部和伪绥西自治联军王英部等6个师协同作战，日伪军总兵力达3万多人，配备12架飞机和大炮、坦克，汽车近千辆。

1940年1月15日，傅作义在五原召开军事会议，部署门炳岳部骑兵第7师在西山嘴、马七渡口②阻击由前山进犯之敌，马鸿宾部第35师利用乌不浪口、乌镇地区阵地阻击由后山进犯之敌，迟滞其进击之势，待董其武第101师从乌镇以东、孙兰峰新31师从乌镇以西万和昌出击，形成南北夹击，在乌镇地区一举歼灭日军。

1月28日，集结在包头的日军以其机械化优势兵分三路向绥西进犯。北路由日军第26师团长黑田重德中将率领，经后山大佘太沿乌拉山入侵乌不浪口、四义堂、乌镇攻击五原；南路由包头日军小岛骑兵集团、伪蒙古军骑兵3个师向南过黄河冰滩③，沿黄河南岸经二圪旦湾、马七渡口再向西北与中路日军会合攻击五原；中路由驻张家口日军独立混成第2旅团的1个支队及王英的绥西联军3个师沿黄河北岸入侵蓿亥滩、西山嘴④，与南路至马七渡口逾北的日军会合攻击五原。

1月31日约16时，马腾蛟部第35师第205、208团防守的乌不浪口一带阵地遭到日寇攻击，四义堂、乌不浪口前哨阵地遭日机轰炸，硝烟弥漫，弹石横飞。至晚，两军阵前对峙。后续的日伪军200多辆汽车像一条长蛇僵卧在查石太山脚下，只见灯光、火堆映着魔鬼般的身影晃动。夜空

---

① 张家口、大同等地。
② 在今杭锦旗独贵塔拉镇境内。
③ 一说伪蒙古军经乌拉山后分别进犯两狼山、太阳庙。
④ 在今乌拉特前旗境内。

下附近村庄犬吠声此起彼伏。

原第35师第206团团部通信员、今乌拉特中旗德岭山乡农民徐吉玉[1]回忆：2月1日近傍晚，35师各部集结乌兰脑包时，发现乌不浪口守军208团大部已阵亡，205团亦伤亡有一半，206团伤亡较小，除失踪者，是役计阵亡官兵五百数十人。由于兵员损失很大，师部决定当晚向乌加河渡口转移，撤退到宁夏磴口，又经石嘴山到中宁休整。8月转赴伊盟北部担负守备河防任务。

又据台北"国史馆"资料，1940年5月7日《傅作义关于81军第35师绥西战役伤亡情况的电》："查81军第35师绥西战役伤官18，兵336；亡官50，兵290；失踪兵1065，伤兵193，共计1952员名。"据当地老者回忆，第35师守军撤退时在壕堑内被日军机枪射杀甚众，后又经炮火及风沙掩埋，数月后遗骸难寻，如是，是役官兵阵亡者约千人。

隆重安葬　告慰英灵

1940年3月20日，傅作义部队反攻五原，取得名震全国的"五原大捷"。此后日军一直未敢继续西犯。

4月初，乌不浪口、乌镇地区天气转暖，黄河解冻，大地回春，小草又泛出了嫩绿春色。傅作义部队与西军骑兵部队寻获乌不浪口等地阵亡官兵遗骸，并选择乌不浪口西侧为公墓地。当时西军撤退后，待战事告停，当地老百姓即主动掩埋部分阵亡烈士遗骸。据说，在搜寻过程中发现：有的血肉模糊，弹伤累累，仍保持着同敌人拼搏的姿势；有的是同敌人同归于尽的残缺肢体；有的肢体分离已无法辨认……其状甚是悲壮惨烈，不禁令人肃然起敬。正是这些血肉之躯，使入侵之敌付出了惨痛代价，中国军队与日军血战到底的英雄气概，捍卫了中华民族的尊严。

4月5日清明时节，傅作义部与西军代表在乌不浪口为阵亡官兵选址的墓地处，召开了有千余军民参加的悼念抗日阵亡将士大会，并隆重举行

---

[1] 1986年8月征访时69岁，系宁夏银川人，1932年起在206团当兵，抗战胜利后，辗转留在当地。

安葬仪式，以告慰烈士英灵。根据老百姓提供的原掩埋地点，一一认真核查清理，却难以全数寻获，最后将凡能找到的官兵遗骸全部入殓。大会上，军民们看到一排排灵柩整整齐齐地排列在会场，还陈列着140多位烈士的灵牌。会场庄重肃穆，军民心情异常悲愤，随后将烈士灵柩安葬在乌不浪口西侧的向阳坡地。墓穴长2米，宽1米，呈南北走向，以北为上首，横排向南。坟墓上面堆砌石头，每座墓前立有一青砖碑刻，碑为阴刻文字，苍劲有力，工笔刀痕较深，刻有烈士部队番号、职务、姓名，亦有注明籍贯。墓地四周垒砌石墙，墙高1.5米，宽0.5米。整个公墓依山而筑，呈长方形，南北长约35米，东西宽约23米，占地面积约800平方米。公墓背依青山，面临公路，向阳坡下，烈士英灵安息其间。

今天乌不浪口西侧排列着一座座石垒坟墓，埋葬着当年为国捐躯的抗战烈士。[①]乌不浪口抗日烈士经受了血与火的洗礼，长眠在乌不浪口山畔，他们将与巍巍阴山永存。

附：

乌不浪口抗日烈士名录

1986年8月5日，笔者曾专门查看了乌不浪口烈士公墓，实地勘查情况如下。

公墓石墙已成残垣，几与地平，但坟墓仍保持原貌。纵横12行整齐的坟墓，自成一方阵，末1行为13座坟墓，其余每行均为12座，其中西侧1座坟墓置4人砖碑为4人同穴，这样计145座坟墓安葬148名阵亡官兵。

墓前所立砖碑多已残缺不全，砖刻可辨认者有35D（师）5、6、8R（团）字样，即代表国民军陆军第81军（军长马鸿宾）第35师205、206、208团番号。砖刻有姓名、职务，标有连长、

[①]2003年8月已建成乌拉特中旗乌不浪口烈士陵园，由巴盟行署正式批准为盟级重点烈士纪念建筑物保护单位。2008年12月被命名为第三批内蒙古自治区爱国主义教育示范基地，同年被命名为乌拉特中旗爱国主义教育基地。

特务长、中士、列兵等，但以士兵居多。标明籍贯的有宁夏中宁、中卫，甘肃靖远、平凉、临夏，陕西定边等县名。

兹将依稀可辨的83位烈士英名抄录如下：

王世勋、×明山、何元龙、王根银、张仲义、曹××、林汗忠、杨文来、汪长和、韩华保、亢天保、贺（贾）天保、杨进文、孟根祥、吕定功、王长命、李应龙、龚中、李保山、赵××、马万彪、杨战和、杨战彪、毛生财、孔学道、孔学青、×林茂、×士林、马清、王××、吴长清、何学如、冯科、×之楚、孔玉光、万根树、杨长禄、马亨昌、×林福、吴得地（占魁）、乔生盛、白亮祺、高虎成、刘占荣、××昌、胡××、××美、×春延、××仁、袭炳系、杨春天、车佐明、李如虎、张三礼、吕学清、陈良栋、包子荣、王佐才、张百发、杨华廷、席正发、××辉、姬天华、马秉仁、王××、赵公勇、常永泰、岳××、×云江、常茂林、李生祥、李福兴、何发财、王和生、白定来、刘××、范居利、张玉珍、××侯、荣纪侯、李成玉、洪明玉、王元明。

补记：1999年，查《平凉市志》1996年版797页记载五原战役阵亡官兵有"35师上尉营长荆含润"1人。2000年，在中国第二历史档案馆获第81军35师206团五原阵亡官兵名单，仅有"孔勉堂、曹吉林、屈颜山、李廷福、高岐士、谭学道、李颜明、陈彦儒、张正义、马占海"10人名录。

《档案博览》2020年第4期

抗战时期宁夏省的募捐与劳军

胡迅雷

抗战时期,国民党宁夏省政府曾先后开展了3次捐款购机、3次抗战献金、2次征募寒衣、5期慰劳绥西抗战将士等活动以支援抗日战争。

购机捐款和献金

1937年,中国航空建设协会总会为建设中国航空事业进行抗日战争,一方面加紧推动海外募捐,一方面面向全国公务人员按其应得薪额征收1%的"飞机捐"。

国民党宁夏省政府自接到中国航空建设协会总会的命令后,立即通知全省党政军各级公务人员,按月照额缴纳"飞机捐"。自1937年7月奉命开征,至1939年6月底奉令停征,总计征收10321.77元(旧币,下同)。

1940年10月10日,为响应全国"剧人号"飞机献金运动,由宁夏省保安处处长马敦静为主任委员的宁夏省"剧人号"飞机献金运动委员会,在省垣(今银川市)举行了盛大的游艺大会。省立省垣民众教育馆国剧社和话剧队联合省垣剧、票(剧团、票友)两界,演剧7日,共计门票收入15920元。除各项必要开支2580.41元,全数飞机献金13339.59元。

1942年8月,宁夏在全省范围内开展"一元献机"活动,计得款674820元。

以上款项均由中央银行宁夏省分行汇解重庆中国航空建设协会总会核

收,用于购买飞机,从事抗战。

"七七"抗战献金

1938年7月,宁夏省抗日后援会发动全省民众举行"七七"抗战献金运动,省垣(今银川市)及各县民众纷纷响应,总计献金31708.125元。除各项公费开支1652.175元,余款30055.95元,如数呈缴国民政府中央。

1939年7月7日,宁夏省抗日后援会在省垣(今银川市)南关外普济寺门前,隆重举行"抗战建国两周年纪念大会",到场民众1.2万余人,情绪异常高涨。大会结束后,举行了献金活动。首先,宁夏省政府主席马鸿逵代表宁夏省政府当场宣布献金100万元。接着,社会各界人士纷纷自由献金,共计6.1万余元。

1944年7月7日,宁夏举行七七抗战建国纪念会。省教育厅为募集慰劳抗战将士捐款,令饬社会教育巡回工作团在省垣宁夏省公务员业余联谊社剧场公演话剧3日,所得门票收入13905元,全部捐送驻宁第十七集团军,以慰劳抗战将士。

征募寒衣

1939年和1940年,国民党中央政府命令发动全国各省市开展为前方抗战将士征募寒衣运动。

国民党宁夏省政府奉令后,认为前方抗战将士在冰天雪地中浴血杀敌,艰苦抗战,后方同胞自应积极筹募寒衣,赠送前方抗战将士,借表慰劳之忱,加强抗战力量。1939年9月,宁夏省政府召开全省党政军绅商各界人士会议,公开议决成立了"宁夏省征募寒衣运动委员会",各县成立分会,并分别拟定了组织大纲及有关条例,着手办理征募寒衣捐款事宜。

宁夏省征募寒衣运动委员会设委员13人,分别由省政府秘书处、审核处,以及省民政厅、省财政厅、省建设厅、省教育厅、省高等法院、省党部、省地政局、省参议会、市商会、省会警察局、驻宁第十七集团军政治部等13个部门的主管长官担任。并推定省财政厅厅长赵文府、省党部书记长周百锽、驻宁第十七集团军政治部主任张仲璋、市商会会长乔森荣、省参议会议长刘端甫等5人为常务委员，驻会办公。其余8位委员负有督催、劝募之责，并按县分配指定负责之。委员会下设总务、经理、劝募3组。每组设组长1人，总务组组长由张仲璋兼任，经理组组长由赵文府兼任，劝募组组长由周百锽兼任。每组设干事、书记若干人，分别由各有关机关工作人员中调任。各县成立分会，分别由县政府、县党部、县商会以及当地士绅组成，直属省征募寒衣运动委员会。规定征募办法分募捐、演戏、自由献金3种。省财政厅及驻宁第十七集团军军需处负责党政军机关公务人员募捐，各县政府第二科科长及会计负责民众募捐，各商会会长负责商界人士募捐。并规定，对于极贫之户及小本商人不得强行勒捐。

为使征募寒衣运动推行顺利而达目的起见，宁夏省政府主席、省党部主任委员、第十七集团军总司令马鸿逵特印发了《为征募寒衣告全省民众书》，并令饬各县政府协同各级党部尽力宣传，广为劝导，普遍募捐，以达预期之数额。省垣民众教育馆为激发民众踊跃捐募寒衣，特举办了一系列宣传活动，并在馆内举行募捐讲演和放映绘制的征募寒衣运动幻灯片，听众和观众达1000余人。

1939年度，宁夏全省共征募寒衣捐款70529.1元，老羊皮背心350件，布鞋236双，手套、袜子各60双。上述捐款及物品，奉命就近悉数拨交第十七集团军抗战将士之用，并取具第十七集团军领物单据，由宁夏省征募寒衣运动委员会和国民党宁夏省党部执行委员会会衔呈报国民党中央党部鉴核存档备案。

1940年度，全国征募寒衣运动委员会总会分配宁夏承担征募寒衣捐款10万元，宁夏全省共征募寒衣捐款109219.67元。其中，全省党政军警各界捐募44900余元，商界捐募16600余元，各界民众捐募30800余元，其他殷商富户捐款12000余元。上述捐款除各项公用物品及邮电费等开支886.37元，余款108333.3元，于11月15日，悉数交由中央银行宁夏省分行电汇重庆，解缴全国征募寒衣运动委员会总会收讫，转赠抗战前方，以资慰劳前线抗战将士救济难胞。

慰劳绥西抗战将士

1939年冬，日军大举进犯绥西五原、临河等地，宁夏赴绥西前线抗战将士与日军浴血奋战，"负伤来宁者匍匐道途"。中国回教协会宁夏分会平罗县支会提倡和发动回民募捐，开展慰劳伤兵活动，平罗县属各区会回族民众积极响应，踊跃捐款，数日内得款340余元，送交石嘴山临时伤兵医院。同时，吴忠回族上层人士李凤藻等人出资，在吴忠堡筹设慰劳伤兵处所多家。

1940年2月9日，遵照国民政府中央通令，宁夏省召开各界人士代表大会，推选周百锽、乔熙、徐宗孺、乔森荣、强斌、张天吾、李作栋等党政军官员、商界人士和地方士绅15人为委员，成立了"宁夏省各界慰劳抗战将士委员会"。委员会设主任委员1人、秘书1人。下设宣传、征募、慰劳、会计4组。每组设组长1人，由委员兼任；干事2—3人，分别从各有关机关工作人员中调任。

宁夏省各界慰劳抗战将士委员会成立后，积极发动各机关团体和社会各界人士征募钱款和物品，广事慰劳，以资振奋抗战精神。

2月17日，该会召开全省各界代表会议，以馈赠物品极感困难，决定改赠现金，借资慰劳绥西抗战将士。适逢绥西五原、临河一带战事吃紧，进入宁夏境内的负伤将士和患病官兵为数甚多。该会在沿途设兵站招待，并每人赠送现金2元。同时，该会还分别派遣委员强斌、徐宗孺等人携款前往绥西前线慰劳抗战将士。

此外，国民党宁夏省党部还发动并开展了"征求伤兵之友"活动。仅宁朔县就征得"伤兵之友社"社员280余人。

与此同时，宁夏省各界慰劳抗战将士委员会广泛开展了劝募活动。规定募捐办法分劝募和自由乐捐两种。省财政厅及驻宁第十七集团军军需处负责党政军机关公务人员劝募，各县政府负责民众劝募，各商会负责商界人士劝募。并规定，除公务人员，对于民众和商界人士以劝令自动乐捐为原则，对于赤贫小户人家不得勒捐。

宁夏省各界慰劳抗战将士委员会还印制了三联收据和捐款清册，分别民众、商界人士，按县编号，分发各县政府及各商会使用。捐助之款物经该会核收后，即将捐款机关或个人姓名以及捐款数额详细登载《宁夏民国日报》，公布鸣谢，以资征信。

自宁夏省各界慰劳抗战将士委员会成立以来，先后共计征募慰劳款36137.63元、白羊毛袜子71双、白羊毛手套40双、青布棉鞋19双。

在广泛征募慰劳款的同时，宁夏省各界慰劳抗战将士委员会以一次慰劳款稍多，深恐伤病将士中难免有浪费及发生其他不良习惯事情，乃规定以分期慰劳为原则。1940年，该会先后分5期，派员轮流亲赴全省各地兵站医院，广事慰劳绥西抗战负伤将士及患病官兵，并发给慰劳金及慰劳物品。同时，分发宁夏省政府主席、省党部主任委员、第十七集团军总司令马鸿逵《致各负伤将士之慰劳书》，以及该会撰订的慰劳书等，俾绥西抗战各负伤将士及患病官兵均能获得物质与精神上之安慰。据统计，宁夏省各界慰劳境内各兵站医院治疗的绥西抗战负伤将士及患病官兵共计2561人，发放慰劳金及鞋袜费折款30423.07元、白羊毛袜子71双、青布棉鞋19双。同时，该会按部队番号，随时造具慰劳的负伤将士及患病官兵姓名清册，分别函送有关部队，借资联系。绥西抗战前线各部队多次致函宁夏省各界慰劳抗战将士委员会称谢。

《档案博览》2015年增刊

抗战时期宁夏邮政历史

孙建军

由宁夏档案局（馆）编印的《抗战时期的宁夏——档案史料汇编》，收录了《余翔麟关于派员视察兰州至宁绥各地邮务情形致邮政总局呈》（以下简称《呈报》）一文，文章十分详细地记录了抗战时期宁夏各地邮政业务开展情况，得以让今天的我们触摸到那时生动的历史细节。在这篇3000余字的档案史料中，可以看到抗战期间宁夏邮政业务开展情况的一些"新鲜"资料。

《呈报》基本情况

1937年七七事变后，归绥、包头相继沦陷，因宁夏临近绥西前线，战略地位日渐重要，且华北至西南邮件主要由宁夏经转，于是宁夏邮局邮务日趋繁忙，业务量猛增。为了解宁夏邮务情况，1944年，国民党中央军事委员会后方勤务部军邮督察处处长余翔麟派遣邮务员邓严先视察兰州至宁绥一线各地邮务情况。视察结束后，于11月13日向邮政总局呈报《余翔麟关于派员视察兰州至宁绥各地邮务情形致邮政总局呈》的报告。

抗战期间，宁夏邮政业务由设在兰州的甘肃邮政局管理，兰州是甘肃与新青宁绥各省交通之要津，北通宁绥一线，联络宁绥二省及陕北一隅，是当时国民党军队由西北进击的补给线。因此，该线路在政治上和军事上均居重要地位。《呈报》中所列视察地区包括甘肃的平凉、固原（当时属甘肃），宁夏的同心城、中宁、金积、吴忠堡、宁夏[①]、黄渠桥、石嘴山、磴口、绥远的陕坝等邮局，以及设在陕坝国民党第八战区傅作义副司令长官部、固原国民党第十七军军部、平凉第三十八集团军总司令部等军邮局与设大湾新编第二师师部等军邮派出所。

包件业务

包件的运递是宁夏邮局最早开办的业务之一。在宁夏建省时，以包头为中心、连接宁包邮路与平绥铁路的路线成为宁夏邮局运递包件的主要线路。其中，由宁夏向包头、平津地区运递的包裹，主要装置当地盛产的羊毛、枸杞和药材等；而由省外运抵宁夏的包件则主要装置布匹等日用轻工业品。《呈报》中对石嘴山、宁夏省城、吴忠堡、同心和固原等地的包裹业务情况进行的描述，让我们了解到因战争的影响，宁夏各地包件业务日益消减的状况。

《呈报》称磴口与石嘴山在抗战时期均为宁夏北部的水码头，可通舟楫，所在沙漠地带以及宁夏北部出产的药材如甘草、锁阳、苁蓉及皮张与驼毛、羊毛等货物，在战前均集中此二地转运出口，故当地商务原颇繁盛，外商亦设有行庄。自抗战发生后，外运路断，药材滞销，皮毛复受统制，故商务衰颓亦极。黄渠桥为一新兴市镇，出产皮毛颇多。

宁夏为省府所在地，居平凉经宁夏至陕坝及兰州经宁夏至陕坝快班邮路的中点，邮运地位颇为重要，设宁夏一等乙级邮局。出口产品以皮毛为大宗，滩羊皮统最为著称，甘草、枸杞、发菜之属为数亦巨。战前寄往平津沪汉等地之包裹颇不少，现交邮寄递出口者仅为少量之滩羊皮统，但以邮运迟缓且不免偶有遗失，故包裹业务亦极不振。

吴忠堡为宁夏省最大之商货聚散地。据闻该地现存之布匹颜料及其他日用品等，可供宁夏全省数年之用，故当地商业较繁。出产亦以皮毛为大宗，但交邮寄递者甚少，故包裹业务亦不发达。金积业务清淡，与磴口相若，唯农村尚称富裕。中宁年产枸杞五百余石，多时达千余石，甘草、发

[①]指今银川。

菜各百余石，亦甚少由邮寄递者。

固原、平凉均为皮毛集中地，往年包裹业务均颇发达，上年仍有大批皮货寄往川湘等地。唯以寄递迟缓，到时多过季节，更有中途水湿或内件短少者，致失商人信仰，今岁均裹足不前，各局业务逐致减色。

汇兑邮票业务

磴口与石嘴山在抗战时期，由于外运路断，邮务自亦趋清淡，现每月仅可售邮票数千元，汇款数万元而已。宁夏省府，平均每月售邮票十万余元，汇款四百五十余万元，储金最高达三千三百余万元，平均则在二千万元。该地尚设有储汇分局办事处，储汇数字与宁夏邮局相若。吴忠堡邮局汇兑业务颇为发达，最高每月收汇达一千八百万元，兑付一千一百万元，平均每月亦收汇八百余万元，兑付三百余万元，储金平均七十八万元，售票则仅二万余元。中宁每月亦仅售邮票二万余元；汇款储金较多，平均每月均达百万元。同心每月售邮票七千元，汇款十余万元，储金六百余元，业务颇为冷落。固原局每月售票仅四万余元，去年九月曾超过十万元，汇款现为每月百余万元，储金逾一千万元。

邮运线路情况

1929年宁夏初建省时，省内原有公路已经难以行驶汽车，当时宁夏省内及省际间的几条主干邮路主要靠人力和兽力发运邮件。省内邮件多由邮差步行运送，极为迟缓，寄运快信只有宁夏局寄运，普通信件由宁至京，须十五日，寄往天津须十三日。宁夏各局寄运包裹极其困难，由宁寄往京，快则三四个月，慢则五六个月未到。1933年，宁夏省道管理处所属的宁兰、宁包两线公路汽车开始运营，宁夏邮局开始不定期利用公路班车带运邮件。

《呈报》中描述，就邮运情形言，由兰州至宁夏组有逐日昼夜兼程步差班，系由兰州北走靖远、中卫而直达宁夏，不绕经平凉，全程456.6公里，规定单程四天零十小时到达，班期甚为准确，各方咸表满意。因兰宁公路现尚未修通，商旅由兰州起，途经靖远、中卫至宁夏，需十日以上；乘羊皮筏顺黄河而下，虽较迅速，但甚危险，鲜敢问津；乘公路局汽车经平凉而往，则以无联运车，平宁路面复甚穷败，少需十日，多则半月一月，亦难预定故也。由平凉经宁夏至陕坝有逐日昼夜兼程马差班，全程827.268公里，规定七天零十小时半到达，但事实上则平均需十天方可到达。

综观各地情形，宁夏、绥远所需土布、卷烟及其他日用品等，现均恃后方输往，而宁夏当地出产有待外销，原均可为发展包裹业务之对象。唯以该路招雇输力颇为困难，纵能自派汽车行驶，又以路面穷败，班期极难准确，有时反较人力、兽力之运输方法尤为迟缓。而兰西路复为今日西北交通之主要干线，其邮运力量，适宜设法增强与加速；则内地物资，既可由邮包输运，甘肃、宁夏、青海各地之特产，亦可作为收寄包裹之对象而源源由此线外输也。

战后邮政业务设想

1937年之前，经过长期发展，输出宁夏土特产及输入工业产品的包裹业务已经成为宁夏邮局的主营业务之一。七七事变之后，宁夏地方当局以防止货物外流资敌为名，对出入宁夏的货物与包裹实行统制，克扣事件频繁发生，严重影响了商民货物的安全，致使宁夏民间经济规模锐减，使宁夏邮局包裹业务量大跌。因政治变动而导致的经济下滑，严重地影响了宁夏邮政行业的发展。

《呈报》对抗战结束后宁夏开展邮政业务情况也做了具体的设想，称西北各地物产丰富，大可为发展大宗包裹业务之对象，尤以战后为然。以便于交邮寄递之主要产品言，宁夏年可出口羊皮六十万张、甘草一百五十万斤、发菜十万斤、枸杞一千五百担。而宁夏方面对于大批包裹之运输复多阻挠，故欲发展宁绥路包裹业务，必第一步解决政治上之阻碍，第二步筹妥固定输力，方可进行。在战前其外销路线为北出包头走平津，东出平凉、西安以走沪、汉、粤、港，南出四川以走云贵，西经河西、新疆以输苏俄。而该省所需之茶叶、绸缎、布匹、香烟、纸张及其他日用品等，复恃此数路内运，倘能收揽其十一之数以为邮包，则平均每日须有二三吨之运量方能疏运，每年均可增益邮费收入数万万元之巨。

链接1：民国时期邮政视察制度。清代邮政设"巡查供事"，不定期检查各局局务，有重大问题可先行处理。中华邮政初期沿用清代查巡制度，将巡查供事改为"巡员"。1936年，巡员改称视察员，另配邮务稽查员1名。宁夏视察段编为丁段，视察员、邮务稽查员常驻宁夏，视察员主要负责检查段内各县邮局局务和宁夏邮局所辖邮路、代办、信柜。宁夏一等乙级局局务由甘肃局局长或其他指派的高级人员查视。

链接2：军邮督察处。为适应抗日战争形势的需要，中华邮政建立了专为中国军队服务的军事邮递组织（简称"军邮"）。1939年6月，国民党中央军事委员会在后方勤务部增设军邮督察处。军邮督察处和邮政总局视察室双重领导，处长兼任邮政总局视察长。按照作战区域指定前线若干邮区开办军邮邮区，区以下设军邮总视察段，每段划分为若干个视察分段，每个分段设军邮视察一人。1944年，由余翔麟担任处长。

《档案博览》2016年第6期

抗战时期宁夏省的识字运动

张久卿

民国时期的识字运动始于1929年。为推行识字运动，尽快扫盲，国民政府颁布了《识字运动宣传计划大纲》，轰轰烈烈的识字运动开始在全国展开。其时，宁夏建省不及数月，便遭马仲英部侵袭，百姓生灵涂炭，识字运动无从谈起。1933年，马鸿逵执政伊始，宁夏又遭孙殿英侵扰，"孙马大战"以西北诸马胜利而告终，宁夏省各项建设驶入正轨，识字运动作为新生活运动的一项重要内容，开始在宁夏施行。

全面抗战前的识字运动

旧时宁夏地处边陲，文化落后，一般民众多不注重教育，子弟往往不读书，失学民众到处皆是，文盲几占全省人口85%以上。为启迪民智，普及教育救国之主旨，省政府将教育列为中心工作，开始积极提倡识字运动。

1935年，宁夏省颁布《实施识字教育方案》和《社会教育实施大纲》。大纲规定："凡在本省居住之人民，年在四十五岁以下十岁以上，均有受社会教育之义务，无论农工商贾，每家有三人以上者，须出一人到所管区域内所设之识字班受教，每日上课一小时，每日认字六个。"马鸿逵委任省府秘书长叶森、省禁烟处长冯延铸，共同组设"宁夏省实施社会教育识字运动办事处"，负责推行社会教育，提倡识字运动。识字办事处成立后，先后在省垣（今银川市）设立识字班12处，共收学生2500人，由省府秘书处及禁烟处职员，担任教导训练之责，省会公安局负责管理之职。省政府根据宁夏省实际情况及需要，编印《平民识字课本》作为学生读书材料。当年9月1日，省垣所设5个识字班开始授课（以后又陆续成立了第六至第十一识字班）。28日，宁夏省垣实施社会教育识字运动大会隆重举行，各识字班师生及各界人士一千多人参加，宁夏省识字运动正式拉开帷幕。各识字班地点均设在省会公安局及各分局内（均为庙宇改建），为统一时间，公安局于每日上课前15分钟，在南城墙中间，点放识字炮，通知学生上课，除放炮①，还在城内玉皇阁、鼓楼、西塔、南门楼、北门楼敲钟，以广听闻。

省垣第一期5个识字班自开班至次年11月底受训期满，分别进行考试后，成绩及格者毕业，不合格者退入第二、三期识字班继续识字。通过近一年课程，学生初步具备了识字、书写及使用之能力。关于首期识字班的具体情形，可见省会公安局史廷弼所写《视察各民众学校记》：

> 民众补习学校——学生一二〇余名，在二〇岁以下，十二三岁以上，分甲乙两班，甲班授高小一年级国语、党义；乙班授初小三年级国语、党义。至新生活运动纲要、书札、珠算、商业须知、簿记、军事训练、国术等科，混合教授之。每日早五时到校，朝会毕，即行军事训练、国术，七时至九时为分别教授学科。学生多系商号学徒，教员杨显卿，其课书系上海大东书局出版者，文字为言文对照，颇适合学生心理，检阅平时学生书札，成绩甚佳者，兹录一篇：……宁夏省主席和公安局长，因为本地方人民，智识程度太低，所以就在省会公安局里，附设民众补习学校（强迫教育，无论大小商号，都去一人），店里执事，以为支差的教育叫我去读书，依我看来，正合我求学的志愿……每日早五点到校上课，至九点钟放学，所课：国语、党义、新生活运动纲要、国音字母、唱歌、书札、国术、军事训练共八门，衣

---

① 放炮、敲钟皆因人民贫穷，而无钟表所致。

服、书籍，全由学校发给，自己并不出钱。入校上课，可得无限的学识；在店里工作，更可锻炼铁血的身体，这才是人生的真幸福呵……

第一民众识字学校——该校附设于第一分局，教室四间，上悬总理遗像、党国旗及儿童卫生挂图、民众教育挂图、革命先烈遗像、新中国图、宁夏城全图，蒋委员长及张副司令对宁夏各界训词分贴四壁，形色辉煌，桌椅分行排列……该校学生分甲乙两班，人数在八十名以上，考查该校学期考试国语试卷，甲级学生默写《果园里的大红桃》一课，乙级国语默写《新的书》一课，书法整齐，亦多数不差，注音字母之声母、韵母、介母等字，甲乙级尚能写出，亦属识字学校根本教法。

虽然史廷弼所写有部分吹捧成分，但这一时期宁夏省进行的识字运动还是取得了一定成绩，叶祖灏在《宁夏纪要》中称"成绩颇佳"并不为过。据1942年出版的《十年来宁夏省政述要》统计，至1936年5月，宁夏省垣及各县镇共成立识字班28处，学生5562人。除识字班，为推行识字运动，省垣还在各街口市巷设立识字牌及问字处（43间），方便市民随时获得识字之便。不过问字处亦常遇尴尬之事，因为许多人不是来问字，而"以请为诵释函件者居多"！

由于识字运动试办取得一定实效，马鸿逵决定继续推广施行，并印发了告民众书，他说："本省教育不振，文化衰落，民智低陋，一切瞠乎人后，无可讳言，故近年来，侧重教育之发展，特实施社会教育，进行识字运动，以救济文盲，启迪民智……况当非常时期，国家已到最后关头，救愚与救亡并重，希望全省民众，从速觉悟，一致推行，由浅入深，推己及人，务各本此意旨，淬厉奋发，互相劝喻户族戚邻，辗转传授，及时求知，努力识字，完成救愚工作，冀获启发爱国思想，增强抗战力量，本省前途，实利赖之。"全面推广未及实施，1937年，全面抗战爆发，宁夏省方兴未艾的识字运动亦受到影响，各识字班被迫停办。

抗战时期的识字运动

全面抗战进入战略相持阶段后,地处战略后方的宁夏省局势相对稳定,推行识字运动重又提出。

1938年5月,省政府将识字班划归宁夏省义务教育委员会主办,经费由中央补助义教费项下支出。义教委所办识字班具体情况,因缺少相关档案史料,现依据《宁夏省教育概况》[①]的统计,介绍如下:1938年5月—1939年1月,全省有识字班32个,教职员73人,学生6085人,经费2550元。

1939年1月,宁夏省社会教育工作又改由宁夏省党部主办,意在寓党化教育于社会教育之中。党化教育即值抗战紧张之时,阐扬党义,振奋民气,使三民主义深入社会,家喻户晓。经3个月积极筹备,人事、经费等就绪,宁夏省社会服务处正式成立,服务处主任由省党部主任委员兼任。省社会服务处重新厘定普及党化教育实施方案,将全省划分为四区,每区成立社会处,设主任一名,共设置室内识字班31所、露天识字班163处,学生计15000余人。按照规定,凡粗识文字,年龄13—45岁者,每日须上两小时室内识字教育,一年毕业;其他13—50岁之男女,不识文字,而住在十里以内者,每5日上一次露天识字班,每次两小时,半年毕业。

由社会服务处办理的识字运动,比全面抗战前的规模大了许多,但内容上则改变了许多,教室识字班课程有:党歌、国民公约和誓词、总理遗嘱、三民主义浅说,平民识字课本为主课,加授抗战歌曲、珠算;露天识字班课程,除党歌、国民公约和誓词、总理遗嘱、三民主义问答等课,并加授政府文告、政治常识、抗战消息等。可以看出,识字运动已不只是识文断字那么简单了,党义内容已远远超过了识字。1939年,宁夏省城等地先后遭到日机轰炸,学校外迁,人口疏散,所谓识字运动实际上成了纸上谈兵。虽然如此,此番活动还是得到国民政府社会部和教育部的嘉奖,

---

①宁夏省教育厅编,1940年7月。

也得到了省主席马鸿逵支持，通过识字，让民众变成有组织、有训练的力量，也是马鸿逵进行识字运动的又一收获。

1940年3月，宁夏省政府按照"一切政治之措施，应即迎合战时需要为原则"要求，对宁夏以往办理社会教育各办法重新修订。为扫除文盲，提高民智，并实施公民训练，增强抗战力量起见，特设立宁夏省社会教育委员会，负责全省民众补习教育工作之设计、指导、监督及考核事宜，该委员会主任委员由省主席马鸿逵兼任，常务委员由叶森、骆美奂、杨作荣、刘抡英、周百锽、张荣绥兼任，由党政双方负责办理。

3月15日，省社会教育委员会正式成立后，公布了《宁夏省社会教育委员会组织规程》和《宁夏省社会教育实施方案》，实施方案要点如下：

施行区域：1. 在省垣西关、南关暨全省各县城区乡镇选择人烟稠密、交通便利地点，设立社教识字班。2. 每县四区，每区四乡，每乡设立公民训练班一处。

教育内容：1. 识字教育应注重日常应用文字之练习，及应用知识之灌输，除平民识字课本，必须熟读成诵，字义了解外，并授以各种浅近之政治常识。2. 公民教育应注重国家观念之启发，抗战知能之培养，并阐扬政府各项重要法令、文告、抗战建国纲领及三民主义浅说。

实施方法：1. 依前社会服务处所调查之学生名册簿，督促保甲长，仍就班址所在地，对照户籍簿，重加调查，分成社教识字班与公民训练班。2. 每班学生名额，至少以150名为限，凡年在10岁以上至40岁以下之男女失学民众，一律强迫入社教识字班受课。

教授方法：1. 每社教识字班，设教员一人，专任本班教导之责；助教一人，尽量利用各该县政府、县党部、警察局及区乡镇保公务人员兼任，辅助教导。2. 公民训练班，每区四乡设巡回教导员一人，每星期讲授一次，每次以2小时为限，逐日轮流授课。

本次社会教育分为识字教育和公民教育：社教识字班，以教授平民识字课本为主，并注重背诵国民公约和誓词、总理遗嘱、军训等，全省设识字班34个，学生5000余名，规定学生每日上课一小时，识字6个。公民训练班，意在启发普通民众的国家观念，灌输各种常识，并阐扬政府重要法令培养战时服务精神。全省设训练班116个，本省各户户长及绅耆、各乡镇保甲长及以下服务人员分二期训练，共训练61000人。

宁夏省社教委员会所进行的民众教育，以训练为主、识字为辅。这与最初推行的识字运动时提出的救愚和扫除文盲目的已有了变化，这与省政当局的认识有关。马鸿逵认为，抗战已进入严重阶段，政治重于军事，战时民众补习教育，应积极推进，以启迪民众知识、激发爱国观念，增强抗战力量，一切课程之教授及精神之训练，悉以迎合战时需要，以谋民众教育之实习也。

1943年，宁夏省政府在省教育厅内增设第四科，原省社会教育委员会管理的社会教育及识字运动，交由该科办理。

抗战时期宁夏省的识字运动几起几落，组织机构也几经变化，但识字运动一直进行。识字运动办事处、社会服务处、社会教育委员会，不论其推行识字运动，还是公民训练，对于提高人民文化知识，扫除文盲，做了一些工作，虽然实际效果并不尽如人意，但还是有所成效。

《平民识字课本》

以上文中提及的《平民识字课本》，是1935年10月出版的一本识字课本。由宁夏省政府编辑，省实施社会教育识字办事处发行，北平中华印书局印刷。因该书为宁夏省识字运动所用主要教材，现将该书内容简介如下：

该书封面"平民识字课本"由国民党元老，曾任国民政府立法院代院长、国民党中央宣传委员会主任委员邵元冲题写；书内印有总理遗像、马主席肖像等4张图片；附有蒋中正、戴传贤、张学良、陈立夫、王世杰等名人题词，蒋中正题词：扫除文盲以提高国民思想；张学良题词：还我国魂。

宁夏省主席马鸿逵为该书作《宁夏省实施社会教育平民识字课本序》称："外侮纷来，内忧未已，千钧一发，岌岌可危，吾人衡鉴以往，默测将来，惟有提高民族意识，启发爱国思想，以作挽救劫运，复兴民族之基础。宁夏地处边僻，负山带河。形势险要，为西北门户，国防重镇；然因受自然之限制，一切未能振兴，教育颇为落后，当此全国一致努力教育救国之下，本省急起直追，提倡教育，始而增筹教费，推广学校，继则训练师资，充实内容，积极整顿，夙夜匪懈，第百年树人，决非一蹴可及，故于本年复谋补救方法，实施社会教育，推行识字运动。扫除社会文盲，救济失学民众，以增进生活技术。灌输科学常识，做一完全善良国民。"

《平民识字课本》共100课，生字2000，内容涉宁夏地理、人生哲理及各机关主管事项。现择其课文数篇，以飨读者：

国民　我是国民，你是国民，他是国民，咱们都是国民。

宁夏　宁夏省，好河山，东有黄河，西有贺兰。

识字　来来来！来识字！不识字，是瞎子；不识字，苦一世。

爱国　国强家自富，亡国即丧国，爱家先爱国，复兴我中华。

放足　妇女缠足，有损无益，明知故犯，此害曷极！责在家长，痛自警惕，早日解放，勿贻伊戚！

国货　外国货，充市场，利外溢，国本伤。本国货，应改良，质耐久，价勿昂。我宁夏，太荒唐，用外货，甘自戕。国愈弱，敌愈强，倘不悟，国必亡。

破除迷信　巫婆妖道，阴阳风水，瞎子算命，请神捉鬼，自迷自信，受骗受累，应亟破除，免贻后悔！

社会教育　社会教育，是救济失学的明灯。年大年小，随时都可增进智能。人人读书识字，扫除社会文盲，共同努力推进，社会日益文明。

从以上课文可以看出，《平民识字课本》易记易懂，适于初识文字的人群诵读，亦是研究民国宁夏省文化教育的珍贵史料。

《档案博览》2015年第3期

乌不浪口抗日烈士公墓琐记

兰建忠

乌不浪口是内蒙古乌拉特中旗的南大门，地处阴山要隘，自古以来就是兵家必争战略要地，也是通商行旅的交通要冲。新中国成立前后，出入这一山口的人们，只要稍加留意，就可发现口子西侧有一处公墓。长期以来，人们传说这里安葬的是国民党阵亡官兵，因无人张扬这段历史，自然也无人深究探研。难怪许多人认为日本侵略军没有来过乌拉特草原，更多的年轻一代和中小学生也不知还有乌不浪口抗战一说。

20世纪70年代初，我听朋友说起一段故事，旗内某单位的几个小青年开着一辆汽车，拉运货物经乌不浪口返回海流图，天黑时分车陷在乌不浪口河滩沙路中进退不得，黑暗中汽车再也发动不起来。无助之下，他们想到老人们所说的乌不浪口墓地葬着抗日烈士，于是走到公墓处，跪而祈愿，求英灵相助。说也奇怪，待返回陷车处，汽车发动着了，再一推车竟能前行了，似乎有一股神秘力量相助。这是我第一次听说乌不浪口有抗日烈士墓，也从此知道中国守军在这里曾与日军激烈厮杀。

及至十余年后，我有幸从事地方史志工作，开始收集有关绥西抗战及乌不浪口战役的史料。1985年，上级安排纪念抗战胜利40周年活动，征集编写抗战史料，由于乌中旗这一部分档案资料纯属空白，而且此地原归属五原县，所以这一工作由五原县负责，他们派人外出顺利地查找到五原战役傅作义部阵亡的679名官兵名单，然而关于马鸿宾部在乌中旗乌不浪口阵亡官兵名单资料却一无所获。第二年，我继续查找乌不浪口抗战史料，利用征编组织史机会，去巴盟给上级汇报实际情况。时任巴盟党史办主任陆秉义说，盟里也没有这方面资料，并指示立即对现存乌不浪口公墓情况资料加以抢救性整理，不然今后连这一点实物资料也恐怕难以找到了。巴盟党史办的意见旗委十分重视，遂派专车让我们前往实地进行调查，现将1986年8月5日所做记载摘录如下：

  公墓石墙成残垣，几与地平，但坟墓仍保持原貌。纵横12行整齐的坟墓，自成一方阵，末一行为13座坟墓，其余每行均为12座，西侧一座坟墓置4人砖碑为4人同穴，这样计145座坟墓安葬148名阵亡官兵。
  墓前所立砖碑多已残缺不全，砖刻可辨认者有35D 5、6、8R①字样，即代表国民军陆军第81军35师205、206、208团番号。砖刻有姓名、职务，标有连长、特务长、中士、列兵等，但以士兵居多。标明籍贯的有宁夏中宁、中卫，甘肃靖远、平凉、临夏，陕西定边等县名。

此次勘查后，根据所掌握的史料，由我执笔写了《乌不浪口阻击战》，在旗史志资料上发表。其后我开始刻意搜求有关乌不浪口抗战方面第一手原始资料、全部烈士名单，在翔实资料的基础上以力促有关部门立碑和重修墓地。但最终能否立碑，吃不准分寸。不过，国难当头，抗日献身者应为烈士，这是不应怀疑的。关于立碑一事，向旗民政局咨询，说还须请示上级。总之，存在的问题：一是政治原因，二是经费原因，三是缺少关注。此墓为西军②坟，无一当地河套子弟，一般不会引起地方特别注意。由于经费原因，我始终未能走出旗外，只能以信函方式先后与宁夏、甘肃、北京、南京等一些涉史部门、个人进行联系，以期获得理想档案资料。
对于在乌不浪口建纪念碑，旗文明办主任巴图斯仁认为此事应逐步进行。在他的努力下，每年清明节组织学生在此进行纪念活动，为创建爱国

---

① D代表师，R代表团。
② 过去绥远群众对宁夏马家军称谓。

主义教育基地做准备。乌不浪口葬有许多回族官兵之事，引起五原县清真北寺的关注。1995年12月，五原县清真北寺在乌不浪口烈士墓地立起第一块1米多高的"民族英雄烈士纪念碑"，并祭奠英灵。

在乌不浪口烈士公墓地，五原清真北寺所立之碑虽小，但其意义是突破性的，起到一定的推动效应。1997年秋，海五公路修成油路之际，在旗文明办努力争取下，旗人民政府批准乌不浪口烈士公墓为爱国主义教育基地，并在烈士公墓南侧建成一座高约3.5米的"抗日民族英雄纪念碑"。

1999年春，乌不浪口烈士公墓被命名为巴彦淖尔盟爱国主义教育基地。4月5日清明节，由旗文明办牵头，旗共青团委员会、少年儿童工作委员会、关心下一代工作委员会组织全旗600多名中小学生，举行巴盟爱国主义教育基地揭牌仪式，并进行扫墓祭奠活动。

其间，我先后与宁夏银川、甘肃平凉、南京等地档案历史部门及个人的联系也有了进展，经提供信息，获知亲历乌镇抗战的老战士白震先生可能就在内蒙古，经由内蒙古有关部门相助，找到了年已八旬的白震老先生。同时，亦获得部分西军烈士名录，对于是役梗概有进一步了解。然而通过已知信息，知道查找全部烈士名录绝非易事。南京第二历史档案馆的孔庆泰先生虽是退休之人，但执着事业可敬，尽最大力量义助，所查寄烈士名录也仍未能全获。其中1941年阵亡包头的马部官兵名录，应是"喋血恩格贝"的马部官兵名录。

2001年4月1日清明节前夕，巴盟、乌中旗两级团委牵头，在乌不浪口烈士公墓地实施第一期绿化工程。4月21日，盟党委、旗党委、盟直属机关团委、五原县团委、旗驻军某部、德岭山镇团委、乌梁素太乡团委共出动领导和干部、官兵、学生等500余人，在乌不浪口烈士公墓四围栽植价值3万余元的翠柏和垂榆，美化了公墓地。

2002年9月，五原葵花节和杭锦后旗奋斗中学60周年校庆。傅作义将军外孙女晨风女士由美国专程而来，其一行先行抵达五原，在五原县委办主任李树强陪同下赴乌中旗，要了解当年绥西抗战有关情况，提出约见我。因我在外地给爱人看病，故由旗政府办将我所写有关绥西抗战及乌不浪口阻击战内容的图书赠送晨风女士一行，这也是历史传承与远播乌不浪口抗战的幸事。

2002年7月—2003年8月，旗团委书记石磊找我多次，征询建设乌不浪口烈士陵园建议。他积极热情的态度和求真务实的精神同样感动了我，在乌中旗境内建成代表绥西抗战包括宁夏兄弟部队的乌不浪口烈士陵园，这是我多年来苦苦追寻的目标之一。当时我建议旗团委找一位参加绥西抗战且有资历的幸存者撰写碑文最好，而在宁夏方面不便寻找。于是与白震老先生联系并奔波于中旗与呼市，约请白老为旗团委提供史实和撰写碑记，以记载乌不浪口、乌镇、四义堂抗战史千古流芳，告慰浩浩烈士忠魂。

其间，旗团委于2002年8月21日向旗党委呈请《关于核拨乌不浪口青少年爱国主义教育基地二期工程经费的报告》，并附烈士陵园平面图。说明一期工程已于2001年全部完工，共种植松柏156株、垂榆50株；2002年拟建大型大理石花岗岩爱国主义基地简介碑一座，白水泥仿汉白玉墓145个，补种垂榆200株，建成集生态、环保、旅游、爱国主义教育为一体的青少年活动阵地。8月23日，旗分管领导签署意见："由于今年财政困难和气候已开始变冷，我的意见：此项工程届时将予以考虑。"待2003年春暖花开季节，旗团委一班人即付诸行动，时遇"非典"，但最终排除种种困难，总投资30万的乌不浪口抗日烈士陵园暨青少年爱国主义教育基地扩建工程胜利完工。

2003年8月13日，乌不浪口抗日烈士陵园暨爱国主义教育基地落成揭碑仪式隆重举行，乌拉特中旗党委副书记刘还俊在讲话中说："1940年1月31日，就是在此地带，傅作义将军指挥的35军及宁夏马鸿宾部马腾蛟35师守军，对侵华日寇进行了一场殊死的反击战，烈士的鲜血染红了乌不浪口的山河大地。"

乌不浪口烈士陵园的建成，投入了一定的人、财、物力，这对于一个地处边陲、以牧为主、经济欠发达的旗来说，重要的是体现爱国主义的强大感召力和凝聚力。战争是历史的浩劫，也是对民族气节最严峻的考验，硝烟散去，穿越时空，追忆抗战英烈的业绩，纪念历史等同被历史纪念。巍巍阴山、河套大地见证了这血与火的洗礼，民族魂铸就了一座标志抗战历史的纪念碑，展示了绥西抗战的悲壮而战与悲壮而胜，也表明了新世纪的乌拉特草原各族人民铭记历史，放眼未来，珍爱和平，建设家园，努力实现和推进中华民族伟大复兴。

附：
乌不浪口抗日民族英雄纪念碑记

一九四〇年一月，日本侵略者分三路扑向河套地区，一场震惊全国的血腥战役在河套大地展开。

时任国民党八战区副司令的傅作义将军审时度势，提出了"避不利，夺胜利，分阻击，耗敌力，全歼灭"的绥西战役战略。在乌镇、乌兰脑包、乌不浪口和四义堂一带修建了纵横坚固的战壕地堡。为响应傅作义将军的号召，隶属宁夏□□□□□□的马鸿宾八十一军马腾蛟三十五师，其下辖二〇五、二〇六、二〇八的三个团约三千余名抗日战士正面纵深布防于乌不浪口、乌镇地区，随时准备与日军展开殊死拼搏。

一九四〇年一月三十一日凌晨，日军首先向我乌不浪口三十五师守军发起猛烈攻击。由于日军施以飞机、坦克、大炮等先进军事装备，我军阵地多处工事被毁，官兵死伤惨重，但三十五师守军顽强阻击，使敌人的攻击多次受挫……在这场战役中，灭绝人性的日本法西斯竟然施放毒气弹强化学武器，对守军进行惨无人道的屠杀，致使守军一千余名官兵壮烈牺牲！

国难当头，民族危亡，那些不畏强敌的烈士们用鲜血捍卫了中华民族的尊严！他们用生命换来了祖国领土完整！今天，我们和子孙后代应当永远记住烈士们曾碧血横流、英勇捐躯的这片土地！

共青团乌拉特中旗委员会为乌不浪口烈士陵园爱国主义教育基地的建立特嘱为记，谨略志之。

白 震
公元二〇〇三年七月

《档案博览》2015 年第 3 期

宁夏抗战阵亡将士纪念碑小忆

朱文华

抗战全面爆发后，全国掀起了轰轰烈烈的抗日热潮，国民党宁夏省当局积极宣传抗战意义，进行抗战动员。宁夏少年战地服务团成立后，在宁夏各地积极活动，他们出墙报、演唱抗日歌曲、表演街头剧……进行得如火如荼。1939年3月，宁夏遭日机轰炸，省城民众损失惨重，血的教训让宁夏军民对日本侵略者的残暴行径有了深刻认识，保家卫国的意识日渐浓厚。

那时，我在宁夏师范附小上学。为躲避日寇飞机轰炸，学校从柳树巷迁到普济寺[①]。寺院前有一大片空地，上面长着一层白花花的碱，脚一踏上去便是一个很深的脚印。老师说以后这里就是你们的操场。寺里的房子大半做了教室，只留少数给寺上使用，因佛事活动没法举行，和尚只好分散到外地去了。

1940年春，普济寺对面的广场上有人施工，据说是要新建一座抗日纪念碑。一月有余，工程完毕。所建纪念碑面南而立，碑高约2米，宽有约80厘米，厚25厘米，前后油漆的是黑色，字是白色，前面的中间刻着"抗战阵亡将士纪念碑"几个大字，左下刻着"宁夏省政府立"，碑后刻有碑文，碑东西两侧，头南尾北各卧着石羊一只。纪念碑台座为正方形，大

[①]地点在原宁夏水利工程处院内。

约有10平方米，台高有50厘米，四面用青砖砌墙，中间填土夯实，上面铺有方砖，四角压条石。台座的南侧有几级条石台阶，供人上下之用。

纪念碑建好后不久，省政府便在此举行了一次大会。1940年5月1日下午，全省各界召开纪念五一劳动节大会，会场搭起了主席台，省城各机关人员悉数参加，因大会要给省垣小学生健康比赛发奖，所以我们师范附小等学校的学生也参加了大会。宁夏省主席马鸿逵发表了讲话，参加大会人员高呼抗日口号。会后，又举行了讨汪铸奸活动，人们在纪念碑前塑了两个跪着的人像，说是汪精卫夫妇，有人向上面吐痰、扔石头。后来塑像不成了样子，五官全看不清了，只剩下两个圆状体。

1940年7月7日，我与同学又在纪念碑前参加了一次大会。这一天，宁夏省垣举行全民抗战纪念活动，人们拿着五彩旗，喊着各种抗战口号，在街上游行后，来这里开会。会场没有另搭台子，就连标语也很少，显得十分简陋。开会的人数有五六百，主持人请国民党宁夏省党部书记周百锽演讲，他开始讲得很有劲，精力充沛，声音洪亮，振振有词，使人听了精神倍增。讲到后来闭着双眼像背书一样，声音越来越小，学生们都说他可能是烟瘾犯了。周书记讲完话后，主持人带领大家，喊了一会口号便散会了。同学们说真没意思，还没我们学校搞得好。

此后，这里成了经常开大会的地方。在不开会的时候，学校便利用它。每周一早操后，校长吴占魁在纪念碑台座上讲话，学校开各种会议，师生演出也都在这里，好像是专为学校建的一样。

为纪念中国人民抗日战争胜利，写下一段儿时记忆，表达我对宁夏参加抗战牺牲将士的纪念。因年龄原因，有些记忆如有差错，敬请谅解。

《档案博览》2015年第4期

民国宁夏地区庆祝抗战胜利片段

古小军

1945年8月，日本投降只是时间问题，庆祝胜利事宜被提上日程。8月11日，国民党中央政府文官处致电各省，表示日本投降确定日期将由中国与盟国同时宣布，庆祝日期也当另行布告。要求在未经国民党中央政府公告以前，军民工作应和战时一致，不能稍加松懈。8月15日，日本天皇裕仁以广播的形式发布《终战诏书》，日本无条件投降。9月2日，在停泊于东京湾的美国军舰"密苏里"号上，日本代表在投降书上签字。至此，中国人民抗日战争胜利结束，世界反法西斯战争也胜利结束。随后，一系列庆祝活动在全国各地拉开帷幕。那么，当时的宁夏是如何庆祝抗战胜利的呢？

放假1天

国民政府宣布，为庆祝抗战胜利，9月3日（日本投降次日）起，全国放假1天，悬旗3天。该命令迅速在宁夏省内各机关得到执行。宁夏档案馆馆藏的一份档案，忠实地记录了这一史实。1945年9月3日，甘肃邮政管理局发布6756号局谕："兹为庆祝胜利，本年九月三日放假一天，所有办公时间与星期日同，仰各知照。"当时的宁夏省邮局归甘肃邮政管理局管辖[①]，顺理成章地收到了这份局谕。

[①]抗战胜利后不久，为达到名实相副之目的，甘肃邮政管理局更名为甘宁青邮政管理局。

近代宁夏邮政事业起步较晚，发展相对落后。光绪三十一年（1905年），宁夏府设邮政分局，办理函件、包裹、汇兑业务，归西安邮政副总局管辖。兰州邮政分局升格为邮政副总局后，宁夏邮政分局又归其管辖。民国初年，甘肃邮政管理局在兰州成立，辖甘宁青三地邮政，宁夏府邮局改升二等邮局。1929年，宁夏省建立后，开始收寄航空邮件，后又开办国内电报汇款业务。1935年，奉甘肃邮政管理局令，宁夏二等邮局升为一等乙级邮局。

全面抗战爆发后，宁夏的邮政业务日趋繁忙，员工的人身安全也面临着战争的威胁。1939年3月6日，12架日本飞机轰炸宁夏省城。据《宁夏邮电志》记载，空袭发生时，邮局员工罗玉岭正外出投递信件，不幸中弹负伤。为了最大程度保护员工的人身安全，宁夏邮局调整了营业时间和投递频次。此外，抗战期间，宁夏通往各处的邮路也存在着被封闭的危险。1942年，五原一带发生鼠疫，石嘴山至三盛公一线交通封闭，邮路中断近两个月。坚守岗位的宁夏邮局员工，保障了基本社会通信的正常运作。这份75年前的放假局谕，足以让今人分享抗战胜利日当天宁夏邮局的喜悦，意义不凡。

举办庆祝大会

1945年9月3日，宁夏举行庆祝抗战胜利大会。同月出版的《宁夏青年》上刊登的文章《庆祝抗战胜利志盛》，介绍了当天省内各地庆祝大会的盛况。文章开篇总结道："东方的天际，在黎明的阴霾中，透射出一层层的红光，一群银鸽展开了羽翼掠过了晴空，这，光明前的一刹那，象征着和平的伟大！……中华民族，雄踞东方，是世界文化的古源，是东方和平的家乡！它为人类的正义……赢得了胜利，大家齐歌舞喜洋洋！"

省会银川市的庆祝活动最为盛大。9月3日上午，大会筹备工作紧锣密鼓地展开。清道夫忙着清理街道，各商号悬旗结彩，很多工作人员扛着彩灯走过，为晚上的游行做准备。商店里面蜡烛生意异常火爆，能与其并头竞争的仅有鞭炮买卖。学生们从各自家中拿来芦柴，自制国旗和盟国国旗。当鼓楼上的标准时间到9点的时候，各工厂汽笛长鸣。人们终于放松了战时的紧张神经，向大街上汇聚。百川汇、复兴店、永兴西……敲锣打鼓，非常热闹。

庆祝大会的会场选择在东教场，各机关学校、民众团体、商号等在此林立，人山人海。庆祝大会在悠扬的军乐声中开幕，首先是鸣礼炮，一时东城墙边，大炮声震天动地。随后，在大会司令台上，马鸿逵发表了演说，两名美国人也被作为盟国代表邀请上台讲话，由精通英语的农林专家罗时宁担任翻译。讲话完毕后，现场开始高喊口号："抗战胜利万岁！"

大会结束后，紧接着开始了游行。等到队列排好后，已届日落。游行队伍高呼着口号，从东教场出发，一路沿着北大街、南柴市、糖市街、新华街、柳树巷、南大街、中正东西街行进。队伍行进过程中，街市两旁挤满了人，屋顶上的男男女女也跟着欢呼。行进到新华街时，夜幕已深，前后灯光汇成一片灯海。中国银行特地在屋顶上架起一台收音机，吸引了众多行人逗留。游行队伍每经过一处，必有烟火爆竹，"这热闹百倍于元宵节的晚上"。鼓楼顶上，霓虹灯交织成一个个大大的V字，胜利的史诗写在银川。

在平罗，街头巷尾贴满了红红绿绿的标语、壁报、漫画和国旗，庆祝会场上，军学两界联合组织的秦剧连演3天；在吴忠，一百零一响礼炮齐鸣时，街道上的行人，房内的妇女，均肃立向死难将士及受难同胞致敬；在同心，附近三四十里内的民众和各级学校的师生不辞跋涉之劳，纷纷赶来参加庆祝大会；在中宁，会场旁的篮球场上，球员们分成轴心队和同盟队展开比赛，同盟队不出意料地取得了胜利；在中卫，高跷、彩船、龙灯、狮子跟在游行队伍身后表演，一座古老的街市，变成了"不夜之城"。

出版"庆祝胜利专号"

1945年9月16日，《宁夏青年》第二卷第八、九期出版，被特地命名为"庆祝胜利专号"。"庆祝胜利专号"刊登了《勿骄勿怠努力和平建设》《正义必然胜过强权》《我们青年今后的主要任务》《抗战胜利后的宁夏》《胜利与建国》《五十年血债一笔清》《中国的新生与永生》《迎接胜利与把握胜利》《庆祝胜利促成建设》《把握胜利与努力建国》《庆祝抗战胜利志盛》《中国抗战大事记》等一系列文章。

杨洪续的《五十年血债一笔清》控诉了日本帝国主义对中国的侵略，为抗战胜利的到来而欢呼。涂春林的《迎接胜利与把握胜利》强调"公理战胜强权"的理论。涂文呼吁："我们这样地想来，不是说如何让仇恨日本，就是说我们今天庆祝胜利，不要忘了以往的悲痛，这胜利就是我们从这悲痛中得来的，是这么不容易得来的，所以我们更应当要把握住这胜利。"

《中国抗战大事记》罗列了从卢沟桥事变到抗战胜利的重大历史事件，其中简要涉及与宁夏相关的兰州空战①、绥西抗战②等史实。关于兰州空战，文中记载道："（1939年）二月二十日，兰州空军大战，击落敌机九架；二月廿三日，敌机再袭兰州，被我击落六架。"也正是在这次空战后不久，日军飞机轰炸了宁夏省城，造成重大伤亡和财产损失。关于绥西抗战，文中提到了3个标志性事件："二月十四日，绥西我军入临河；二月廿三日，五原外围残敌肃清；三月廿三日，绥西我克复五原。"绥西抗战中，宁夏军队担当重任，与日军展开激烈厮杀，喋血乌不浪口，付出了巨大牺牲。

除上述文章及前文述及的《庆祝抗战胜利志盛》，其他文章主要讨论了抗战胜利后的局势。石生琦的《庆祝胜利促成建设》关注国共重庆谈判时政，认为"延安毛泽东先生近日应邀赴渝，谈判进步，情绪非常和洽。如不发生牵制，国共问题，自可循政治途径，得有和平解决办法，可预言也"，并提出了设立农业金融机构、振兴机器手工业等具体建议；刘希圣的《把握胜利与努力建国》则把科学化、工业化视为唯一建国途径。

《档案博览》2020年第4期

---

①指1939年在兰州发生的中日大战。
②指1940年绥西地区的对日抗战。

记民国时期银川一起医疗纠纷

胡迅雷

1947年2月，宁夏省垣北郊八里桥农民王信因病医治死亡，亡者家属与主治医生发生医疗纠纷，医患双方各自发表声明，社会各界人士亦对此十分关注，省卫生处特召集医药界专家与有关方面人士召开会议进行研讨，引出一段医药学术研究。

一

1947年2月12日下午5时，宁夏省垣北郊八里桥农民王信因颈部咽喉两边红肿，进城到中医师刘天宝诊所医治。

刘天宝用筷子压舌查看王信咽喉，并为之切脉，谓其"内有虚火，不要紧"等语，当即开一药方：用养阴清肺汤半剂，加熟地5钱、寸冬3钱……王信在省城广济堂中药铺购药。

回到家后，王信喝服了第一剂煎药后约两分钟，即将药吐出。过了一会，王信继续喝服煎药，亦吐出。又过了几分钟，王信只喊气闷腹疼，非常难受。过了两三个小时后，王信的儿子（小孩）遂又进城请刘天宝来诊治，刘仅让王信的儿子到广济堂中药铺买了300元的"汉三七"，并嘱咐用烧酒服用。

到凌晨2时许，王信体力愈不支，且手足冰冷。

至清晨天亮，王信亲属王礼、王智进城去请西医官侯登云前来诊治，并对侯登云说："病人上吐下泻，腹疼。"

侯登云即前往王信家中诊视。这时，王信指甲发青，脉搏、心脏均不跳动。侯告之王信家属说："病已不治，人没救了。"又说："已无办法，还请刘医师来看吧。"

王信家属立即进城去请刘天宝。刘天宝急忙赶来，看见侯登云在场，王信坐在炕上。侯登云对刘天宝说："你只看咽喉，而不知他是霍乱。"又说："你把病看错了，人快死了。"并当即打了刘天宝两个耳光。

因王信上吐下泻，精神不支，王信家属请求侯登云给王信打急救针。侯登云当即用顶细针头，将在安息月会医局买的两支樟脑药液注射到王信的左胸上部，亦未奏效。早晨7时许，王信死亡。

二

王信死亡后，其家属即请法院法医检验尸体。

1947年2月17日，经法医检验，王信尸体左胸上部有直径约1寸大的紫块，手指甲发青，脚趾甲及齿龈不发青，腹部亦不胀，瞳孔与常人相同。

为此，王信家属对刘天宝、侯登云的诊治与用药提出疑问，认为是诊治与用药有误而导致王信死亡。刘天宝、侯登云对王信死因进行辩解，认为诊治与用药均无错误。双方在《宁夏民国日报》上均进行呼吁，社会各界人士对此亦十分关注。

2月18日，省卫生处处长宋子安"为注重民命"，特发起并召集警察局、军医处、中医公会、四十兵站医院、省立医院、德久夫妇医院等医药专家与有关方面人员以做学术研讨，召开"王信死因学术研讨会筹备会议"，进行讨论。筹备会议经讨论认为："本会纯系学术研究性质，不涉及法律问题。卫生方面应注意是否为急性传染病，嗣后在医院医理上特为注意。"

三

1947年2月20日下午1时，"王信死因学术研究会"在省卫生处礼堂召开。

参加会议的有省卫生处处长宋子安，王信家属代表、妹夫李国华、侄子王智，王信的主治医师刘天宝、侯登云，法院代表郭炳如，省党部委员王沛，驻宁夏省垣的四十兵站医院代表孙某，德久夫妇医院院长李德久，中医师王治、苏元度，省立医院院长李芳春，广济堂、万盛祥中药铺代表，西医师文万选，省卫生学校校长张善等100余人，与会者踊跃发言，各自阐述了对王信死因及诊治与用药的意见。

会议由省卫生处崔志远主持，首先报告召开这次会议的目的，并特别指出，本次研讨会讨论结果，纯系学术研究性质，不涉及法律问题。

接着，由有关人员陈述王信诊治与死亡经过。

王信妹夫李国华陈述道：亡者颈病发肿，2月12日下午5时进城，请中医师刘天宝诊治。刘天宝医师用筷子压舌看病人咽喉，并为之切脉，谓其"内有虚火，不要紧"等语。即开一药方，由广济堂药铺取药。服第一煎药，约两分钟，病人即将药吐出，继续喝了，一会也吐出。过了几分钟，病人只喊气闷腹疼，非常难受。再请刘天宝医师，数次均未到。半夜2时许，病人体力愈不支，手足冰冷。天将明，请到侯登云医官。他一看之后就说："病已不治，人没救了。"即再请刘天宝医师到来，亦无办法。病人家属即请侯登云医官打急救针（药系樟脑药液，在安息月会医局买两瓶）。7时许，病人死亡。后经法院检验，手指甲及左胸上部约1寸大之部均发青。未暇请神婆及服"汉三七"。

法院代表郭炳如陈述道：2月17日上午10时，检验王信尸体，其左胸上部有圆径1寸大之紫块，手指甲发青，脚趾甲及齿龈不发青，腹不胀，瞳孔与常人同。

中医师刘天宝陈述道：2月12日下午3时看病人时，病人咽喉两边红肿，开药方，用养阴清肺汤半剂，加连翘、二花等。5时吃药，七八时又到药铺买300元之"汉三七"，用烧酒冲服。次日刚天明，即有人打门，叫去为王信看病。至则有侯登云医官在，病人坐在炕上。侯登云医官谓："你把病看错了，人快死了。"即打我两个嘴巴。

西医官侯登云陈述道：2月13日早晨，王礼、王智找我看病，谓："病人上吐下泻，腹疼。"我往诊视，病人指甲发青，脉搏、心脏亦不跳。当时告诉病人家属说："已无办法，还请刘医师来看吧。"及刘天宝医师到后，余谓："你只看咽喉，而不知他是霍乱。"打他两个耳光。因为病人上吐下泻，精神不支，病家求我打急救针。我即用顶细针头，将两支樟脑药液注射于病人左胸上部。

王信侄子王智补充陈述道：亡人吸大烟，1日两次，每次300元至500元，本日未吸。

四

在有关人员陈述王信诊治与死亡经过的事实后，会议进行研讨发言。

中医师苏元度发言说：当日（2月13日），有传令兵来找我，说侯登云医官请我。我一出门，侯登云医官已来，见面就问我："刘（天宝）先生此药方治霍乱症对不对？"我说："若治霍乱，此方不对。"侯登云医官说："我把刘（天宝）先生打了两个嘴巴。"

省卫生处处长宋子安发言说：我对此案有几个疑点：（1）诊病时间及病人死亡时间，各主治人及家属均报告不符。（2）尸体检验左胸部青紫一块，恰与侯登云医师之注射樟脑部位相当。据侯登云医师说，注射时脉搏、心脏已停止。但在死后注射，绝不发生青紫，恐注射时心脏未停止或刺破血管，血流皮下。（3）人死后，瞳孔一定散大。据法院检验，瞳孔如常，则一定另有不散大之原因。（4）亡人有大烟癖，而死后瞳孔不散大，是否在服药前曾口服大烟。（5）侯登云医师谓病人上吐下泻、腹疼，系听病人家属所说，彼诊脉、听心脏时均已停止，何以确知为霍乱。（6）亡人手指甲发青，而足趾、齿龈不发青，似乎并非中毒。（7）侯登云医师说，他到时心脏已停，即病人已死；而刘天宝医师说，他到时天已明，病人尚坐炕上，二说不同，也是疑问。

省党部委员王沛发言说：中、西医所说各执一词，我们不问这话，但据刘天宝医师所谓病人喉颈气肿、牙痛，此系实火，而非虚火。诊断虽不切，但用方无害，此方各药不致中毒，况服后两分钟即吐，则药已不在胃内，更无中毒之危险，即或是伤寒症，此方亦不能致死，此药与其死不发生关系。此病究竟系何病，值得研究。此病致死原因，绝非中毒致死，应另行研究。

驻宁夏省垣第四十兵站医院代表孙某发言说：（1）病人死亡如此之速，可以想到心绞症，但不致吐泻，而病人有吐泻现象，似有强酸强碱中毒现象。（2）病人死后瞳孔不散大，为身体内有鸦片中毒之征象。（3）欲明了其死因，非用化学细菌检验不可（白喉菌、虎列拉菌，一周内可以检查出来），但此乃法医方面之事。（4）中医、西医不能致死。

德久夫妇医院院长李德久发言说：（1）樟脑溶于依托为气体，细针很不易吸入，针管非用粗针头不可，即注射于皮肤下，不能发青紫。（2）中鸦片毒时间，先期瞳孔缩小，后期则散大。

中医师王治发言说：据两方面来说：（1）病重笃，虽用药对亦无能为力。（2）此药无中毒之可能。（3）咽肿用此方并不错。（4）养阴清肺汤，一方清熬，一面解毒，不能致死。（5）服药后致吐之原因，有因胃不服而吐者，有因胃黏膜发炎，突受药物刺激而吐者。（6）腹疼腹泻是否为肠胃发炎，病人自八里桥走来，心中着急，热度增强，亦有使病势增加之可能。

中医师苏元度发言说：据刘天宝医师、侯登云医官两方陈述来看，说是喉症，王信又由八里桥跑来，有使病加重之可能，恐是急性白喉，或系病重药轻。

省立医院院长李芳春发言说：（1）刘天宝医师谓病人曾用"汉三七"。据病家说，买"汉三七"是为别人用的，是否确实。（2）据病症测断，绝非霍乱，况霍乱系国际传染，卫生处应为调查，并令饬县政府每月填报疫情旬报，若未发现霍乱，既无传染机会，病状又不显著。（3）病人反复不安，支持不住，是否为心脏病所致，颇为疑问。

广济堂中药铺伙计发言说：小孩来买"汉三七"，谓替爸爸跳神，用烧酒服用。

万盛祥中药铺代表发言说，王信侄儿因上山拉炭被车压死，或是王信心中着急而生心脏病。

省卫生处处长宋子安发言说：据各中医研究：（1）王信之死与刘天宝医师药方不发生关系，侯登云医官打强心针，系在心脏停止以后，与王信之死无甚责任。（2）王信致死原因可疑，所报告的材料不够，希望亡人家属多多说些很好的材料，以供研究。

西医师文万选发言说：中、西医研讨都无责任，是否病人家属与刘天宝医师或有仇隙，病人来城住的地方与他的病有影响。

省卫生学校校长张善发言说：药物方面既无毒性，是否因白喉毒素麻痹心脏，是否因喉部发炎而引起急性心内膜炎？

最后，省党部委员王沛发言总结道："今天主要之目的，在中西医用药能否致死，有无错误？现据各方研究，结论如此，中西医用药均无错误，并不能使人中毒。至于王信之死，乃系其他原因，非经化验剖检，不能明白真情，乃系法律问题，不在本研究范围，本会至此可作结束。"

五

王信死因学术研讨会结束后，省卫生处处长宋子安借此医案，对省垣中、西医师发表训话曰：

今天召集各位来研究王信的死因，各位于百忙中赶来参加，非常感奋。现在，研讨会已告一段落，本人站在宁夏省卫生处处长的立场上，本主席（马鸿逵）关心民瘼的宗旨，再向各位说几句话。

直到现在，社会上一般人对于卫生处还不甚了解，现在一般人大都仍称"卫生试验处"，而且认为卫生处是一个治疗机关。所以，一有疾病，就说到卫生试验处去看。殊不知，卫生试验处于民国二十九年改组后，已成了宁夏省政府的一部分，卫生处是一个行政机关，是主管宁夏全省卫生行政工作的最高机关，治疗工作由省立医院负责，卫生处的主要工作是推行卫生政令。

去年，本处为推行医药管理，颁布了本省《医药管理实施办法》，严格执行。而一般不明了的药商，竟在外造谣诋毁。

要知道，医药管理是卫生行政中最重要的部门，不仅对一般民众有极大的利益，而于医生、药商也有相当的保障。如王信之死，究竟医生有责，还是药铺有责？事前若经过认真的考试和登记，在法律上也就取得了资格和责任。如刘天宝、侯登云对王信是否有主治的资格，能否负起治疗的责任？是先决问题，业务过失尚属次要。广济堂之药，是否经过考核，有无资质，变化之处配剂合理与否？尚是问题。

刚才，各位研讨结果，认为中医刘天宝用药并无错误，西医侯登云用药亦无不对。但是，在医药管理上来说，刘天宝未经登记取得中医资格，而竟然执行业务，实属不合；西医侯登云系保安处军医，居然超越其业务范围，在社会上行医，亦属不法。总之，本处医药管理执行未能彻底，以致有今日之不幸事件产生。以后，切望各位要绝对接受医药管理。

次之，要说到医生的医德。医德是医生的生命，没有医德，便不能算医生。有些人竟以一知半解胆敢治疗，巧立名目，意图敲诈。如侯医官之"黄色糖焉"，究系见诸何书？每针向人索1.5万元。再以一人之精力，专门一科尤不能精，而侯医官既系西医，又系中医，似此乱行，殊不合科学原则。

再次，是中、西医的关系。中医是我国5000年来的国粹，自有它的优点；西医是各国科学家殚精竭虑的研究出来的一种科学与医学，将来经过若干年的融会贯通，中、西医可能打成一片，医生的目的均在治疗，中、西医不过方法之异耳。在此原则下，中医不应攻击西医，西医也不应攻击中医。再说，中、西医各无深刻研究，何所据而攻击。过去，我们常常看到报纸上中、西医互相攻讦的事实，就如王信之死，中、西医也就互相攻讦，西医说中医的药吃坏了中医说西医打针打坏了，这种言论是万万要不得的。我们要明白，中、西医是一家，以后，我们要痛改以前互相攻讦的恶习，要互相合作，共同研究，取长补短，共谋发展。

最后，我拿几个口号作为结论：（1）中西医的目的均在保障人民生命；（2）中西医是一家；（3）医生要提高医术；（4）医药界应遵守医卫法令。

2月28日，《宁夏民国日报》开辟"王信死因研究专页"，将此次研讨会的情况公布于众。

《档案博览》2015年第1期

第三篇　史海掠影

从报纸中看盐池县对抗日战争的贡献

杜春芳

抗战时期的盐池县，对中国革命有着伟大贡献，陕甘宁边区机关报《新中华报》和《解放日报》所载诸多报道便是有力的证明。

陕甘宁边区的西北门户

《红色中华》1936年7月3日刊登《西北线人民抗日红军胜利捷报》中有"我军之一部于廿一日三时袭占盐池（花马池），守敌全部被我消灭，俘虏人枪各二百余，战马二百余匹，五十瓦特电台一架，内部机器无损，工作人员亦全被俘获，其余军用品及辎重资材极多"，证明中国工农红军西征部队右路军78师于1936年6月21日攻克了盐池县城。自此，盐池成为陕甘宁边区的一部分，属三边分区，也是陕甘宁边区中宁夏唯一的一个县。

从地理位置上看，盐池地处陕甘宁边区的西北边缘，北、西、南三面与国民党统治区接壤，所以盐池是陕甘宁边区的西北门户和前哨阵地。1941年，由毛泽东修改发表的《国民党向陕甘宁边区进攻的近况》一文指出："近日马鸿逵有增派两旅到该地讯，似有配合马鸿逵第十一军及胡宗南之新三十四师及安边宁条梁之反共地主武装向我定边、盐池两战略要地进攻之企图，定、盐是边区的经济中心，地势又居高临下，定、盐失则边区失去了西北门户。"

《新中华报》1938年1月20日刊登《三边的抗战动员工作》中有"三边是我们陕北的西北重要门户，近来在边委积极领导下，抗战动员工作更加活跃起来了"。

执行抗日民族统一战线的模范

1937年7月7日，日本侵略军发动了全面侵华战争。7月8日，中共中央通电全国，号召国共合作和全民族团结，建立民族统一战线，抵抗日本的侵略。盐池县委、县政府响应中共中央号召，积极宣传，在全县掀起了人民抗战的热潮。

《新中华报》1938年1月5日刊登《征收公粮计划已将完成》称，"盐池群众对缴纳救国公粮，也很热心，该县二区四乡群众会说：'政府征收救国公粮，按照规定的数字是不够的。我们应该多缴纳些，可以使前方战士吃饱了去打日本强盗'"。

《新中华报》1938年1月20日刊登《三边的抗战动员工作》中有"在干部积极热烈宣传下，在盐池县鼓动了人民的抗战热潮，自动地募集马一百余匹（还募集到大洋二千八百余元），供给保安队骑了打日本"。

《解放日报》1941年7月10日刊登《盐池县城关县参议员已选出》中有"候选名单绝大部分是由群众讨论提出。到会选民占百分之八十至九十八。回民村单独选举，计回民选出正式议员贺志英、候补议员马双银。正式议员廿五人，候补议员七人，内中共产党员十名，回民二人，女议员四人，候补一人，其余为商人地主。同时选出县议员靳体元、杨维屏二人"。

《解放日报》1942年4月17日刊登《盐池县参议会按三三制改选政府》中有"盐池县召开参议会，改选政府委员，原在政府委员中的一部分共产党员自动退出，让党外人士参加。补选结果九个政府委员中，有二个国民党，三个共产党员，四个无党无派人士"。

《解放日报》1943年7月28日刊登《三边老池回胞致书毛泽东同志》中有"我们都是在国民党区域里生活没有办法才逃到边区来的回民。我们得到边区政府的帮助，组织合作社，安置来打盐……陕甘宁边区是全国最好的地方。但是现在公然有反共分子准备进攻边区，破坏我们丰衣足食的生活。我们誓死保卫边区，反共派若打来，我们就一定要把他们打出去！我们全体回民，争取时间，完成我们自己的产盐任务，并参加自卫军，进行战斗的准备，彻底消灭这批伤天害理的民族败类"。

"双拥"的典范

"拥军优属、拥政爱民"是中国共产党的光荣传统，在抗日战争时期，就有"拥军优抗"和"军爱民"。盐池县委和政府领导人民群众团结驻军，共同谱写了"军爱民来民拥军，军民团结一家亲"的华彩乐章。

《解放日报》1942年9月29日刊登《盐池驻军第三营协助民众秋收》中有"某团三营已于十三日以排为单位，分头到一区二、三、四等乡助民秋收，群众非常欢迎……在部队热烈助民秋收的影响下，一区几个乡的'二流子'，也被动员参加秋收了"。

《解放日报》1944年2月7日刊登《三边劳动英雄拥军优抗》中有"盐池县劳动英雄王科，于春节雇吹鼓手一班送八十斤肥猪一口，及黄酒一大瓮慰劳驻军……盐池四区五乡抗属冯老兴杜交起生活贫困，当地群众于年节赠送他们黄米、荞麦、羊羔、柴火甚多"。

《解放日报》1945年2月14日刊登《盐池三区三乡发动抗属，亲邻友好帮助抗属建立家务》中有"去年优抗工作进行后，一方面感动了抗属积极生产，一方面使另家的又合起来"。在此篇文章的"编者按"中有"关于如何帮助抗属生产，这是最重要的工作，可惜报道尚少"。

陕甘宁边区的经济中心

抗日战争时期，国民党的军事包围和经济封锁使陕甘宁边区面临着严重的财政经济困难。盐池县响应中共中央和毛主席"自己动手，丰衣足食"的伟大号召，献出自己的"三宝"——"咸盐、皮毛、甜甘草"开展大生产运动，对边区社会经济的发展起到了积极作用。

《解放日报》1941年5月20日刊登《三边物产丰富，人民生活改善》中有"地处延安西北角之三边——定边，盐池，该处确有丰富之土产，俗称'三边三宝',即盐、羊皮、甜甘草"。

《解放日报》1941年7月17日刊登《塞外的建设》中有"假如人们都知道'三边有三宝'的话,而'臭皮咸盐甜甘草',又当首推盐池了……位置在这儿的苟池、波罗池、莲花池、烂泥池等盐海,已经成为广大人民的生产场。无论党政军民都可以自由打盐,自由运盐,并得到政府的特别保护。据我所得到的材料,以今年与一九三八年来作比较,盐田、人数、产量均增加数倍,而产盐则由坝子打盐发展到海面打盐与海底挖盐了……皮毛的产量,仅四〇年即产二毛,胎皮等六万零一百八十六张,羊毛二十五万斤,羊绒一万余斤……甘草的产量,亦是颇为可观的,例如三九年曾产一九〇〇〇〇〇生草,四〇年曾产一〇〇〇〇〇〇熟草"。

《解放日报》1942年1月24日刊登《盐池成立元华纺织厂》中有"由靳体元、杨华亭、刘养民、刘占金等先生发起之'元华纺织厂'业已开工,公私投资约为九万元,现正在技师张元贵同志指导下,开始工作,今后将利用本县特产之羊毛大量发展毛织事业"。

《解放日报》1942年9月9日刊登《建设厅改良羊种》中有"最近该厅新从盐池一带购来公滩羊百余只。此种羊毛细长曲弯多,并可制二毛皮"。

《解放日报》1943年3月27日刊登《三边军民努力挖甘草》中有"此地产草之主要地区为定边及盐池一、二、三区,其中尤以盐池三区安定堡一带,所产之草最为出名,素有'天下甘草属安定堡'之称"。"定盐二县为甘草主要产地,故草庄群集,庄客分南北两帮,南帮多走郑州、洛阳等地,北帮走神木、榆林"。

《解放日报》1943年5月26日刊登《盐池城市乡妇纺运动》中有"这里的妇女,向来是不事纺织的。组织妇纺运动,是一件从未做过的工作。但由于领导的得当,工作开展得很好,现已获得了相当大的成绩……现在城市乡妇纺小组已拥有六十二个纺妇,已经纺线八百多斤……'五一'劳动节,县抗联发动了一次竞赛。并在大会上奖励了当选的妇女。这个竞赛,已经更加提高了一般妇女的生产情绪"。

《解放日报》1943年8月9日刊登《盐池运盐成绩卓著,超过任务四千七百驮》中有"盐池县运盐，截至六月份止，已运回一二七六四驮，较原定八千驮任务超过四千七百余驮，为民众增收巨利。按县府原来估计全县有上等骆驼七一八头，长脚驴七一头，全年可运盐六六四〇驮，要完成任务，必须再行组织运输牲口，当即计划全县扩大骆驼一三〇头、驴一五〇头，再组织一部分友区骆驼及群众中能驮盐的牲口"。

《解放日报》1944年5月12日刊登《盐池县区干部亲自教妇女纺纱》中有"近年来盐池妇纺工作发展很快，仅给元华工厂纺线即达二千多斤，妇女学会纺线的，达三百余名"。

《解放日报》1944年12月6日刊登《靳参议员兴办实业与地方公益》中有"去年是工厂生产向前发展的一年。在分区完成衣胎三万套、被胎四千及毡帽二万顶的任务下，元华工厂完成了衣胎一万二千套、被胎四千床、毡帽一万顶，保证了供给；同时工厂尚制成了群众的需用品。去年又大大的吸收群众股金，年底获得了二千六百万元的红利"。

《解放日报》1945年8月10日刊登《盐池县征收商业税三十五万元》中有"县府于上月十三日召集商民大会，讨论上季营业税征收办法，决定执行累进税条例，首由商人自动报数，然后经评议会评议，最后经全体大会讨论通过，现共完成流通券三十五万元，已收清"。

《档案博览》2015年增刊

陕甘宁边区时期盐池县元华工厂生产经营模式考究

夏先江　张伟芳

1944年7月，中共中央在延安召开陕甘宁边区合作社联席会议，盐池县元华工厂的靳体元与其他16位创办合作社的代表一道光荣出席了这次会议，受到了毛泽东主席等中央领导同志的亲切接见。当毛泽东主席和靳体元握手并问及创办元华工厂的情况时，靳体元先生激动地说："从前我是商人，可后来我觉得边区需要工业，所以我转到工业上来了。"毛主席听了非常高兴，送给他一套毛呢衣服，并鼓励他好好办工厂。

靳体元是谁？毛主席提及的元华工厂又是怎么回事？笔者带着疑问，查阅了宁夏档案馆相关档案资料，向读者讲讲陕甘宁边区盐池县元华工厂的几段经营发展历史和作出的贡献。

靳体元的转变

靳体元原籍山西省灵石县，1934年来盐池县经商。1936年6月，红军西征解放了盐池县，建立了苏维埃政权，靳体元和全县人民一样彻底翻了身。作为商人，他感谢共产党和红军，拥护苏维埃政府，协助政府发展公营商业。全面抗战爆发后，他又积极支持抗日，宣传和动员群众支援抗战，受到盐池县人民群众和政府的赞赏，被推选为商会会长。

1938年10月，广州、武汉相继沦陷，抗日战争进入相持阶段，国民党政府开始对陕甘宁边区实行严密的军事包围和经济封锁，边区与国民党统治区的货物流通被迫停止，经济供给严重不足，陕甘宁边区和各抗日根据地遇到了前所未有的困难。那是一段极为艰苦的日子，用毛泽东的话来说："我们曾经弄到几乎没有衣穿、没有油吃、没有菜、没有纸，战士们没有鞋袜，工作人员在冬天没有被子盖……我们的困难真是大极了。"面对这种困难局面，党中央、毛主席向边区军民发出"自己动手，丰衣足食"号召，边区境内各种形式的小型工厂如雨后春笋般发展起来。1939年5月和10月，边区政府接连两次举办工业展览会，使人们看到了边区工业发展的成功景象，更加激发了群众发展工业的热情。

1940年6月，三边政府组织士绅参观团赴延安参观学习，靳体元是参观团成员之一。通过参观，他认识到边区亟须发展工业，边区工业大有前途。回到盐池后，他便提出办公私合营合作社，开办工厂。于是，元华工厂应运而生。

实行"股份制"经营模式

1941年，67岁的靳体元被选为边区参议员，出席边区参议会。他联合孙璞、阎志遵、杨华亭等8人，署名提出开办工厂的提案。提案在大会上得到通过，也得到了边区政府的大力支持。厂名取他名字中的"元"和杨华亭先生的"华"字，名为"元华工厂"。

兴办工厂，在当时地处偏僻，经济、交流落后的盐池县尚属新生事物，因此，建厂初期极为困难。为了专心经营工厂，他辞去了盐池县商会会长职务，不顾年老体弱，不辞辛劳到处奔忙，找工人、求设备、亲自入股，亲自发动群众入股集资。尽管如此，也仅有边区建设厅投资入股的5万元边币和延安团结工厂入股带来的两架纺织机、一架打毛机和派来的3名技术人员。是年冬，一名工人还因煤炭着火被烧死，3部机子又不适用，股金一时收不齐，工厂也找不到合适的厂房，所以只好搁浅。

为了确保工厂顺利建成，盐池县委、县政府大力支持，委派共产党员孙春山等人协助靳体元继续筹办，为元华工厂拨厂房一处，作为工厂厂房入股，又以每股500元的方式扩大入股，吸纳群众集资7万多元。在工人方面，开始仅有一名63岁的老头和13岁的娃娃来到工厂，成为第一批工人。经过一段时间的发展，工人增至20人。在领导方面，成立临时管理委员会，由5人组成，吸收厂方、商人、政府人员，工厂一切经营由委员会领导执行。在干部方面，设经理一人、厂长一人、会计一人。经过各方面的努力，1942年3月，元华工厂正式投产。工厂设4股：一是毛布股，工人一名，徒工16名，织毛布机4架；二是地毯股，工人3名，徒工4名，整经机一架，织花格毯机一架；三是擀毡股，工人7名，徒工10名，弹弓12张，帘子7副；四是口袋股，工人3名，徒工4名，工具4副。工厂合计雇工48名。到1942年底，工厂得到了很大的发展，公私合营资本已达12万元，本利三四十万元。

在三边分区分配的衣胎3万套、被胎4000床、毡帽2万顶的总任务中，元华工厂完成了衣胎12000套、被胎4000床、毡帽1万顶的任务，同时还生产了群众日用品栽绒毯百余条、毛毡600余条、鞋千余双、毛口袋500余条。1943年，群众又自动投资4.6万元，新塞工厂投资3.5万元（工具折合），塞北工厂投资160万元，年底获红利2600万元。1944年，干部群众又投资1119.9万元，工人也增加到六七十人，在是年4月总结时，工厂资本已达4171.7万元，其中公股2800余万元，私股1200余万元。

创造"企业+农户"经营模式

元华工厂成立之初，由于纺线需求量较大，单靠工厂工人纺织，远远满足不了生产的需要。为了确保工厂正常运转，生产出更多的纺织品，满足社会需要，他们把目光放在了城市、乡村的剩余劳动力身上。元华工厂通过采用"企业+农户"运营模式，有效解决了纺线缺口较大的问题，而且也解决了城市、乡村剩余劳动力的就业问题。

一开始，工厂制作了几个脚踏纺毛车，无偿发放给群众，教他们学纺毛线，取得了不错的效果。之后为扩大生产规模，又做了200多个脚踏纺车、一二十个手摇纺车，城市有20多个妇女从元华工厂领上车子和毛去学纺。工厂600多斤毛线全靠这些妇女供给，有时一个妇女每天能纺2斤线。城市妇女宁福家两个大人、一个十五六岁的女孩，3个月就全都学会了纺线，半年时间全家共纺线130多斤，成为当时的典型。盐池县四区政府为推广纺毛事业，自己贴出伙食做了20个脚踏纺车，发给群众。

想方设法带动妇女群众就业

盐池县解放前，三边民间妇女因贫困无法生活才去纺织，较富裕的居民及商人家属不屑纺织。因此民间有一种错误的认识，认为纺毛、纺线是"二流子"干的事。开始，许多妇女怕被说成是"二流子"，不敢纺织。此情况引起了县委、县政府的重视，开会确定县区干部带头，每人必须教会3个妇女。县委书记肖佐汉、县长孙璞与抗后会主任白凤奎同志的家属首先带头学会纺织，之后还下乡传艺。肖佐汉之妻教会了20家妇女纺织。县委组织部长去一区二乡教会了5个，宣传干事教会了两个，一区书记在四乡7天教会了15个，自卫军营长教会了3个。在县委领导的带动下，各区纺织工作开展起来。城区书记高淮太之妻、张区长之妻等带动全区妇女参加纺织。为提高妇女纺织的积极性，县抗联会提出先支工钱后纺织，城区还发放妇纺贷金8万元、棉花贷款5万元，又购置纺车一批，贷给愿纺妇女。城区妇女从元华工厂领到羊毛，拿回家纺成线后再交回元华工厂。

很快，县、区、乡干部都学会了纺线、修纺车，并动员自己的老婆和家属参加纺织。这些做法对群众影响很大，妇女纺织积极性大大提高。是年，城区有纺妇66名，共纺线1484斤，得工资近4万元，全县学会纺线的有2236人，其中妇女1151人。妇女纺织，改变了她们除吃饭穿衣外再无别事的现状。稳定的收入，也使她们获得了经济上的独立，使实现真正意义上的男女平等成为可能。

扩大生产支援抗日

元华工厂是陕甘宁边区盐池县委和政府领导下创办的第一家工厂，生产经营活动是与陕甘宁边区的大生产运动紧密配合的，目的就是为了打破国民党的经济封锁，发展边区经济，支援抗日战争。在极端艰苦的条件下，元华工厂白手起家，刻苦经营，不断发展壮大，终于成为盐池县有史以来的第一家综合性手工业工厂,有力地支援了抗日战争。在办厂过程中,由于领导经营有方,充分发挥群众的智慧,创造了一套比较先进的管理办法,为三边地区乃至整个边区的工业提供了不少经验,树立了一个好典型。据统计,仅从1942年到1945年,元华工厂为边区机关干部和前线将士制作衣胎、被胎、绒帽、毛毡、军用毛毯等12万余件,还有大量毛袜、手套、军鞋等。当时陕甘宁边区的许多机关干部和战士,戴的是元华工厂制作的绒帽,穿的棉衣是由元华工厂提供的衣胎。元华工厂在抗战中立下的功劳是不可磨灭的。同时,元华工厂还生产了大量民用的毛毡、皮衣、"雨簸箕"(毛毡斗篷)和运粮运盐的毛口袋等,为群众解决了大困难,取得了较好的经济效益,减轻了边区人民不少负担,也为经济基础薄弱的盐池县创造了财富,积累了不少资金。

盐池县合作社和元华工厂都是群众入股和政府入一部分股金的企业,资本都不大。随着边区群众生活水平的不断提高、物价的不断上涨,为了精简人力,集中资本,便利领导,1944年2月,元华工厂与盐池县合作社合并,合并后双方名称各照存在,但业务发展到盐池合作社、食品合作社及社会服务等几项。合作社除销售生产、生产活动资料,收购农牧业产品,还附设兽医所、油坊各一处。经过不断发展,元华工厂成为一个民办公助的以手工业为主,兼营运输业、农牧业和社会服务行业的多种经营的企业。

1947年,陕甘宁边区遭遇国民党反动派的大举进攻,3月24日盐池县城失陷,元华工厂遭到了严重破坏,被迫停产。但是,元华工厂在抗日战争时期所发挥的重大作用,却永远留在了人们的心中,载入了中国革命的光辉史册。

《档案博览》2020年第6期

毛泽东主席为《宁夏日报》题写报头

张 磊

2011年6月,"宁夏档案记忆展"正式对外展出。当时,作为一名讲解员,我被展厅里毛泽东主席为宁夏手书《清平乐·六盘山》作品中那挥洒自如的磅礴气势所震撼。由此想到一个问题,宁夏人民熟知的由毛泽东主席手书的《宁夏日报》报头为什么没有展出呢?经询问档案专家并查阅相关史料,我知道了《宁夏日报》报头的由来,对一段不甚了解的历史有了初步的认识。2015年10月,宁夏档案馆举办的"毛泽东诗词书法手迹展暨纪念红军长征名家书画展"让观众有机会欣赏到《宁夏日报》报头手迹,了解到其背后的故事。

由《新闻简报》到《宁夏日报》

《新闻简报》是宁夏省解放后创办的第一张报纸。1949年9月28日,宁夏全省解放后的第6天,由银川市军事管制委员会主办的《新闻简报》创刊。该报由银川市军管会新闻简报社出版,为日报,4开4版,采编等工作由新华通讯社十九兵团分社李希庚、张帆、张铭、张磊等负责,创刊初期主要刊登新华社电讯稿和银川市军管会布告等,也刊载人民解放军解放宁夏的通讯报道。如10月5日发表的《解放宁夏经过》,是第一篇较为全面记述人民解放军解放宁夏进程的报道,作者是新华社十九兵团分社副社长张帆。该报出版至第6期后,交给原《三边报》来银川筹办《宁夏日报》的张源等同志。《新闻简报》共出版了42期，于11月28日终刊。该报创办期间，以宣传中国共产党的方针政策为宗旨，及时报道解放战争节节胜利的喜讯，为迎接新中国的诞生、为建立宁夏新的社会秩序作出了贡献。

1949年10月，宁夏日报社成立。11月10日，新华社宁夏分社成立，与宁夏日报社合署办公。11月11日，中共宁夏省委机关报《宁夏日报》正式创刊，人民解放军十九兵团政治部宣传部副部长兼兵团新华分社社长李希庚为《宁夏日报》题写了报头。创刊号上发表了《宁夏日报》的第一篇社论——《各族人民亲密团结，努力建设新宁夏！》。社论开篇写道："本报今天创刊，谨向克服无数艰险困难，英勇歼敌，解放宁夏的十九兵团全体指战员致崇高的敬意！向三年来同马匪军艰苦作战，最后获得胜利的陕北地方兵团和人民游击队全体指战员致敬！向伤病员同志们致深切的慰问！向为解放宁夏而壮烈牺牲的人民勇士致无限的哀思！向长期做地下工作的同志们致热情慰问！向多年来反抗蒋马匪帮与积极支援我军的宁夏人民致热烈祝贺！祝贺宁夏七十万人民从九月二十三日这天起，永远摆脱了蒋马匪帮残酷压迫与奴役，获得了解放，开始了人民民主和各族团结友好的新时期，这是天翻地覆的变化，这是伟大的胜利！"

从此，《宁夏日报》与宁夏各族人民相伴相行。

为《宁夏日报》题写报头

1949年3月，中共中央在河北省平山县西柏坡村召开了七届二中全会，确定了促进革命迅速取得全国胜利的各项方针，决定将党的工作重心由乡村转到城市。时任三边报社副社长兼总编辑的张源在《请毛主席写报头》一文中写道：大约在1949年5月下旬或6月初，三边报社的同志在学习和讨论《中国共产党第七届中央委员会第二次全体会议决议》时，提出宁夏解放后省委机关报的名称问题。大家认为，按照惯例，应当名为《宁夏日报》。《三边报》（中共三边地区委员会机关报）的报头，是毛泽东主席题写的，《宁夏日报》报头更应请毛泽东主席题写。我将这个意见向地委副书记朱敏同志（后来任宁夏省委副书记兼党报委员会书记）和副书记兼宣传部长贾怀济同志（后来任宁夏省委宣传部部长兼宁夏日报社社长）做了汇报。他们一致同意，并要我以三边地委的名义给毛泽东主席写信，请他为《宁夏日报》题写报头。于是当天晚上，我在油灯下给毛泽东主席写了一封热情而恳切的信。信的大意是：近一个多月以来，我们认真传达、学习、讨论了七届二中全会精神，您的报告给我们指明了全国解放以后前进的方向。现在我们正在进行解放宁夏的准备工作。宁夏解放后，将出版省委机关报《宁夏日报》。陕甘宁边区本来就包括着宁夏的一部分，您给《宁夏日报》题写报头，对宁夏全省人民将是莫大的鼓励。盼望您在百忙中给未来的《宁夏日报》写一个报头。谨向您表示衷心感激。第二天经过报社同志推敲和地委领导同志审核，这封信就由内部交通发走了。

1949年9月23日，宁夏解放。9月29日，《三边报》原班人马冒着秋雨，步行5天抵达银川，开始了《宁夏日报》的组建创办工作。因不知道毛泽东主席是否为《宁夏日报》书写报头，所以当11月11日《宁夏日报》创刊时，就采用了由李希庚同志书写的报头。12月中旬，十九兵团政委李志民同志到北京开会时，收到毛泽东主席为《宁夏日报》手书的报头。回到银川后，李志民将宁夏日报社总编张源叫到省委。张源说，"李志民将毛主席手书的《宁夏日报》报头亲自交到我手里，并传达毛主席的话：'接到三边地区来信，我给《宁夏日报》写报头，写了好几条。由宁夏报社同志自己选择吧！'我听到后高兴和感动得热泪盈眶。"

毛泽东主席亲笔题写的"宁夏日报"是散写在两尺见方的一张宣纸上的。一共4条，一横三竖。当时《宁夏日报》尚无照相制版，设备简陋，且只有四开版，所以只好挑选字迹较小的最上边横写的一条，描写雕刻木质报名，在1949年12月21日启用。

为吸取当年三边报社遗失毛泽东主席题写报名原稿的教训，宁夏日报社将毛泽东主席题写的报名原稿，装在一个玻璃框内，并照相留下了底版。1958年宁夏回族自治区成立前夕，《宁夏日报》再次创刊时，报头选择了毛泽东主席原稿竖写第一条的"宁夏"两字和第三条的"日报"两个字作为新的报头，并于当年8月1日刊发。令人惋惜的是，由毛泽主席题写的《宁夏日报》报头手迹,在"文化大革命"期间不幸丢失,一件珍贵的档案从此了无踪迹,让人扼腕叹息!

《档案博览》2017年第2期

维护社会稳定　巩固革命新秩序
——记中国人民解放军银川市军事管制委员会

孙建军

在宁夏档案馆馆藏革命历史档案中，银川市军事管制委员会（以下简称银川市军管会）的档案尤为珍贵，真实记录了银川市在军管期间宣传党的政策、保障人民生命财产、确立革命秩序、恢复企业生产、保证居民生活供应、维护社会稳定等各个方面的全过程，具有非常重要的研究价值。

建立军管机关

1949年9月，宁夏全境解放在即，中共宁夏工委印发《对接管宁夏工作的初步意见》，接管宁夏实行军事管制，按敌伪原有系统进行接管工作；明确接管宁夏工作制度，成立银川市军事管制委员会，设立政务、财经、文教、公安、军事、秘书六处；宁夏省所辖各县不设军管会，由县委、县政府负责接收；在接管期间，凡进入银川部队、党政民机关、警备部队及各接管组织，均受军管会的统一指挥。

1949年9月26日，银川市军事管制委员会宣告成立，由十九兵团司令员杨得志兼任主任，宁夏起义将领马鸿宾、陕甘宁边区三边地委书记朱敏、陕甘宁边区三边军分区司令员曹友参任副主任。

制定接管方针

银川市军管会按照中央制定的城市政策和中国人民革命军事委员会及中国人民解放军总部颁布的《约法八章》内容,于成立当日发布《关于成立银川市军事管制委员会的布告》,明确了"为保护人民生命财产,迅速确立革命秩序,以利恢复和发展生产,着令暂时实行军事管制,在军管期间为银川市最高权力机关。凡银川市人民均须遵守军管会的命令,服从其管制"的军管职责,并宣布9条军管事项,表明军管期间的基本方针和基本要求,确定党和人民解放军对新解放区的方针政策,命令迅速接管国民党政府在宁夏的各级统治机构,确立革命新秩序。对各阶层人士普遍关心的问题作出明确回答,消除人们的疑虑,澄清社会谣言,对安定社会秩序、宣传党的民族政策、维护民族团结、保护各阶层人民的生命财产和恢复生产、安排好人民生活等方面都起到了积极的作用,受到广大人民的热烈拥护。

接管工作分两步进行。第一步接收敌伪的一切机关、企业、资财、文件、档案、卷宗,宣传政策,安定民心,建立革命秩序,恢复企业生产,恢复交通,保证城市粮炭供应。第二步深入了解情况,发动群众进行反特、反霸斗争,处理接收资财、敌伪人员。待接管工作告一段落,社会秩序初步安定,即可召开各界代表会议。并进一步要求在接管敌行政组织、工厂、银行、水利、交通、税务、教育、军事、反革命组织等方面提出接收原则。

同时,中共宁夏工委还印发《关于接管宁夏工作方针》,提出接管工作首先是按系统接管,安定社会秩序,严格执行三大纪律八项注意,并制定十条接管原则。在接管工作完毕之后,社会秩序比较安定,开始进入发动群众阶段。在充分发动群众的基础上,开始建党、建立群众组织等工作,着手完成社会改造与巩固政权。建党工作重点应该是发展新党员,发展党员的对象是工人、学生与贫苦农民,凡有3个以上党员的地方即可建立支部。建立群众组织首先应当在城市里进行,依靠工人、组织工人,加强工会工作;其次是加强学校的青年学生工作,在广大的乡村里,组织农民群众，在广泛地开展群众运动基础上，召开群众代表大会，产生群众团体的领导机关。

接管工作根据既定的工作方针，按照敌伪的原有系统，自上而下地有组织地分不同性质的单位、人员、物资、档案进行，摧毁敌伪政权，处理敌伪公务人员。

维护社会稳定

1949年9月26日，银川市军管会发布第2号《关于对散兵游勇非法武装登记处理办法的布告》，要求散落在银川市区内及近郊的散兵游勇，立即到设在市区西大街靖宁巷原伪保安司令部军法处的联络处报名登记。9月28日—10月6日，共计处理散兵游勇4087名，包括将级军官3名、校级军官298名、尉级军官1190名、士兵2596名，其中遣散回籍者2223名。和平解决官兵共计2916名，计有将级军官38名、校级军官565名、尉级军官1510名、士兵802名。接管军械、摩托、被服、邮电、航空、牲畜及军用仓库等大小单位37处，收缴汽车、汽油、各种炮、轻重机枪、各种弹药、军用服装、布匹等各种军用物资。接收宁夏省汽车管理局军用汽车321辆、民用汽车38辆、营运胶车16辆、铁木轮车70辆、骆驼15峰。

将原银川市警察总局改为军管会公安处，设一科"社会侦查"；原行政科改二科，下设治安、户政、巡视、卫生四股；原司法科改三科，负责预审警卫工作；原总务科继续保留，取消其管理人事，只负责经济供给事务；原督察处撤销，便衣队经登记手续解散。各分局建立户籍室管理各保之户政，另设保安室，由原有巡官根据情节分别留用或转业，撤销警员一级编入警士或转业，共接收旧人员326名，其中有303名已分别留用。1949年10月，银川市人民公安局成立，设秘书股、总务股、侦查股、审讯股、治安股、警察队、看守所及4个分局和南关派出所。10月31日，发布《关于银川市户籍管理暂行办法的公告》（解字第九号）。11月9日，银川警备区、银川市军管会公安处联合发布银川市交通管制暂行规定，对车、马、行人如何遵守交通规则做了具体规定。12月10日，银川市全城戒严，进行户口大清查，搜查窝藏的枪支弹药、毒品及土匪、特务、敌伪军政人员，对银川市41名娼妓进行改造。截止到12月31日，银川市共登记特务116人、便衣人员81人，收缴全部通讯设备。

之后，针对宁夏新解放区的实际情况，至1950年公布的第11号《关于银川市国民党三清团登记实施办法的公告》为止，军管期间相继发布了关于国民党特务悔过登记、上缴武器弹药、限期拍卖旧军用物资、养护公路、管理摊贩、户籍管理、敦促敌特分子登记、征粮、税收、经商等11道通告和公告，先后制定公布《银川市国民党及马匪特务人员申请悔过登记实施办法》《关于成立银川市税务局的公告》《关于成立中国人民银行宁夏分行并流通人民币的公告》《关于严禁使用贩卖银圆的公告》等政策规定，相继成立银川市人民法院、银川市税务局、中国人民银行宁夏分行、中央银行宁夏分行、中国银行宁夏办事处、农民银行宁夏办事处、邮政储金汇业局宁夏办事处和绥远省银行驻宁夏办事处等机构，逐渐消除了银川市民的疑虑，澄清了谣言，稳定了人心，为军事接管和摧毁国民党在宁夏的各级政权，建立新的人民政权和恢复生产创造了条件，对稳定局势起到了决定性作用，为普遍建立各级人民政权创造了有利的条件。

巩固革命新秩序

1949年9月9日，中共中央西北局决定成立中共宁夏省委，代替中共宁夏工委开展工作。10月7日，中共宁夏省委机关进驻银川并开展工作。

1949年9月28日，银川市人民政府宣告成立，隶属银川市军管会，下设秘书室、民政科、财经科、文教科、建设科。成立银川警备司令部，阮平任司令员，杨银声任政治委员。10月10日，中共银川市委成立，下设秘书室、组织部、宣传部。12月1—4日，召开了银川市第一届各界人民代表会议，到会代表115人，杨得志主任在会上作了题为《银川市接管工作总结及今后的建设方针》的工作报告，会议听取与审议了人民政府的工作报告，检讨和批评两个月来工作执行情况，阐述了"建设新银川"的工作方针，强调要把进一步恢复与发展生产、肃清匪特、巩固革命新秩序作为中心任务。同时加强文化教育卫生工作，促进民族团结，集中全市人民的意志和力量，为建设新银川而努力。大会通过了给各地的通电和议案166件，以无记名投票选出由11名委员组成的常务委员会。

中共宁夏省委成立以后，相继建立了银川（县级）、吴忠（区级）2个市委，平罗、惠农、陶乐、磴口、贺兰、永宁、宁朔、金积、灵武、中卫、中宁、盐池、同心13个县委，阿拉善、额济纳2个蒙古旗工委。宁夏省人民政府也于10月29日组成，从11月开始全省14个县（市）、二旗先后建立了县级人民政权。10月30日，中共宁夏省委发出《关于各县（市）召开各界人民代表会议的指示》后，各县（市）都先后于11月下旬至12月上旬召开了各族各界人民代表会议，新生的人民政权团结带领宁夏各族人民逐步恢复和发展生产，进一步安定社会秩序，提高人民觉悟，共同建设新宁夏。

恢复生产

1949年9月28日，中共宁夏省委（银川市军管会创办）公开出版了解放后银川市第一张地方报纸《新闻简报》（日报）第一号，至11月28日（停刊），共出版42号（期）。11月11日，中共宁夏省委机关报——《宁夏日报》创刊，发表题为《各族人民亲密团结，努力建设新宁夏》的社论。《宁夏日报》面向广大工农兵，宣传党在过渡时期的总路线和总任务，及时传播宁夏及国内外政治、经济、社会、文化、教育、卫生等各条战线上的新人新事，活跃了群众的文化生活，深受宁夏各族人民的欢迎。

新成立的银川市立即组织接管原国民党政府邮政局、电话局、电报局。1949年9月，接管宁夏一等甲级邮局和宁夏电信局，分别更名为"银川人民邮局"和"宁夏人民电信局"，并开始收寄西北、华北、东北、华中、华南各解放区邮件。10月，银川至兰州邮政汽车班恢复邮运，开始与北京、兰州、包头等城市及省内的中宁、石嘴山等处邮寄邮品。有线电话直达业务逐步恢复，凡在解放区内均可收转通达。仁存渡口除昼夜航运部队政权人员，仅10月下旬6天内即槽渡军运汽车百余辆。11月，银川人民邮局开办代订《兰州日报》《群众日报》等投送业务，并与部分解放区恢复汇兑业务。11月10日，银川至西安无线电报电路修复，银川至吴忠、中宁、同心、中卫、石嘴子、宁朔等县电话恢复通话。

1949年9月底，由十九兵团组织筹办人民京剧院，将在银川的京剧演员、票友20余人及银川剧队（原庚辰俱乐部）的部分秦剧演员吸收进来，于11月3日在银川云亭纪念堂成立了宁夏人民京剧院，主要演传统戏，星期一至星期五轮流演出京剧和秦腔，星期六专为部队演出京剧。10月28日，原宁夏觉民学社和三边文工团共同组成"宁夏人民剧院"，人员有觉民学社的200余人，三边文工团近60人，先后排演了《红娘子》《闯王进京》《三打祝家庄》《逼上梁山》《鱼腹山》《河神娶妻》等10余出戏，很受群众欢迎。10月4日，在接管的银川书局基础上，成立西北新华书店宁夏总分店，出售报纸、书籍，并设有图片展览。10月，接管原宁夏社会教育巡回工作团电影队及电影院的全部设备，经过紧张筹备，一个新型的人民电影院于12月25日在银川正式开业。11月3日，银川市各中小学在军管会"积极整顿，逐步改造"的方针下先后复课，并宣布取消和废除旧教育制度及课程设置，增加革命理论等内容。银川市实验小学、大同街小学成立少年儿童队组织。至此，银川市教育文化系统接管工作基本结束。

银川解放后，全市百业待兴，主要任务就是恢复、扶植、发展生产。接管开始后，采取一系列恢复生产措施，加工订货、发放贷款，进行私商重估财产、调整登记、平抑物价、开展歇业指导等，工商业生产很快得到恢复和发展。军粮局下设各县分局直辖31个仓库，粮仓分布全省10县（数据至1949年9月23日为止），接收小麦、白面、黄米，还有豌豆、黑豆、麸皮、马草和炭等。10月后，接管的公营工厂、银行、军事、医院等系统，经过初步整顿后，逐渐复工、复业。被服厂、皮毛厂、汽车保养连、制革厂、修械所等陆续复工复产。12月19日，宁夏人民电厂（宁夏电灯公司）修复老损柴油发电机，开始向银川市送电。此后又随之迅速恢复了面粉厂、机器厂、毛线厂等企业的生产，产量比解放前提高了1倍。

银川市军管会是一个具有强烈军事色彩和临时过渡性的地方人民政权的最初形式，在当时不仅是银川地区的临时性最高权力机关，同时也是宁夏省的最高权力机关，领导接管旧政权和建政建党等中心工作，发挥了极其重要的作用。至 1949 年 11 月底，接管工作基本结束，银川市军事管制委员会完成了全部的历史使命，新生的银川市人民政府开始全面管理城市。

《档案博览》2019 年第 5 期

抗美援朝运动在宁夏

滕鲁平　李　翔

1950年，中国人民志愿军跨过鸭绿江，赴朝作战，用热血和生命捍卫正义与和平。在中国人民志愿军入朝作战的同时，国内掀起轰轰烈烈的抗美援朝运动。宁夏省人民踊跃捐款、捐献飞机大炮，订立爱国公约，开展拥军优抚工作，进行爱国主义和国际主义宣传教育，有力地支援了前方作战。

成立宁夏省抗美援朝分会

1951年3月14日，中国人民保卫世界和平反对美国侵略委员会常务委员会举行会议，宣告成立"中国人民抗美援朝总会"。

1951年4月1日，中国人民抗美援朝总会发出《各地应普遍建立抗美援朝分会的通知》，要求所有市和县以上各级均应建立抗美援朝分会，以便使全国每一处每一人都能参加抗美援朝运动。

宁夏省各县（市、旗）的抗美援朝分会，以党政军民为骨干，并吸收各民主党派、各族各界的民主人士参加。据宁夏档案馆馆藏档案记载，宁夏省抗美援朝各级分会设置数量：省分会1个，省属市分会2个，旗分会2个，县分会13个，总计18个分会机构。其中，宁夏省抗美援朝分会由黄执中任主席，梁大均、塔旺嘉布、强振东、纳长麒、吴坚、雷启霖、李子奇、海涛为副主席，朱衡彬任秘书长，委员37人。宁夏省抗美援朝分会在中国人民抗美援朝总会及西北抗美援朝总分会的领导下，与省协商委员会紧密合作，共同负责宁夏省抗美援朝运动事宜。

在宁夏档案馆馆藏档案《宁夏省抗美援朝分会一九五四年工作计划（草）》中，列出一至四季度共25项工作计划："第一季度。一、省分会与民政厅及各有关单位在新年前后组织各界人士慰问驻银川市解放军伤病员，并举办晚会一次，招待伤病员、复员军人及烈军家属……三、（略）计划：（一）在银川市区组织报告会二十五次、大小型座谈会六次……（二）分为四个组，到各县、市、旗进行传达报告。组织报告会三十次、大小型座谈会二十五次……第二季度。一、配合水利厅春工深入宣传抗美援朝斗争的伟大胜利，提高民工政治觉悟，加强爱国主义与国际主义精神……三、与本省驻扎的人民解放军、屯垦部队、公安部队建立通讯关系，不断地了解全国人民慰问人民解放军代表团后的情况和收效，汇报全国人民及总会和总分会……第三季度。（略）三、橱窗展览图片十二套，并有重点地供给各地图片，进行展览……第四季度。（略）四、坚持每季度向西北总会书面报告工作一次，年终作综合总结报告。另外有较大的政治活动坚持临时报告……"

宁夏省各级抗美援朝分会在抗美援朝运动期间，积极开展宣传教育、慰问优抚等活动，使全省抗美援朝运动开展得轰轰烈烈。

广泛开展抗美援朝运动

宁夏省抗美援朝运动在上级组织的领导下，做了很多工作，取得了较大成绩。各市县抗美援朝分会也积极行动，订出全年或者半年的工作计划，保证抗美援朝工作的经常性。

在此，引用两件宁夏档案馆馆藏档案来反映宁夏省抗美援朝运动的开展。第一件档案：《宁夏省四年来的抗美援朝运动》。其对宁夏省抗美援朝运动进行了全面的总结："四年来，宁夏各族人民和全国人民一道，在中国共产党的正确领导和抗美援朝总会的历次号召下，展开了伟大的抗美援朝保家卫国运动，发挥了高度的爱国主义与国际主义精神，对神圣的抗美援朝斗争贡献了巨大的力量。一九五〇年十一月至一九五一年五月，首先在全省各族人民群众中，普遍地进行了抗美援朝爱国主义教育，掀起了轰轰烈烈的签名、投票运动和爱国示威大游行。全省人民百分之四十九点八参加了和平签名，百分之四十八点四参加了'五一'示威大游行。各地出现了父母送儿子、妻送夫、兄弟相争参军和写血书要求到朝鲜前线的光辉范例。有些地区在各种集会和游行行列里回民妇女竟达半数以上。蒙古族牧民从几百里外骑着骆驼赶来参加游行。宗教界人士不但参加了签名、投票和示威游行，还积极协助各级党政机关向所联系的群众进行宣传。充分显示了各族人民的空前团结和反抗侵略保卫和平的决心。自一九五一年贯彻了抗美援朝总会的'六一'三大爱国号召后，抗美援朝运动更加走向具体深入，在人民群众中的生产、建设等工作中，起到了一定的推动作用。"

第二件档案：《中卫县抗美援朝工作报告》。报告对县抗美援朝运动进行了总结："（一）自六月一日中国抗美援朝总会发出三大号召后，县委领导于六月十九日召集了各机关团体学校民主人士及各界代表常务委员会的委员，进行了座谈，着重检讨了过去的缺点，发出了指示号召，进行深入宣传动员以实际行动彻底做好抗美援朝的三大号召。又于七月十五日召开了县抗美援朝首届代表会议，总结过去半年抗美援朝成绩与缺点，提出了今后半年的计划。作出了决议由代表会民主选出了十五个委员，正式成立了抗美援朝中卫支会。（二）进一步加强各族各阶层的爱国教育，以爱国的实际行动做好抗美援朝的三大号召。1.订立了爱国公约。较好的是城厢区，已订立公约户占95%，已执行的户占65%。2.优待烈军属工作。全县有烈属72户，军属852户，保安队865户，工属254户，得到解决困难的1703户。全县给烈军属包耕了38354亩，帮耕了279749亩，代耕了28232亩，帮大车221次，帮人工2339个，帮畜工7829个，春耕时调济籽种864.16石，救济食粮22318石，调济地101245亩。3.捐献飞机大炮工作。从六月二十日至九月二十日止，在三个月中全县超额完成了'中卫号'高射炮的任务。共计捐献了九亿八千万元，现已入库了960983541元。"

大力宣传爱国主义和国际主义

1954年，中国人民第三届赴朝慰问团宁夏代表们归来后，为了加强抗美援朝运动的宣传，举办了抗美援朝图片、实物的展览会。展览会以省分会与赴朝慰问团宁夏代表团为领导，并由省委宣传部、省中苏友协、省图书馆、市委宣传部和市文化馆等单位协助，在银川市文化馆举办。抽调干部30人，组织中学生49人担任宣传讲解。展览4天，计有观众24380余人，占全市人口58%。这次展览，内容极为丰富，特别是朝鲜人民和中朝部队赠送的各种礼物，使群众受到了一次较深刻的爱国主义与国际主义教育。1953—1954年，宁夏省抗美援朝分会共举办图片和实物展览101次。

举办展览仅是宣传活动的一个形式。宁夏省抗美援朝爱国运动经过积极探索和研究，方式灵活多样，取得效果明显。

据档案记载，宁夏在宣传教育中以报纸、文艺、书店、民教馆等宣传工具，采用报告、座谈、讲演、游行示威、壁报、画报、黑板报、展览会、秧歌队、屋顶广播筒等文字的、口头的、艺术的多种多样的方式，利用群众的各种集会、庙会、饭场等场所进行了普遍深入的宣传。抗美援朝保家卫国运动逐渐由城镇到乡村，由有组织群众到无组织群众，由工人、学生到农民、商人及教会，普及到全省。

中共宁夏省委宣传部《关于抗美援朝保家卫国宣传运动的情况报告》中总结道："各阶层群众，更以积极的行动开展抗美援朝运动。例如各工厂工人，自动发起爱国主义生产竞赛；农民以'快交粮、交好粮'的行动响应抗美援朝，争取早日完成入仓任务；工商界及宗教界都制定了爱国公约，特别是青年学生报名报考军校的情绪空前未有，全省自动报名者五百余名，超过中学生总数的四分之一，有许多年龄小的学生和女学生，因为不够条件，不批准而痛哭流涕。全省各族各界人民给中、朝人民部队写了上万封的慰问信，作了数千慰问袋。这一切都说明广大人民的爱国主义与国际主义的政治觉悟大大的提高了。"

积极组织爱国捐献

毛主席发出"增加生产、厉行节约,以支持中国人民志愿军"的伟大号召,全省人民展开了轰轰烈烈的增产节约运动。在爱国增产节约的原则下,各阶层掀起了热烈的捐献运动。

馆藏档案(1951年)《宁夏省人民政府办公厅捐献通报》(1—4号)对省府各机关单位捐献情况进行了通报,具体如下:

第1号计:省府、秘书处、民政厅、财政厅、机要室、财委、监委、交际处、行政处、民革、省协委会、企司、保育院、公安厅、贸司、兽防处十七个单位,共捐献人民币三千二百六十四万余元。

第2号计:文教厅、人民银行、保险公司、工商厅、省法院、公路局、检察署、粮食局、卫生处、百货商店十个单位共捐献人民币四千七百九十七万余元。

第3号计:水利局、盐务局、税务局、运输公司、畜产公司、人民医院、工业学校、电信局、劳动局、民盟宁夏支部、邮政局、秘书处(补充名单)、工商厅(补充名单)、民委会、财政厅(补充名单)、种子公司、保育小学校、缉私委员会、合作局、粮食公司、畜牧示范场二十一个单位共计捐献人民币四千四百八十六万余元。

第4号计:卫生技术学校、人民医院、卫生处休养所、休养所休养员、工商厅(补充名单)等五个单位共捐献人民币二百七十二万二千余元。

馆藏档案《宁夏省四年来的抗美援朝运动》中有关爱国捐献活动的总结记录了全省爱国捐献活动:"在爱国捐献中,全省共捐献款一百一十七亿零一百零七万三千八百四十八元,按每架战斗机十五亿计算,可买战斗机八架仅差两亿多元。另外,截至一九五四年六月底,全省人民共捐献慰问金七亿一千一百六十八万余元。在爱国捐献中出现了许多动人事迹。九万多人口的中宁县,四十天内即超额完成了捐献战斗机一架的光荣任务……"

《档案博览》2020年第5期

宁夏人民的爱国公约运动

陈菊英　李　翔

1951年6月1日,中国抗美援朝总会发出了《关于推行爱国公约、捐献飞机大炮和优待烈军属的号召》[1],强调普遍开展爱国公约运动。

一件爱国公约档案

爱国公约是广大群众的爱国行动纲领。通过爱国公约的形式,广大群众把自己的爱国思想与实际行动结合起来。

爱国公约的内容,由两部分组成:一部分是共同的内容,其中包括表达对中国共产党、毛泽东主席、人民政府、人民军队的热爱,对志愿军抗美援朝行动的拥护,对人民政府镇压反革命的支持等;另一部分内容就是结合工作单位、工作系统的具体情况,各族各界人民、工厂、机关团体、学校、乡村乃至各个家庭都从自己的实际出发,制定出切实可行的内容和措施。

有关爱国公约,馆藏档案中并无具体内容,仅在1951年《宁夏日报》中找到一则:《银川市各族各界爱国公约》,在此做一摘要。

---

[1] 宁夏省时称"三大号召"或"三大爱国号召"。

银川市各族各界爱国公约

宁夏省各族各界同胞们：

愿我们在抗美援朝的爱国运动中，共同遵守下列公约：

一、拥护毛主席、拥护人民政府、拥护共产党、拥护解放军、拥护共同纲领。

二、全体人民团结起来，为抗美援朝保家卫国运动贡献一切力量。

三、积极支援中国人民志愿军和朝鲜人民军，彻底打败美国侵略者。

四、支援人民解放军解放台湾，解放西藏，肃清美国在华侵略势力。

五、反对美国重新武装日本，争取全面的公正的对日和约。

六、协助政府肃清匪特，消灭反动谣言。

七、努力生产，努力工作，努力学习。

八、巩固金融物价，发展城乡贸易，反对投机倒把。

九、尊敬军属，帮助军属。

十、爱护国家财产，保守国家机密。

银川市各族各界拥军优属拥政爱民及反对美帝重新武装日本大会制

宁夏省爱国公约运动

宁夏省爱国公约运动是在1951年6月1日抗美援朝总会发出"三大爱国号召"后全面开展的。在8、9月通过党代表、宣传工作、各界人民代表和农民代表等各种会议，对"三大爱国号召"进行深刻讨论，明确了各级领导与代表们的思想认识，为深入开展爱国公约运动奠定了思想基础。在9月以后，普遍展开了这一运动。中宁、贺兰、银川、吴忠等县市，已有90%以上的群众订立了爱国公约。

爱国公约运动在全省普遍开展，取得了不少成绩，对各项工作都有积极的推动作用。但在爱国公约运动发展的过程中，还发现了一些问题：1.发展不平衡，存在严重的形式主义。2.对领导群众订立爱国公约的政治意义认识不足。3.不会通过爱国公约去领导群众推动各项工作。这些问题阻碍了爱国公约运动的顺利开展。

据此，宁夏省提出订立爱国公约的内容和方法：1.不论单位或个人，应以当前中心工作为主，结合具体情况订立爱国公约，每到一季度或展开一项大的政治运动时，县、区应明确布置，及时指出订立的内容，让干部和群众充分酝酿，乡（街）领导上更应组织宣传员、文书、有文化的群众、积极分子，统一分工负责，帮助各个生产单位或个人订立。2.各级领导重视，要有布置、有宣传、有指示，要具体明确，特别是工农群众订立爱国公约一定要注意到让大家明了、通俗，真正做到易懂、易念、易记、易背、易检查和容易执行。3.订立爱国公约的原则和当前政治任务及本身具体情况紧密结合。同时应有具体要求，必须做到实事求是，便于共同遵守执行。同时，对检查评比进行了明确，一般乡两个月检查一次，区3个月检查一次，县半年检查一次。

截至1954年，爱国公约随着抗美援朝教育的普遍深入，在城市和农村的人民群众中普遍订立。全省有90%的居民都订立了爱国公约，并结合各项中心工作和生产建设进行了多次的修订。通过爱国公约，把人民群众的爱国斗争意志和热情灌注到各种实际工作中，发挥了巨大的力量。银川电厂碾米组为实现爱国公约创造了除稗机，并改进了碾米设备，不仅提高了碾米的质量，产量也增加了75%。

贺兰县二区由于爱国公约的推动，7天就完成了夏收。宁夏师范的学生自订立爱国公约后，自动遵守了学习制度。工商界订立了爱国公约，教育了私营工商户服从国营经济的领导和遵守政府法令。磴口、中卫等地在订好爱国公约的基础上试办了"爱国检查日"，大大推动了春耕生产和爱国卫生运动。

各地爱国公约运动

自抗美援朝总会发出"三大爱国号召"后，宁夏省各县积极行动起来。归纳起来主要进行了以下工作：1. 研究讨论。在各种会议上讨论研究为什么要订立爱国公约，使各级干部及代表们在思想上做了准备，提高了各级干部的思想认识。2. 宣传教育。组织了宣传队、宣传组，对群众进行普遍的宣传，使群众认识了公约的重要性。3. 开展方式。一是在乡村组织乡村干部学习如何订立具体可行的爱国公约，培养积极分子，向群众进行普遍的宣传。二是召开回忆对比会、院子会、小组（互助组）会、麦场座谈会、割麦谈心会，还有个别谈话，利用这些方式逐渐引导群众、教育群众。4. 订立公约。在普遍的宣传教育后，群众知道了订立爱国公约的好处，自觉自愿，全家进行民主讨论订立切合实际工作能执行的爱国公约。如中卫县城区东街铁匠韩靖文订的公约：①烈军属买工具一律九折优待。②制作工具多打炼二次坚固耐用。③税局发下交款单后，第二日即交清。④每日多做一小时工，每月捐献五千元至朝鲜战争结束为止。中宁县四区农民相义明修订的爱国公约：①保证全家成年的男女参加冬学，学习文化和土改政策。②保证秋槎田犁一遍。③保证早交粮绝不拖欠。④保证夏秋种籽保存好，决不吃用一颗。⑤不窝藏坏人，如有来路不明的人即向政府报告。⑥拥护土改政策，实报土地房屋牲口。

贺兰县二区二乡在征收夏秋粮的时候，全乡218户都订立了"早交粮，交干、饱、净的好粮"的公约，在两天内就完成了全乡公粮任务。平罗县70%的户都订立了爱国公约，有少数的乡、行政村、自然村、变工组都订立了具体可行的爱国公约。

爱国公约的订立，推动了抗美援朝运动中增产节约、拥军优抚、爱国捐献等活动的顺利开展，起到了非常积极的作用。同时，结合国家过渡时期总路线的宣传，爱国公约推动着广大农民积极参加社会主义建设事业。随着互助合作运动的发展，农村中的爱国公约亦逐渐转变为互助合作组织的生产计划，有力地推动了农业生产的发展。

《档案博览》2020年第5期

抗美援朝时期宁夏的拥军优抚

倪雪梅　李　翔

抗美援朝时期，全国各族人民响应党和政府号召，热情地优待照顾志愿军家属，妥善安置伤残军人，踊跃支援前线。1951年，中国抗美援朝总会发出了"三大爱国号召"后，拥军优抚就作为一项中心工作在宁夏全省展开。拥军优抚运动的成功开展，极大地鼓舞了前线志愿军将士的斗志，调动了他们奋勇杀敌的爱国热情，稳定了后方军人的家属，宣传动员后方各阶层人民支援抗战，作出积极贡献。

全省拥军慰问情况

中国人民第一、二、三届赴朝慰问团赴朝鲜慰问志愿军及朝鲜军民，宁夏均派代表参加。每次慰问后，都认真地向全省各族各界人民进行规模盛大的传达报告活动。每逢重大节日，各地组织慰问团慰问当地驻军伤病员，并定期组织伤病员看戏看电影。驻军也召开军民联欢会，邀请群众参观部队生活，给群众担水、扫院，充分表现了"军爱民、民拥军"的团结友爱精神。

馆藏档案《全国人民慰问人民解放军代表团第二总分团第五分团总结报告》（1954年），对慰问情况进行了描述：慰问团由第二总分团副团长、第五分团副团长、第二总分团代表、第五分团代表和第三届赴朝慰问团代表组成，连同文工团及工作人员共379人。

慰问团分4个小组进行慰问。第一小组慰问银川市附近部队后，前往永宁、新城和阿拉善旗进行慰问。历时22天，慰问了11个单位。第二小组由银川出发，经过平罗、惠农、贺兰、陶乐等县，历时22天，慰问14个单位。第三小组前往宁朔、中卫、同心、中宁四县，历时21天，慰问12个单位。第四小组慰问地区：金积、吴忠、灵武、盐池、定边、靖边。

慰问团进行慰问活动的方式是多种多样的。一般除召开慰问大会、报告会、单位座谈会、功模座谈会，还采取访问、个别接触以及小型演出等方式，深入班、排、病房、厨房、宿舍、饲养班、司机班进行慰问，基本上做到了人人见面。慰问团在各地共召开慰问大会25次、报告会21次、单位座谈会43次、功模座谈会13次，参加人数约计13万人。慰问演出戏剧、歌舞、清唱等共计231场，观众约计25万人。

慰问团向战士们传达了党中央、毛主席和全国人民对他们的关怀和热爱，报告了祖国4年来在经济建设方面的伟大成就以及国家在过渡时期的总路线和总任务。同时，第三届赴朝慰问团的代表们还传达了中国人民志愿军和朝鲜人民军在朝鲜前线的英勇事迹。

通过慰问，给了部队很大的教育，使战士们认识了作为人民战士的光荣，增强了对祖国和人民的热爱，提高了斗志，增强了保卫祖国建设的决心。

做好全省烈军属的优抚工作

据有关档案记载，当时宁夏省共有烈、军、工属12152户[1]，占全省总户数的6.25%。人数78499人，占全省总人口的8.33%。拥有土地294829亩，占全省总土地面积的6.6%。

宁夏省拥军优抚在党和政府的正确领导下，获得了显著成绩，优待烈军属和复员转业军人已成为各级政府和人民群众的经常工作，所有烈军属和复员（转业）军人普遍受到政治上和物质上的优待。在农村采取了"组织起来、发展生产、建立家务"的办法，在城市则采取了"组织生产、介

---

[1]统计数据截至1952年。

绍职业"的办法，帮助解决生活和生产问题。每逢年节，群众自发组织起来给烈军属拜年，贺节，庆功，送礼，挂光荣灯光荣匾，请吃饭、看戏看电影并设光荣座。公私商店减价优待，医院免费治疗。大大提高了烈军属的政治地位，树立起尊敬烈军属的社会风气。物质优待上，根据烈军属生产和生活状况适时予以解决。

1952年第二十五个八一建军节纪念日，宁夏省抗美援朝分会除通知各地分会协助有关部门开好庆祝会，组织慰问团，慰问当地伤病员，还联合省市机关团体组织了两个慰问团，对银川市附近5个休养院的伤病员进行慰问，转发了总会的慰问金（每人5万元），另外，省、市、区各机关干部自愿捐赠的慰问金共一千六百五十三万一千元，毛巾十六条，小汗巾十五条，肥皂八条，牙膏十二瓶，纸烟一条零四包，牙刷六把，日记本九个，铅笔四打，袜子一双，红糖三斤，由慰问团统一筹划。

优抚工作自开展以来，共给烈军属和残退军人发放安抚补助粮一百零三万零四百多斤、优抚补助费四十四亿零五百多万元，帮助烈军属建立了家务，对城市烈军属有劳动能力者给予安置就业，对农村烈军属建立了代耕制度，军属们的生活得到了改善，生活有了保障，纷纷写信鼓舞革命军人为保卫祖国而英勇战斗。

为推动拥军优抚工作的开展，还制定了《宁夏省烈军属、革命残废军人、复员（转业）军人模范暨拥军优属模范奖励办法》，对拥军优抚工作开展突出的个人进行表彰。

宣传宁夏籍二级英雄李吉武事迹

李吉武，男，汉族，1926年生于中宁县新堡镇盖家湾子。1949年人民解放军第十九兵团解放宁夏后，李吉武参加了人民解放军。1951年2月入朝作战，思想觉悟提高很快，当年4月入党，是志愿军某连机炮排的弹药手，在5次战役中负伤2次，每次都争取早日养好伤，继续战斗。

在保卫开城的战斗中，敌军以两个连的兵力，在8架飞机、5辆坦克的掩护下，向李吉武所在的智陵洞阵地猛扑。战斗非常激烈，战友们全部牺牲，李吉武冲向敌人，拉响了手榴弹，与敌人同归于尽。李吉武用自己宝贵的生命，完成了人民交给的最光荣的任务。

宁夏省第二届赴朝慰问团返回，带来了李吉武烈士为祖国光荣牺牲的消息，中宁县人民政府得悉后，除给其家属发放175万元抚恤金，由中宁县委、县政府、各机关团体负责人及烈属模范等17人，组织成立了筹备委员会，筹备建碑、挂匾、开会追悼事宜。1953年10月25日，在志愿军出国作战三周年纪念日，在盖家湾子李吉武故乡，召开追悼大会，隆重纪念李吉武光荣事迹。省抗美援朝分会派代表参加追悼大会并慰问烈士家属。

纪念碑正面上面写着"永垂不朽"，右上刻"中国共产党党员 中国人民志愿军二级英雄"，正中是"李吉武烈士纪念碑"8个大字。下署宁夏省各族人民敬立。背面写中国人民志愿军二级英雄李吉武烈士光荣事迹。

《档案博览》2020年第5期

全省农民团结起来建设宁夏
——记宁夏省第一届农民代表会议

张 磊

1949年9月23日，宁夏宣告和平解放，结束了国民党在宁夏的统治，宁夏各族群众获得了解放。新建立的宁夏省人民政府，制定了进一步组织农民、改造乡村政权、大力恢复和发展农村经济的方针。

一

1950年2月，中共宁夏省委颁布《关于农会职权与作用的规定》，指出："目前区、乡农民代表会议，可代行区、乡人民代表的职权。区、乡一切应举办的重大事情，均需经过农民代表会议讨论，将由有关部门执行，并在农民代表会议中选出农会委员会。"随后，又制定了《宁夏省、县、区农民协会组织章程（草案）》，规定了农民协会的主要任务是团结全体农民（牧民），保证农民利益，提高农民政治觉悟，有步骤进行农村民主改革，肃清匪特，安定农村社会秩序，消灭农村封建制度，恢复和发展农牧业生产，改善农民生活，在政府领导下，建设新宁夏。在上述政策精神的指导下，全省的农会组织发展迅速，大部分县、区、乡很快成立了各级农会或农会筹备委员会。

4月29日，中共宁夏省委发布《关于召开宁夏省第一届农民代表会议的指示》，决定在6月初召开全省农民代表会议，在这个会议之后，再召开全省各族各界人民代表会议，确定了全省首届农民代表会议筹备委员会组成人员和会议的中心议题。

5月16日，在宁夏省人民政府第十六次行政会议上，经中共宁夏省委提议，同意召开全省农民代表会议。会议认为，为了更好地与广大农民群众联系起来，交流与总结各地农运经验，检查总结春耕生产，将各项政策方针正确地贯彻到农民中去，并建立全省农民运动的领导机关，召开全省农民代表会是十分必要的。会议决定由潘自力、朱敏、贾怀济、邢肇棠、李景林、孙殿才、王金璋等21位同志组成全省首届农民代表会议筹备委员会委员，以朱敏同志为主任，贾怀济同志为副主任，宋友田同志为秘书长。

二

1950年5月17日，宁夏省农民代表会议筹备委员会召开第一次全体委员会议。会议讨论并通过了以下各项问题。

一、第一届农代会议的中心议题。（一）检查总结今年春耕生产、水利春工、救济工作，并讨论如何完成今年省府计划的全省增产任务。（二）讨论如何在宁夏具体进行减租清债及今年秋收后的土地改革工作。（三）制定省、县、区、乡各级农民协会组织章程。（四）选举省农协委员会。

二、代表名额的分配及产生办法。根据各县、旗、市人口比例及其他情况，具体分配代表名额如下：贺兰县18人，永宁县24人，平罗县20人，惠农县21人，宁朔县19人，灵武县16人，金积县16人，中卫县25人，同心县16人，盐池县12人，磴口县10人，陶乐县5人，吴忠镇8人，银川市4人，阿拉善旗10人，额济纳旗2人，合计253人，连同筹委会各委员共274人。代表的产生：在全省农代会议前召开县农代会议，在县农代会中选举产生，如来不及召开县农代会时，由县农会讨论确定分配在县农会及各区或乡农代会议中选举产生之，阿拉善、额济纳旗由旗府具体研究分配产生。

在选举代表时，应注意下列几点：（一）民族杂居的地区，各民族均应有适当数量的代表。（二）代表的成分是贫雇农、中农、农村手工业者及农村革命知识分子，领导农民群众进行各项工作的干部，亦可被选为代表，但人数不宜多，阿拉善等牧畜区域，选派牧民为代表。（三）各县代表中应注意选举妇女代表。各地代表产生后，一律于6月5日前将名单列表送交本会，各代表由各县、市、旗集中，尽可自带行李，务必于6月14日到达银川。

三、省农代会定于6月15日召开，会议时间预计5—7天。视会议的具体进展情况由大会主席团临时具体确定。

四、各县接到此件后，应即积极在群众中广泛宣传届时召开省农代会议的意义及要讨论解决的问题，酝酿代表候选人，并将各地召开县、区、乡农代会议的经验，各地农民运动的总结材料，农村土地占有租佃、典当、债务等调查材料于6月1日前送交本会。

三

1950年6月16日，宁夏省第一届农民代表会议在银川隆重开幕。主席台上高悬国旗和毛主席的巨像，会场四面挂满各界送来的贺幛。银川市少年儿童向大会献花、献词后，全体代表一致通过以朱敏、邢肇棠、李景林、王道邦、云祥生（蒙古族）、金三寿（回族）、哦勒根达赖（蒙古族）、马桂兰（回族，女）等19人组成主席团，并通过以贾怀济、王金璋、郝玉山等9人为提案审查委员会委员。

宁夏省人民政府副主席邢肇棠致开幕词。他希望代表们本着知无不言、言无不尽的精神，反映全省农民的意见，想出切合实际的好办法。省政府副主席李景林在会议上作题为《贯彻恢复与发展农村经济政策》的讲话。宁夏军区司令员王道邦就军民团结、肃清匪特问题作了专题报告。省青年团工作委员会书记李子奇、省工会主任吴瑞旺、省民主妇联副主任海涛等分别讲话，表明了全省青年、工人、妇女一致愿意和农民亲密团结建设新宁夏。农民代表和回民女代表也在发言中表示各民族应在毛主席领导下团结一致共同发展农业和牧业，在毛主席、共产党及人民政府的领导下建设新宁夏。

6月17日，中共宁夏省委副书记、第一届农民代表会议筹备委员会主任朱敏作题为《八个月来农村工作基本总结与今后农村工作任务》的工作报告，报告共分为3个部分。第一部分省委、省政府做了些什么工作。从3个方面总结了8个月以来完成的各项农村工作。第二部分是对几个问题的检讨，认真阐述了3个在农村工作中普遍存在的问题。第三部分是今后工作。根据宁夏的具体情况及解放以来农村工作的进展情况，今后农民运动的方针应该是：进一步组织农民，提高觉悟，肃清土匪特务，安定社会秩序，改造农村政权，大力恢复与发展农村经济，有步骤地进行农村民主改革，消减封建制度，联合各民主阶级在人民政府领导下建设新宁夏。与会代表听取了这个报告，经过各小组反复讨论后，认为这个报告是正确的，总结了宁夏省过去的工作，并根据宁夏情况提出了今后应该完成也可能完成的任务。全体代表一致表示，要把这个报告清楚地传达给每个农村人民，并动员组织全体农村人民，具体实现任务目标。

会议期间，中共宁夏省委统战部邀请参加农代会的回民代表座谈有关民族政策问题。

四

宁夏省第一届农民代表会议共召开了6天。会议发布了《宁夏省首届农代会告全省各族农民书》，号召全省各族农民"吃水不忘打井人，翻身不忘毛主席、共产党。天下农民是一家，各族人民组织起来，团结起来，永远跟上毛主席走向富强健康的境地"。会议制定了省、县、区、乡农会章程，讨论决定了发展生产、肃清匪特、改造乡村政权、反霸、逐渐实行土地改革、使农民彻底翻身的各项办法，部署了全省减租减息工作，选举产生了以朱敏为主任的宁夏省农民协会。

6月21日，宁夏省第一届农民代表会议胜利闭幕。闭幕式上，首先通过了致毛主席、朱总司令、十九兵团全体指战员等6个致敬电。邢肇棠副主席代表省政府，省委宣传部副部长梁大均代表中共宁夏省委，宁夏军区副司令员曹友参代表军区全体指战员向大会胜利闭幕表示祝贺。省农民协会副主任贾怀济作总结报告后,全体代表完成了和平签名和向中共宁夏省委、省人民政府、宁夏军区献旗,在"天下农民是一家""全省农民团结起来建设宁夏"的口号声中胜利闭幕。

《档案博览》2020年第3期

1950年宁夏枸杞产销调查

孙建军

中宁枸杞乃全国著名地方特产,被誉为宁夏"五宝"中的"红宝",有500多年的栽种历史。1950年以后,新生的人民政府十分重视枸杞的产销工作。10月25日,宁夏省人民政府工商厅厅长郝怀仁[①]向西北军政委员会贸易部计划处呈报了《宁夏省人民政府工商厅关于宁夏枸杞调查的报告》(以下简称《报告》)。《报告》中称枸杞作为宁夏省之主要特产,亦为部分农村之主要副业收入,故特制定专题调查提纲,令中宁县进行精确调查。笔者以"1950年宁夏枸杞产销调查"为题,将《报告》主要内容加以整理以飨读者。

产 地

宁夏是枸杞原产地,枸杞产地主要以中宁为中心。《报告》中开篇便讲道,宁夏枸杞"通常就指枸杞均系中宁所产而言"。

《报告》中提到全国闻名的枸杞为宁夏唯一之特产,亦药材之大宗,在战前达40余万元,几占本省总输出的1/4,战后由于交通断绝,销路停

[①] 郝怀仁(1905—1990.04.17),陕西安定(今子长)人。1926年加入中国共产党。宁夏解放后,先后任宁夏省人民政府委员,兼财政经济委员会委员、工商厅厅长,曾任青海省外贸局局长、省第四届政协副主席。

塞，面积缩小，产量锐减，实为国民经济之莫大损失。《报告》强调宁夏枸杞产地主要以中宁为中心，中卫、金积（今属利通区）、平罗、同心也有生产，该县一、二、三、四区①农村内不论穷家小富均操此业，以县城附近及白马滩一带所产最佳，为一种当地的主要农村副业。

《报告》还回顾了中宁枸杞产销的一段"黄金时代"。据说，1929年全县果园面积达万亩，产量超过5000老石（每老石合市秤300斤），战前栽培面积约8000亩，每亩平均产量为85市斤，全县可产6800市担（市制重量单位，每担相当于100市斤）。战后交通阻塞，无法外运，价格大跌，村民多铲除改种其他普通作物，栽培面积曾一度减少4/5，在1946年以前，计有面积1600余亩，年产仅千担。

价　值

枸杞属茄科植物，为多年生木本，高三四尺，老树最高五六尺，形状极似藤萝槐，叶为椭圆形，每年农历四月开紫色小花，5月底即可摘果。摘果时要注意拣选成熟的、颜色鲜红的，常例每隔5天就可以选摘一地。每年摘果期约为两月，即每年的农历五、六月。枸杞的栽培，每年至少翻土三次，勤快人家在结果时期翻两次土。肥料以人粪为最佳，每年至少施肥两次。

枸杞属于浆果类，颜色朱，卵圆形，最大者有花生仁那么大，多液

---

① 1949年9月，中宁县人民政府成立后，将全县划为七区三十六乡。1950年5月，调整为六区（第七区并入第六区）三十九乡。第一区，驻县城，辖城关、洼路、新堡、护城、宋营、东华寺六乡。第二区，驻舟塔，辖上桥、长桥、舟塔、康滩、白桥五乡。第三区，驻恩和堡，辖盖湾、刘庙、恩和、孔台、朱台、长滩六乡（1952年撤销刘庙、孔台、长滩三乡，增设上庄、万家沙滩、黄辛滩三乡）。第四区，驻鸣沙州，辖薛营、鸣沙、三道渠、朱路、三道湖、周滩、彰恩、要崖山八乡（1952年改薛营、三道渠两乡为黄营、白马滩两乡）。第五区，驻石空堡，辖贺湾、余丁、石空、沙渠、张台、张义、关帝七乡。第六区，驻渠口堡，辖枣园、药师寺、铁桶、渠口、沙梁、十里碑、广武七乡。1953年5月30日，要崖山乡划归同心县管辖，全县为三十八乡。

汁，味酸极甜，普通以15粒重为一钱者为上品，可入药称"枸杞子"，其根部之皮为"地骨皮"，亦入药，是一种补剂，可以做羹食，亦可代茶饮。地骨皮为解热及发表药。此外，据说枸杞到南部沿海一带及南洋等地另有功用，一说能除瘴气，二说可以治麻风病，其是与否未经事实证明。

栽 培

枸杞的栽培，一般分播种压条4种，播种5年结实，压条3年结实，二者均需勤加人工，厚施肥料，方能繁荣滋生，但中宁多以播种、移苗为主，每年春季将枸杞种上，加上肥料，灌以适当的水分，第二年就发育成两尺多高的树苗，即移开栽植。栽植时期以清明前后为最佳，至迟不能超过立夏，移植前必须将大地翻熟，厚施肥，将根埋8尺许，株与株之间保持一定距离，一般的均以七八尺为适度，每亩可栽百余株，栽好以后，就要加以培育施工了。（一）每年至少须翻土三次，即在春季发芽前、夏季开始结果和果子摘完以后这三个阶段各翻一次，勤俭人家亦有在结果时期翻两次者。（二）肥料以人粪为最佳，每年至少施肥两次（春秋两季）。（三）当幼苗发育成长后修枝非常重要了，在春秋两季必须进行，特别对于老树要修剪，除去死枝及不生果子的无用枝条。（四）当枸杞开花至结果这一阶段，每隔7天，要灌水一次。除此之外，还要选择气候，不宜过冷过热，土壤须是略带沙性的黄土质，不可过黏、过硬，尤忌碱性地。水分不宜过多，在结果期间，只需经常保持地皮的湿润就行，灌水以软水为宜，亦活性水。

保 存

《报告》中特别讲到枸杞如何保存。当果实从树上摘下后，即铺席于地，散晒烈日之下。外运的又必须经过一番包装手续，首先将晒好的枸杞用特制的竹筛子筛过，以大小、颜色区分为贡果、超王、顶王、改王、枣王、魁元、大栋7种。其次将分类好的果子雇员工拣除里面的杂物及变色生虫的坏果子。最后便是装箱，装箱时须把分类好的枸杞放在烈日下晒热，装进木制的箱子，压紧后封箱，外面须用桐油、石灰、蒜纸等糊好，使其内外不透空气。如果包装时拣不干净、压不紧和密封不严，极易使果子生虫或变色。照上面的包装法，如果确实做到，则可存放八九个月不变坏。但这种东西最不易保存，不论保管得怎样细心也不易放过两年。

产　销

宁夏解放后，对枸杞的种植和收购进行扶持，使枸杞"重新走上了它的幸运时代"。《报告》提到，1950年由人民政府与银川贸易商店有计划地扶助产销，"不仅面积扩大，而且普遍丰收，其情况为十余年来所未见"。

据统计，1949年中宁县有枸杞1959亩，1950年全县又新种1496亩，每亩平均出产5斗5升，全县可共产枸杞1018石，折合25万市斤左右。人民银行为了扶助枸杞生产与组织外销，曾前后贷款10亿左右，大量地帮助了种户与当地商人小贩的购买与推销。县贸易商店对平衡价格亦起了重要的作用。当商人发生抢购时，商店就停购，没有客商收购时，商店就主动地大量收购。因此，枸杞的价格始终保持平衡，消灭了过去大商操纵剥削种户的现象。由于销路好，往年农历八九月才能外出的枸杞，现在提前两月就外出了，这主要是因为交通方便，银行举办了活期存放款，取消了马鸿逵时代的种种限制。

除当地贸易商店及当地坐商参加运销，有来自四川、湖南等外省及西安市的大商约有30户，运销范围广达西安、香港、天津、武汉、广州及四川省等地。据统计，国营贸易机关收购45625斤，私商收购20余万斤，约占80%，已全部外销。枸杞因销路好，价格较过去提高好多倍，每升平均价格5万元，在当地市场上可换土布1匹或小麦3斗，种植枸杞比种植麦子利润高达27倍半，同时种户货已卖出，即可得到现款，避免了过去中间商人赊欠拖延、过分剥削的事情，提高了农民的购买力。农民们都是携儿带女兴高采烈地到集日购买布匹、农具等。随之而来的是包装枸杞的用品，如木料、钉子、石灰、麻绳、桐油等生意也大大兴隆了起来。

《报告》在最后总结道，1950年枸杞销路变好，在人民政府真正扶持发展枸杞生产和外销的实际体验中，种植户大大提高了生产积极性，继续扩大栽培面积。同时还预测到"今后交通畅通，枸杞的前途无限光明的"，但是也要提高警惕，"不应无限制地增长，以防滞销"。

《档案博览》2020 年第 1 期

大力发展农业生产　鼓舞群众生产信心
——宁夏省第一届生产会议简述

李　翔

1950年是宁夏省解放后的第一个生产年，全省各族群众在中共宁夏省委、省政府的领导下，战胜自然灾害，克服重重困难，胜利地完成并超过了预定的增产计划，为1951年开展大生产运动奠定了良好的基础。

会议背景

1949年12月宁夏省人民政府成立后，在召开的首次全体会议上提出了"以农业生产为重点，恢复、发展生产，解决群众中的各种困难，号召人民开展大生产运动，发家致富"的中心工作。1950年3月，省人民政府发布第一个农业生产计划，要求在1949年生产基础上，加强耕作、扩大耕地面积，完成粮食增产任务。是年，入夏以后，宁夏小麦普遍发生锈病（俗称黄疸病），金积、灵武、吴忠发生吸浆虫害，平罗、惠农地区小麦雨后枯死，致形成严重的夏灾。据各方面反映，病灾地区减产严重，有的减产一半，有的仅有二三成收成，有些毫无收成。为此，省人民政府于1950年7月发出生产救灾指示，要求各县分派干部到各重灾区，动员群众，将无收成的麦田翻种荞麦、小日月糜子（指成熟期较短）、菜蔬及其他小日月庄稼。抓紧秋季庄稼的锄草、浇水、护苗等，争取秋收多打粮食。各县政府对受灾严重当前生活无法维持者，应进行安置救济，主要依靠发动群众互助互济。此外，号召群众注意节约备荒，并结合农业生产组织副业生产。

经过全省各族群众的共同努力，战胜了天灾，补种了秋粮，胜利地完成并超过了预定的粮食增产计划。这些成绩的取得，是各级干部和广大群众及驻军团结一致、共同努力的结果。为更好地总结1950年生产取得的成绩，交流各地生产经验，制订1951年的生产计划，1951年初省人民政府决定召开第一届生产会议，在1950年的生产基础上迎接1951年的大生产运动，使1951年的生产取得更大的成绩。

会议情况

1951年1月16日，宁夏省第一届生产会议在省人民政府大礼堂隆重开幕。

出席会议的有各县（市、旗）长，四科科长，区生产助理员，各事业单位负责人及各族群众中的劳动模范和代表，驻军生产模范，各机关来宾等共300余人，省人民政府副主席邢肇棠、李景林、孙殿才等出席指导。

李景林副主席在致开幕词时指出，宁夏解放后，全省人民进行了一年来的恢复与发展生产，虽然遭灾，给恢复生产以很大的打击，增加了特殊困难，但由于全省各族各界80多万人民，团结在毛主席旗帜下，努力奋斗，克服了一切困难，渡过了难关，补种了秋田，完成并超过了预定的增产粮食计划。因此，召开全省第一届生产会议，是很必要的，是具有伟大的政治意义的。同时，他要求，希望全体出席列席的同志和来宾先生们，在参加会议和参观展览中，除自己提意见外，并向群众广泛地收集意见，本着为人民负责的精神，进行严肃的批评与检讨，对今后如何改进生产和领导，多加指导，多提意见，把会议切实开好。

邢肇棠副主席在总结1950年全省农业生产情况时指出，1950年共增开荒地242374亩（其中部队开101989亩）。全省共种夏田1147950.6亩、秋田1599009.4亩，超过1949年233476亩。为了保证农田灌溉，全省共完成水利工程2059处，较原计划超过110处；与过去相较，工程增加了一倍，民工却少用了186000多个。同时，他还提出两点意见供会议代表参考：第一计划。现在已经有了现代的科学和掌握现代科学的人才，再加上广大劳动人民力量与人民自己的民主政权，这就在生产建设上具备了足够的优越条件。第二制度。要做好1951年生产工作，就必须动员一切力量，严密组织，加强领导，使广大群众都能参加到1951年生产战线上来。在生产建设上坚决反对没有整体观念的"本位主义"，与不遵守制度散漫无组织的"自由主义"。一切生产部门，必须事先作出计划，经过一定程序的审查批准，然后遵照执行。自以为是，只凭经验，轻视科学技术的盲目生产与感情用事的管理方法等等，都是对生产建设极其有害的。

接着省总工会副主席强振东代表全省工人阶级向大会致辞。他号召全体工人和农民在不同的生产战线上密切配合起来，开展生产竞赛，为发展宁夏的工农业生产而斗争！省协商委员会秘书长雷启霖在讲话中号召全省各民主阶层和各族人民紧密团结在共产党和人民政府的周围，组织起来，发展生产。驻宁某部劳动模范廖云武详细介绍了军队生产的情形，希望全省军民合作互助，保证百分之百地完成今年的生产任务。盐池县劳动模范、大会主席团主席刘宝玉也讲了话。他首先说明他是怎样在人民政府的帮助下，由一个穷人变成了一个中农。他希望大家把各位首长的讲话牢牢记住，不但自己要好好劳动，把庄稼做好，还要组织其他农民一样搞好生产，过好光景。

会议第二日，省人民政府建设厅副厅长郝玉山作了《宁夏省1950年农林畜牧交通工作总结报告》。报告分三部分：（一）1950年农、林、水、牧及交通等生产建设方面的成绩；（二）工作的检讨；（三）经验教训的总结。并宣读了1951年生产计划草案，向代表阐述了1951年农、林、水、牧等生产工作的基本任务、重点与实施办法等意见，供大会讨论。

会议期间，会议组织全体代表听取了改良农作物栽培方法、良种推广、宁夏农作物主要病虫害防治意见、关于水利工作问题、宁夏水利建设的展望、兽疫防治、家畜的饲养管理、关于护林、关于防沙造林问题、1951年生产计划与实施办法等专题报告和发挥农贷的组织作用、做好水利春工准备工作等专题讨论。

宁夏军区、灵武、贺兰、永宁、平罗、盐池、同心、中卫、中宁等各县劳模、生产代表纷纷发言。磴口劳模张立元在发言中讲道，春工时别人挖一方我可以挖两方三方，我这样卖劲的原因，是解放后不抓兵了，我做啥都有心劲了。永宁生产代表田九义讲，过去我们种庄稼，各管各，有的有人没牲口，有的有牲口没人。自从去年县上和区上领导组织我们变工，我们村上八九家农民，都把困难解决了。

惠农县长做了关于1950年领导生产的检讨发言。省建设厅农业科、交通科等部门负责人和各县的有关干部分别做了专题，着重总结与检讨1950年生产领导经验与缺点，提出1951年生产计划，并向大会提了许多宝贵意见。

会议期间，专门组织参加会议的200多位劳模和代表们，在银川市人民图书馆参观生产展览会，观看到拖拉机、拌种器和三铧犁等新式农具和喷雾器、蒸发器、显微镜等科学仪器。还先后到宁夏省畜牧示范场、造纸厂、电厂、面粉厂、制糖厂、机器厂等地参观工业建设。参观中劳模和代表们看到先进技术与先进机器，了解了机器的生产力与效能，无不称赞新中国建设事业的伟大，感叹道："咱们要更努力发展生产，为国家工业建设创造条件，在共产党领导下，咱们宁夏的工业也会很快发展起来。"

会议闭幕

经过10天的热烈讨论，总结了上年的生产成绩，充分交流了各地领导生产的经验，制订了1951年增产原粮的计划和实施办法，第一届生产会议于1月26日胜利闭幕。

闭幕会首先由省人民政府副主席李景林作总结报告，然后潘自力主席，邢肇棠、孙殿才副主席，宁夏军区副司令员黄罗斌，灵武劳模杨连邦相继讲话、发言，通过了《1951年生产计划与实施办法》，确定了1951年的生产方针与农业生产计划实施办法，并明确了1951年基本任务与工作重点。

农业方面：（一）农业生产要求在1950年单位产量上提高一步，完成增产原粮44781178斤的任务。（二）特种作物。增种甜菜300亩，枸杞、胡麻等在保持原耕种面积的水平上，改良品种，提高单位产量。

（三）整修渠道，扩大灌溉面积。

畜牧方面：（一）贯彻畜牧业的保护政策，完成白羊、山羊5%，马、牛2%，驴3%，骆驼1.5%的增殖任务。（二）发动群众开展防疫运动，完成防疫注射84700头任务。（三）发动群众进行土种家畜选育工作及引配优良畜种的推广。（四）试办草原管理及储备冬草，在农区及半农半牧区发动群众按每个劳动力割贮冬草50—100斤，补助冬春饲草。

林业方面：加强天然林及人造林的保护，育苗与造林并重。完成封山育林10万亩、育苗230亩、造林6300亩、群众植树423000株的任务。

交通方面：公路以加强养护、健全道班、有重点地补建桥梁路面为主。河运以发展航运船只、开展航运工作为主。运输主要是加强现有车辆修理，建立车辆的统一管理制度。邮电主要是加强现有邮路及线路的管理，补建线路，提高交通速度。

最后，大会还组织进行了生产劳动模范的评比，并向获奖的劳模们颁发了奖品。

头等奖：盐池劳模刘宝玉、中宁劳模李长清、灵武劳模余万鳌、永宁劳模罗文魁（回族）4人，各奖牛一头（刘宝玉奖马一匹）。

二等奖：陶乐劳模白含英等34人，分别奖给毛毯、单把犁、毛巾等多种奖品。

三等奖：中卫劳模何立忠等48人，各奖给毛毯一条。此外，各劳模均奖给奖章一枚。

宁夏省第一届生产会议是在经历了天灾、各项生产正处于恢复的情况下召开的，对鼓舞全省群众生产信心、调动群众生产积极性、恢复生产建设具有重要的推动意义。

《档案博览》2020年第2期

解放初期宁夏小学教育的整顿与恢复

孙建军

1949年9月26日，银川市军事管制委员会发布《关于成立银川市军事管制委员会的布告》（解字第一号）后，陆续派出军事代表进驻各学校，对于各级学校包括小学，一律执行了保护政策，在"维护学校、积极整顿、逐步改造"的方针下，以陕甘宁边区的教育经验为基础，对宁夏旧的教育制度有计划、有步骤地进行社会主义改造，逐步建立起新的革命的社会主义教育制度，掌握了教育的领导权，广大工农群众拥有了受教育的权利。

整顿教学秩序

银川市军管会接管学校后，根据"维持现状，立即开学"的精神，要求原有教职员工一律照常供职，派军代表对各级各类学校进行全面恢复和初步整顿，撤并私立学校和教会学校，废除对学生的体罚制度。在中央各种规章制度未下达前，参照陕甘宁边区和东北老解放区的办学经验，制定学校行政管理细则、班主任和教研组工作细则、学生学籍管理细则等，使学校各项工作有章可循，教学和管理工作逐渐走上正轨。1949年12月16日，宁夏省人民政府主席潘自力在首届省政府委员会议上的讲话中指出，"依据新民主主义的文化教育方针，整顿现有学校，逐步改进教育内容和教育方法。废除敌伪时代各种反动的教育制度，如强迫军训、训导制度。

启发青年儿童的自觉自制精神，增强劳动观念，废除打骂禁闭等体罚制度，倡导耐心的启发诱导教育方式"。

1949年12月下旬，全国第一次教育会议确定改革旧教育的方针步骤和发展新教育的方向。宁夏认真贯彻落实会议精神，在"学校为工农开门，教育为政治服务，为生产建设服务"的总方针指导下，对教育制度、教育内容、教学方法、学校管理、教学设备等方面进行一系列的改革，确立崭新的教育制度，建立民主管理制度，各班设班主任，学校组建由老师代表、学生代表组成的临时校务会进行管理。学校建立中国共产党和中国新民主主义青年团的组织，初中和小学组建中国少年儿童队。

小学课堂教学推广陕甘宁边区的教学经验，在课内废除体罚和变相体罚，提倡启示性教学，沿用传统的"四二"分段（初小四年、高小二年）的学制，所有小学课程取消公民课、户政和童子军训练课，其他课程基本维持原状，分低、中、高年级设置。低年级设国语、算术、美术、唱游（音乐和体育）；中年级增设常识；高年级增设政治、常识（史地、自然）。在教材使用上，废除旧教材，采用原陕甘宁边区编写的小学课本，到1950年秋中年级和高年级小学使用西北军政委员会教育部编审的语文、算术课本，地理、历史沿用陕甘宁边区使用的史地合编本。1950年3月，按照宁夏省文教厅发布的《关于中小学公什教育费修正标准指示》，自1949年12月起，小学生每人每月公杂费的标准为小米2市斤，教育费土布1.5市尺。

依据陕甘宁边区指示，正确执行教育为工农服务的方针，在学生成分上，照顾工农子女，工农子女入学超过50%。各小学实行集体领导、分工负责的民主作风，设置军管会，初步更订课程标准，采用新教材，增设政治课，各班设班主任。在银川市规模较大的学校中，派军事代表。各县由县政府负责，进行调查了解并讲解政府对知识分子的态度及文教政策后，大部分小学教员，都能打破思想顾虑，回校开学上课，不到半月，全省大部分小学都开课。至1949年11月底，银川市学校接管工作结束，小学生人数从原来的1158人增加到2913人。

改造教职员

根据中央指示，宁夏对原有教师贯彻"一般不动，个别调整"的原则，使绝大多数教师得以留任。教职工队伍采取集中管理的体制，小学教师由各县管理，负责教职员的任用和调配。为加强教师的政治学习与业务学习，提高教学质量，贯彻新民主主义精神，确定加强教师学习是提高教学质量办好学校的中心环节的思想，放在头等重要的地位。建立学习会制度，布置教员学习《共同纲领》《土地改革法》、学习毛主席在文艺座谈会上的讲话，以及有关整风的文件，联系讨论"教、学、做"的新教学方法。1950年春季开学前，宁夏省文教厅对各县教师进行一次大调整，对一些不尽职责、不参加学习、群众反映不好和作风不正派的一部分教员，令其转业或回家，选择一部分工作积极、热爱学习，且有相当文化水平的青年担任教员，使教员质量大大提高。

1950年暑假前，宁夏省文教厅印发《关于暑期文教工作的指示》，安排暑假放假从7月11日开始至8月11日开学。并要求放假后，小学教员除选送到教育研究班学习者，其他教师应参加文教厅组织的暑期教师学习座谈会，并对贺兰、宁朔、永宁、金积、灵武、惠农、平罗、吴忠、阿拉善旗等地参加学习的教师进行了分配，还对中卫、中宁、同心、盐池、磴口、陶乐等地的教师学习做了规定。学习材料包括社会发展史、《共同纲领》、中国革命基本问题、新民主主义教育等。学习目的是改造思想、树立革命人生观、理解政府政策，并介绍典型总结经验，加深对新民主主义教育的理解，时间一般不超过25天。第一次共有1427人参加学习，第二次共540人参加学习，大部分教师参加过两次学习，其中全省1/4的小学教员参加在省城（银川市）举办的学习。通过采取一系列切实可行有针对性的措施，使很多教师初步树立为人民服务的思想及劳动观点和阶级观点，认识到贯彻政策观点和思想引领是办好学校的关键，批判抛弃旧思想和旧方法，建立正确的劳动观、阶级观、历史观和国家观，改变陈旧的学习观，树立新的教育观，在业务观点上、工作方法上都有所提高。刻苦努力，安心教学，其中一些事业心很强的教师，立志终身做一名人民教师。

宁夏解放前教师实行米薪制，以实物（小米）作为工资，完小教员月均270斤，初小教员月均250斤。为了照顾生活困难的教员，依据陕甘宁边区政府对中小学工作人员支薪办法，适当调整教员的生活待遇，每人每月最多可发领280斤面粉，能够维持4人生活，最少也能发领250斤面粉，可供3人食用。

学生的思想政治教育

贯彻毛泽东主席的"三好"（身体好、学习好、工作好）指示，并配合抗美援朝运动，重点开展爱国主义、国际主义教育，制定爱国公约，使爱国运动与教学工作相结合。同时开展以"五爱"（爱祖国、爱人民、爱劳动、爱科学、爱护公共财物）为主要内容的思想政治教育。采取多种形式，通过课堂教学、上政治课和党团活动相结合的办法，加强学生的思想政治教育。

小学的思想教育工作由校长直接负责，通过开设政治课（思想品德课）、周会课、少先队活动和班主任工作等综合进行。小学生思想教育包括无产阶级世界观教育、爱国主义和国际主义教育、集体主义教育、自觉纪律教育、阶级教育、劳动教育、道德品质教育、革命传统教育、"五爱"教育和社会主义民主和法制教育等方面。各学校还组织学生参与清剿土匪、反对恶霸、土地改革等政治运动的宣传工作，教唱《解放区的天》《东方红》等革命歌曲，对学生进行思想品德教育。

1950年5月，开展以正课为中心的新民主主义学习运动，加强对学生的思想政治教育，在思想意识上有了显著的进步。上半年各小学普遍进行了思想政治教育，基本肃清了一些糊涂观念，分清了敌我，认识了"谁是历史的推动者""为谁服务""谁是中国革命的真正领导者"等问题。各学校大都成立了学生会、新民主主义青年团、少先儿童队，并开展各种社会服务与宣传文艺活动，以活泼儿童身心，启发自觉自治能力和调动社会活动兴趣。各校普遍成立校务、经费稽核、学习等委员会及学生会、少年先锋队等组织，积极响应政府号召，并配合各种节日进行社会宣传活动。各校发动教师及四年级以上学生补修校舍，节约开支。各校学习委员会成立后，教职员对学习的表现均很积极，每日做到两个小时理论及业务学习。银川市各小学在师生密切团结下，教和学都取得了相当不错的成绩。

依靠群众，大家办学

1950年5月底全省教育会议召开，各地小学在人民政府的正确领导下，逐步实行"依靠群众，大家办学"方针，加强与群众的联系，各族群众积极帮助学校修建校舍，想办法办好学校，克服或减少学校人力物力上的许多困难，使全省小学教育普遍发展。据《宁夏日报》报道，中宁县三区沙渠完小原有学生6人，校舍破烂不堪，在区政府的帮助下，发动群众，团结热心教育的人士，半年之内，修建校舍20余间，发展学生160多名。永宁县杨和完小自开展宣传动员儿童入学工作后，学生增至160多名，募到160万元钱（旧币），补充校具解决了桌凳问题。该县六区的邵必完小校舍年久失修，在同乡村干部及热心教育人士努力下，募捐30余万元，增设校具，改善校舍，校园焕然一新。

由于教育方针正确，兴学助学已成为全省群众性的运动。中宁县五区关帝庙完小，在春季全校师生在学校附近开辟2块荒地，又租入熟田1块，一起动手种了小麦和胡麻，秋后折价16万元，为学校添置了时钟、排球以及其他校具；一区新堡小学全体师生趁中秋节放假后，一起修筑校舍。永宁县新城完小、二区望洪堡小学，惠农县完小，贺兰县习岗完小、常信完小，宁朔县米家庙完小，陶乐县城完小等学校的全体师生，在课余时间发挥劳动积极性，完成了修筑校墙、上房泥、打炕面子和编草席等工作。

1950年9月23日，宁夏省人民政府副主席邢肇棠在宁夏省第一届各族各界人民代表会议上作的《关于宁夏省人民政府一年来的工作报告》中指出，依据上学期统计，全省有小学校454所，1207个班，教职员1162人，学生40429人。依据这一统计，就学生人数比较，全省小学教育不仅已恢复解放前数字，并超过13%，宁夏省小学教育得到恢复和长足的发展，初步建立了社会主义教育制度，保证了宁夏各项事业建设所需人才的需要。

1950年宁夏省档案工作经验总结

孙建军

在宁夏档案馆馆藏宁夏省人民政府办公厅全宗档案中，有一份珍贵的档案——1951年1月16日签发的《宁夏省人民政府办公厅一年来档案工作经验总结》（以下简称《经验总结》）。《经验总结》共5页2600余字，保存完整，内容丰富，是反映宁夏解放初期档案工作的珍贵史料。《经验总结》主要总结了宁夏解放一年来档案工作经验，制定档案工作流程，分别对送档、归档、整理、保管等工作环节提出了具体要求和规定，是宁夏档案馆馆藏众多档案中能够查找到的较早一份关于档案工作方面的档案史料。

由宁夏省人民政府办公厅编印的1950年《宁夏政报》第十期，全文刊登《经验总结》一文，展现宁夏解放1年来档案工作发展实况，推动了档案工作的规范开展，以政务视角真实记录了解放初期宁夏省档案工作的发展历程。

明确档案管理体制

实行统一领导的管理体制是我国档案工作的重要原则。1956年4月16日，国务院颁布《关于加强国家档案工作的决定》中规定"档案工作的任务就是要在统一管理国家档案的原则下建立国家档案制度，科学地管理这些档案，以便于国家机关工作和科学研究工作的利用"的档案工作管理体制。同时要求"各省、自治区、直辖市人民委员会应该在办公厅下迅速设立档案管理处，负责指导和监督各厅、局和省、自治区、直辖市以下各级国家机关的档案工作；各厅、局应该设立档案室，负责管理本机关的档案。专、县级机关和各级企业单位、事业单位和人民团体也应该设立档案室或配备专职干部管理档案。国家档案局应该全面规划，逐步地在首都和各省区建立中央的和地方的国家档案馆"。由于没有查找到有关宁夏省设立档案管理处、档案室和档案工作管理具体内容的档案史料，只能依据查阅到的以下相关档案史料，分析确定宁夏省解放初期实行统一领导的档案工作管理体制情况。

其一，1950年10月24日，宁夏省人民政府第三十四次行政会议通过的《宁夏省人民政府办公厅组织规程》，在其第三条中规定宁夏省人民政府办公厅秘书处"主管文电拟办、缮印、收发、保管、归档及典守印信等事项"的工作职责。据此可以确定，秘书处管理档案工作，是全省档案工作的主管部门。

其二，1950年11月8日，宁夏省人民政府第三十六次行政会议通过的《宁夏省人民政府办事通则》，对"会议制度、办公制度、请示报告制度、请假制度和机要"等方面的工作流程作出明确规定。参考第四章办公制度之第七条"本府公文种类与适用范围和公文处理，依照本府《行文制度及公文处理程序暂行规定》第一部分乙项和第二部分公文处理程序之规定行之"的内容，由于没有查阅到此条中提及的《行文制度及公文处理程序暂行规定》，无从了解当时公文处理的具体规定内容。但可以确定的是，档案工作已经纳入宁夏省人民政府办公厅的工作范围，并已经制定出相关档案工作管理制度。

其三，在宁夏档案馆馆藏宁夏省人民政府办公厅全宗档案中见到的《经验总结》实体档案，签发时间是1951年1月16日，随正文附件三"案卷标题签"表格中，出现了"宁夏省人民政府办公厅档案室"的字样，结合《经验总结》一文中多次出现"档案室"的称谓，更进一步表明当时在机关档案室统一集中保管档案，在工作制度的制定上是得到落实的。

依据以上3条内容，宁夏省解放初期实行了"统一领导"的档案工作管理体制。

规定档案工作流程

《经验总结》在开篇前言中指出"档案工作的主要目的，是为使档案材料，得到科学的整理与安全的保管"，同时档案工作又"是一件对各种性质不同的文件进行严密组织的复杂工作"。因此，通过总结一年来的工作经验，制定规范档案工作制度和流程，并在工作中严格落实执行，就成为《经验总结》的主要内容。

一是对文件材料的归档要求。1.登记：为了便于尔后稽查，凡公文送档，应由档案室收件人按照公文归档登记簿逐件点收后，签名并填注签收日期及归档字号。这种公文归档登记簿，为了简化手续，不必另订，可于机关来文处理登记簿和行文登记簿上加印归档栏，合并应用。

2.归档要求：公文归档时间，一般为一月一次。送档的公文，凡去文须有发文机关首长的判行、签名或盖章，并盖机关印信；来文未办者，须有机关首长或其他重要负责干部所批的"存案"或"存查"等字样，否则，档案员概不接收。这种制度的严格执行，不仅是档案员的责任问题，而且有助于各级负责审批公文的干部对于公文的重视和我们所收的一切文件都能得到适当的处理。

3.归档补充要求：凡未结案的公文，不应归案，应由主办人暂行保管，俟结案后，再行归档。

4.涉密文件的归档：对于特殊主要文件，应另行编类保管，属于机密文件应由机要秘书或指定之干部保管，不得与一般文件混淆。

二是档案整理的要求和流程。1.分类：文件分类，是公文获得科学整理的主要关键，必须根据文件的性质，明确地分为若干类，类以下分纲，纲以下分目，使各种不同性质的文件能够系统分明地得到合理而细密的组织。这种分类组织的最好方法，是根据机关组织单位，例如本厅归档的文件，主要是以省府或主席名义的来往文件，这些文件的性质，一般都不出省府各单位业务性质的范围。因此，我们把文件分为民政、财经、建设、文卫、公安、工商、司法、军事、人事、民族等十类，不属于上列各类性质的，另设一总务类，共为十一类（必要时可增加）。类下再根据各单位的组织分为若干纲，如建设类下，根据建设厅的各业务单位分为农林、畜牧、水利、交通、邮电等纲。纲下更细致地根据每一业务的不同项目分为若干目。一切文件，按其性质，归入所属的类、纲、目，公文性质属于两类以上的，归入关系较密的一类。这种方法，不但使文件分类容易，而且调卷查案也很便利。

2. 登记与装订：文件登记与装订，一般应采取以下顺序和步骤：第一步，文件经分类后，制作总登记簿若干册（最好每类一册），用有色纸做标签，书明类、纲、目，贴在总登记簿的右角，以便识别，然后将分好的公文，分别登记于所属的类、纲、目之下，并编归档字号。第二步，登记完毕之后，再把同一类、纲、目的文件，装订成册，成为案卷（每一案卷装订文件多少，应视文件页数及附件多少而定），属于同一类、纲、目的若干案卷，按文件先后顺序编出卷号。案卷封面，书明所订文件的起止年月日、件数、页数、起止号数（归档号）和案由（该案卷所订文件总的事由）。另制一种案卷标题签，仍摘录上述各项，贴于案卷下端，以便查检，案卷封面内页，摘录所订文件的明细目录，某一文件附件特多者，其附件另行装订并存放，但须于总登记簿上本件登记栏内注明归入某档，并将本件的字号及类、纲、目以标签注明于附件上，以便检查。第三步，文件装订好，就可分别存放在档案室所设的柜架上（柜架上须分栏，并标明类、纲、目），然后用一种分类登记簿，把装订的案卷，进行登记。

做完了以上3个步骤，文件归档的一般手续便结束了；但在进行这3个步骤时，要注意到第一步骤是档案室对档案材料做得最详细最基本的记载，要知道某一文件归入哪一类、纲、目，放在哪个柜架上和哪一栏内，都须先从这个登记簿上检查，因此必须很细心地做好这一工作。第二、第三两个步骤，是文件经分类后进行科学整理的重要步骤；只有根据文件分类，做好装订与归档工作，才能使各种不同性质的文件，最后得到系统分明的科学组织。

三是规范档案保管工作。《经验总结》中指出："档案保管工作，在今天说来，较之档案整理，具有更重要的意义，因为我们的敌人正在以各种方法，企图盗窃我们国家的各种机密，以便进行破坏。因此，一切国家机关中的工作人员，都须提高警惕，负起保卫机关机密的责任，更须特别加强档案保管工作"。并进一步要求档案保管"必须选择一个适于长期存放文件的档案室，并有专人负责管理。存放文件，最好用档柜，除办公时间外，档案室和档柜，均须加锁；即在办公时间，其他人员亦不得无故进入档案室"。

四是档案利用注意事项。《经验总结》中要求调阅档案案卷"须有调卷单位，出具统一规定的调卷证，加盖机关公章和重要负责干部私章，然后交由档案员凭证检卷，调卷人不得自行翻检。案卷使用后，应即如期送还档案室，不得拖延"。

提出档案工作存在的问题

《经验总结》在第四部分《今后努力的方向》中，客观总结了当时全省档案工作存在的主要问题：1.把这个工作当成一般事务工作，交给一两个档案员去管，其他人不关心。所以它的进步极有限，经验极少。2.未能建立起必要的工作制度，例如有时文件送档，不履行送档手续，不登记，甚至有个别文件不归档，以致遗失，事后无从查案。3.各单位调阅案卷，不如期送还。档案员对文件分类，仍沿用着已不适合于新政府组织形式的旧办法，对于各种应该履行的登记手续，也做得不够。4.一年来始终没有选择一个适当的档案室，所有文件，都装在两个不便于分类保管和查案的小木箱内，放在秘书室。

明确档案工作的发展方向

《经验总结》还实事求是地提出"我们的档案工作，还在摸索阶段，因此必须在现有的基础上，不断加强研究和改进。任何自满于过去的经验，认为一切没问题，不积极地研究改进，都是错误的"，并指出一些错误认识"都是我们档案工作中的具体缺点"，并进一步要求"今后办公厅须于一定时期内进行该项工作的讨论与检查。应根据这些经验教训，建立制度，严格执行，并经常地进行检查"。

最后，《经验总结》还对档案工作者提出了"必须以爱护人民祖国的高度责任心去对待档案工作，创造新的档案工作经验"的殷切希望。

《档案博览》2018年第6期

宁夏民族公学及其演变

张国栋

你知道宁夏曾经有过"宁夏民族公学"这段历史吗?

2016年,自治区民委、自治区档案局(馆)研究决定联合编纂《宁夏民族团结档案资料选编》。在收集档案资料的过程中,发现有不少记录宁夏民族公学的档案,原来宁夏先后两次成立宁夏民族公学,但其规格不同、建制不同、生源不同、演变不同。

在吴忠职业技术学院①以及北方民族大学②的校史里都记录有宁夏省民族公学、宁夏回族自治区民族公学与本校的历史关系,这究竟是怎么一回事,我们不妨来捋捋这段并未尘封的历史。

宁夏省民族公学与吴忠师范学校

(一)成立宁夏省民族公学

1951年,教育部召开第一次全国民族教育会议,会议提出:"少数民族教育目前应以培养少数民族干部为首要任务。"1952年6月,宁夏省人民政府着手筹备宁夏民族公学,同年9月21日,宁夏省人民政府决定在银川成立宁夏省民族公学,要求学校以延安时期的陕北公学为榜样,以招收回族、蒙古族和其他少数民族学生为主,培养少数民族干部。宁夏省

---

① 含原吴忠师范学校。
② 原西北第二民族学院。

民族公学首任校长由宁夏省人民政府副主席孙殿才兼任。由中央人民政府民族事务委员会拨款6亿元（折合现行人民币6万元）建设。校舍坐落在银川城西门外唐徕渠之东的西关街南侧，原宁夏省私立载德慈幼院旧址[①]。

（二）宁夏省民族公学的职能和性质

1952年9月21日，《宁夏日报》头版发表的社论，表明了宁夏省民族公学的职能、性质。社论称："民族公学成立了，这标志着宁夏少数民族地区教育事业的发展。民族公学的成立是适应人民群众的需要，适应客观形势发展的。是少数民族的中等学校，又是干部学校。他的主要任务，是对少数民族的青年施以中等教育，为祖国为少数民族地区培养建设人才，及为培养各少数民族知识分子奠定基础。民族公学除了上一般中等学校的课程外，还必须给以民族政策的教育，学习民族语文，这是这个学校的特点。"宁夏省民族公学成立后随即正式开学。《宁夏省民族公学1952年工作总结》陈述了1952年学生发展数："本校1952年秋季招收新生236名，本省畜牧兽疫防治处委托在本校学习文化的蒙古族学生40名，共计276名。内男生228名，女生48名。计有汉族学生42名，回族学生164名，蒙古族学生69名，满族学生1名。年龄在17岁以下者100名，17岁至36岁者176名。"

（三）宁夏省民族公学改组为甘肃省吴忠回族自治州师范学校

1954年宁夏省建制撤销，甘肃省、宁夏省合并，"宁夏省民族公学"更名为"甘肃省民族公学"，学校名称改变了，但学校的性质、职能没有变化。此时在校学生326名，其中回族160名，蒙古族116名，少数民族学生占84.66%。1956年1月，甘肃省民族公学迁入位于灵武农场的西北机耕学校校址，西北机耕学校（迁入银川后更名为银川农业机械化学校）迁入位于银川的甘肃省民族公学校址，两校对换校址。7个月后，即1956年8月，甘肃省民族公学又迁往吴忠回族自治州，9月，改设为甘肃省吴忠回族自治州师范学校[②]，职能改为培养民族地区小学师资。原民族公学

[①] 现解放东街银川警备区驻地。
[②] 1958年自治区成立后改为吴忠师范。

的3个年级6个班的200多名学生转为师范生。预备班是民族公学最后一届毕业生。一半升入中师，另一半有参加工作的，有考入其他学校的。宁夏省民族公学仅有4年校史，毕（结）业学生700多名，大多辛勤工作在教育、医疗、公安、水利、粮食等各条战线上。

（四）宁夏省民族公学毕业学生学历问题

1984—1986年，部分原民族公学的毕业学生联名给时任自治区副主席马腾霭、原西北第二民族学院、自治区民委写信，要求确认学历。自治区民委也数次将情况报告自治区政府并向自治区教育厅反映。在给自治区政府《关于确认宁夏民族公学毕业生学历问题的报告》中指出，"该校是原宁夏省人民政府为适应民主建政的需要，采取特殊形式培养少数民族干部，于1952年决定在银川筹建的。学校宗旨是培养少数民族干部，学制二到三年，课程主要有语文、数学、财会、畜牧等。自五二年到五五年，先后招生700名左右，文化程度多数是初中或相当于初中，也有高中和中学程度的。这批学生经过二到三年的学习，除部分考入大专院校或转入吴忠师范学习外，其余全部分配工作"。报告陈述了6条确认学历的理由，认为"原宁夏民族公学毕业生学历应确认为中专"。1986年，经自治区政府研究同意，自治区教育厅下发了宁教计〔1986〕第377号文件，决定对民族公学毕业生按中等专业学校毕业生对待。一直困扰着民族公学同学的学历问题终于得到了圆满解决。

宁夏回族自治区民族公学与西北第二民族学院

（一）成立宁夏回族自治区民族公学

1979年2月19日，宁夏回族自治区党委统战部、民委向自治区党委上报的《关于恢复我区民族公学的请示报告》指出，"为实现我区的四个现代化给新的长征准备力量。因而，我区培养少数民族干部的任务还很大的，急应引起各级党委的重视。为了有计划、有步骤地经常不断地培养少数民族出生的德才兼备的共产主义干部，我们建议恢复宁夏民族公学，作为培养我区少数民族干部的一个基地"。1980年5月20日，自治区党委决定成立自治区民族公学。自治区党委办公厅在宁党办〔1980〕50号文件中指出:"为了积极发展少数民族地区的文化教育事业,提高少数民族的科学文化水平,大力培养民族干部,经区党委常委会研究,决定成立自治区民族公学,校址设在银川(开始规划在原银川市新市区经四路与纬五路,后因面积小无发展预留用地调整至现北方民族大学所在位置)。自治区民委根据区党委的决定,正在进行民族公学的筹建工作"。同年11月21日,自治区建委批复了宁夏民族公学的初步设计审查,印发《关于宁夏民族公学初步设计审查的批复》,同意自治区计划委员会批准宁夏民族公学的建设规模为24个班,学生1200人,教职工暂定为200人,总建筑面积23820平方米,总概算为621.88万元。

(二) 宁夏回族自治区民族公学的性质和任务

1980年4月7日,中共中央关于转发《西藏座谈会纪要》要求"在几个自治区和有条件的自治区要办好几所民族大学"。当时自治区民委认为"我区目前办民族大学的条件尚不成熟,我们意见是应尽快地抓紧时间,先办起民族公学,为筹办民族学院积极创造条件"。1982年11月9日,自治区党委批转了自治区党委统战部、民委、教育局党组《关于宁夏民族公学的性质、任务、专业设置等问题的请示报告》的通知,确定宁夏回族自治区民族公学是一所培养少数民族政治干部,也培养少数民族专业技术和管理干部的社会主义新型的民族学校。既办干训班,也办专业班、高中班。

(三) 宁夏回族自治区民族公学的撤销与西北第二民族学院的诞生

宁夏回族自治区民族公学筹备建设以后,实际上只是录用了部分教职工,筹备并进行了民族公学基本建设,仅有3年时间,但在此基础上诞生了西北第二民族学院。1983年10月11日,国家民委向教育部提交了《关于西北民族学院在银川办分院的请示报告》。《报告》中说:"我们又同宁夏回族自治区党委和人民政府进行了协商,他们表示同意在银川市建立西北民院分院,即在正兴建中的宁夏民族公学的基础上扩建。"国家民委于1983年12月7日,以〔1983〕民财字500号致函宁夏回族自治区人民政府:"为了使宁夏民族公学跨年度工程继续施工,不致中断,请你区在1984年继续安排民族公学跨年度工程施工,拨给工程款和三材,并列入你区计划。建立民族学院分院的批准文件下达后,从1984年起由我委承担投资,归还你区1984年的投资和三材。"1984年3月26日,国家民委教育司、宁夏回族自治区民委〔1984〕教司字48号文件全文如下:"经请示领导同意,将〔1983〕民教字557号、〔1983〕宁政发149号文件原定西北民族学院分院名称改为西北第二民族学院。"国家民委同时致函教育部"关于要求筹建东北民族学院和西北民族学院分院问题"。1984年4月7日,教育部《关于同意筹建东北民族学院和西北第二民族学院的批复》,同意筹建西北第二民族学院(不要办西北民族学院分院),校址设在宁夏回族自治区银川市,在宁夏民族公学基础上扩建,在校学生规模2000人。招生对象面向西北地区,以少数民族学生为主。由国家民委与宁夏回族自治区双重领导,以国家民委为主。这一批复,标志着西北第二民族学院这所国家唯一建立在少数民族自治地方的部属综合性民族高校诞生了。西北第二民族学院是一所在原宁夏民族公学筹建的基础上新建的综合性的民族高等院校,筹建中的宁夏民族公学为西北第二民族学院提供了最初的教学和生活服务设施,管理干部队伍和教师队伍,是西北第二民族学院当年筹建、招生的重要基础。2006年2月,西北第二民族学院更名为北方民族大学。

宁夏先后两次成立过民族公学,其发展演变深深打上了时代的烙印。通过这段历史也充分反映了党中央及宁夏历届党委、政府对发展民族教育事业、培养少数民族人才的关心和支持。

《档案博览》2017年第5期

宁夏省休假制度的建立与调整

王 颖

休假制度是为保障干部职工享有休息权而实行定期休假的制度。1952年12月12日,中央人民政府政务院印发《关于各级人民政府工作人员休假制度暂行规定的通知》(简称《通知》),开始在全国实行休假制度,后又依据各地执行情况实际,印发了《关于各级人民政府工作人员休假制度暂行规定通知中若干问题的综合答复》(简称《答复》),对休假制度做了相应的调整,逐步完善了休假制度。1953年,宁夏省人民政府为更好地执行休假制度,对具体实施休假制度进行了初步尝试。

休假制度的建立

各级人民政府工作人员休假制度对休假天数、休假流程、休假方式、休假待遇、适用范围等做了初步尝试。

规定休假天数 依照职务级别将工作人员每年应离职休假的天数确定为10天、20天和1个月3个档次,对平时工作特别繁重、体质亦较差的工作人员,要求酌情延长其休假天数。

确定休假流程 各级机关主要负责人和工作人员休假或延长假期均须履行一定审批程序,才能离职休假。休假应在不影响工作原则下,采取轮流方式,有组织、有计划地进行,休假人员工作须指定适当人员代理,防止出现因休假而造成工作无人负责的现象。

明确休假方式 有休养设备条件者可到休养地休假，不具备此项条件者，均采取就地休假办法。

规定休假待遇 工作人员在休假期内原待遇不变，经组织批准至休养地休假者，其往返车船费，按财政部颁布的规定发给，上述经费可由各机关向同级人民政府财政部门报销。

执行适用范围 各级党派、团体休假办法参照本规定执行，部队、工矿、企业休假办法由中央军委、劳动部分别另订。以上规定自1953年1月起正式施行。

休假事项的确定

各级人民政府工作人员休假制度建立后，收到了不同省份对休假制度具体的反馈询问。1953年3月2日，中央人民政府人事部印发《答复》，对休假制度的适用范围、休假日期的计算和休假期间的待遇问题做了进一步细化。

休假适用范围 凡国家机关的行政、事业单位工作人员及其干部学校、训练班的工作人员，不实行寒暑假制度者，均适用该暂行规定。各机关的警卫员、机要通讯员、保育员、汽车司机、技工、厨师、人民警察等人员，除有特殊情况者，得由其所在工作机关自行决定外，暂不实行休假制度。参加革命工作不满1年的工作人员及试用人员，不适用该暂行规定。同时，受行政处分和机关管制的工作人员也不适用于这一规定。

休假日期计算 一般不宜采取分期使用的办法。如经组织批准，亦得分期使用，但分期最多不得超过每年两次，如因工作繁忙，本年度无法休假者，不得将本年度休假时间移至下年度累计使用。工作人员的事假一般不得与休假时间抵消，如遇有特殊事故必须请假回家者，经组织批准，得占用休假期，其往返时间也应计入休假时间之内。政务院规定的各种例假及星期日，不计入休假时间之内，经组织批准赴指定休假地休假的工作人员，其往返必需的时间不计入休假时间以内。

休假待遇问题 因各种原因，不能离职休假者，不另增发工资或津贴。经组织批准至指定休假地休假者，供给制人员除应缴其本人原灶别伙食费部分外，超过部分由休养院报销；工资制人员则按院方规定的伙食标准，自行缴纳。就地休假的工作人员，如到附近集体旅行者，各机关在可能的合理条件下，应给予交通工具上的方便，到远距离的地方旅行，费用自备。工作人员在休假期内，遇有特殊事故，经组织批准回家者，其往返车船费，供给制待遇者，按事假发给；工资制待遇者，费用自备。

休假制度的执行

1953年4月17日，宁夏省人民政府人事厅根据中央人民政府政务院的《通知》和《答复》精神，结合本省具体情况，提出了各级人民政府工作人员休假制度的具体实施意见，供参考执行。

明确休假原则 要求县长级以下工作人员符合休假制度规定者，以就地休息为主，并从现在起即行按各单位所订计划分批进行休假。为了防止因休假而影响工作，省级各单位、各县（市、旗）根据自己的具体情况适当分配时间，不能都拥挤在暑天休假，并最好赶在11月前轮流休息完毕。个别干部利用休假需要回家者，可按中央人民政府人事部《答复》办理。一般干部休假期间，为了防止因休假妨害工作和避免事务纠缠，必须指定适当人员代理工作，并尽可能做到休假人员不住办公房屋。

规定休假情形 省级厅长及其同级干部的休假规定，休假时间可在5—8月份4个月内实行。至于"谁先谁后"应根据工作情况先由自己提出具体时间，经省人民政府主席批准，但应在4月份一律提出，统一分配时间。休假办法主要有3点：（1）在自己的住房内休息。为避免事务纠缠，门上挂休假牌20天，日常工作由代理人主办。（2）旅行。在外省旅行者应经省人民政府主席和上级机关批准后方可动身。（3）在6、7两月休假者如愿去贺兰山、北大寺等地作短时间居住时，可由省人事厅负责办理生活招待等事宜。

开展休假测试 为了达到保持并增进身体健康、提高工作效率之目的，省人事厅抽调了10名一般干部进行休假测试。地址选择在干部招待所，时间10天，于6月底集中，7月10日结束。调身体很好的5名，身体很弱的5名，休假结束后均须过秤，以试效果。

制定注意事项 （1）所有休假人员在休假期间最好做到睡眠、活动、饮食得适当和正规，决不能利用休假整天睡觉或整天看书。一般是应当睡眠10小时，活动6小时，上、下午看书2小时。（2）夫妇均为干部者，尽可能凑在一起休假。（3）去招待所休假的10名干部的伙食除按大灶伙食标准交出，超过者由招待所酌情补助，被褥自带。（4）在干部休假期间，应商同省卫生厅抽派医生做重点体质检查一次。（5）关于休假人员的范围、休假日期的计算、休假期间的待遇及旅行时的车费和其他问题，均按中央人民政府人事部《答复》办理。

休假制度的调整

1953年，国内农村灾情相当严重，截至5月底，受灾面积已达1.1亿多亩，灾民有4000万余人。7月，毛泽东对国营企业的福利问题作出批示，中央决定在国营企业中，不进行全面调整工资，标准工资一般不动，并取消年终双薪（或年终奖金）制度和暂缓普遍实行年休假制度。

同年8月14日，中央人民政府政务院印发《关于各级人民政府工作人员休假制度暂行规定补充通知》，修正了各级人民政府工作人员休假制度。（1）缩小各级人民政府工作人员实行年休假的范围。原休假30天者，人数极少，仍可按规定休假。原规定休假20天及10天者，暂行有条件休假，即确属工作繁重、体质较弱、可以暂时离开而不影响工作，又经直属上级批准者，始得休假，以缩减实际休假人数。各级人民政府自接到本通知之日起，应按此精神严格掌握，并对工作人员进行适当说服教育。（2）工矿交通企业一般不实行年休假制度。厂、矿长及相当厂、矿长以上的行政、技术领导干部中，确属工作繁重、体质较弱、可以暂时离开而不影响工作，又经过直属上级批准者，亦可实行年休假，但不得因此影响一般职员及工人。（3）劳动模范和先进工作者的休养办法，仍按工会的旧有规定办理，暂不变更。

至此，随着中央对休假制度的修正，宁夏省各级人民政府工作人员休假制度的尝试也告一段落。

计划经济时期的宁夏布票

张 磊

我国计划经济时期,商品供应极为匮乏。国家为了保障供需平衡,对城乡居民的吃穿用等生活必需品实行计划供应,按人口定量发行了粮票、布票等专用购买凭证。对商品采取计划供应,保证人民生活的基本需求,是当时国家采取的最为有效的方法。

早期的购布证

布票最初称购布证。从1953年开始,中央拨给宁夏的基本建设投资逐年扩大,就业人口不断增加,出现了社会商品购买力的增长速度大大超过生产发展的速度。随着消费量的增加,城乡市场出现了重要工业品和副食品供应紧张,私营商业囤积粮食、棉布等日用生活必需品,哄抬物价。为了保障人民生活安定和经济建设顺利进行,1954年,宁夏省人民政府根据中央的统一部署,将棉布、絮棉、煤油3种商品纳入凭票凭证供应的范围,依据中央关于关系国计民生的重大商品实行统购统销和派购的命令,对棉布实行统购统销,对棉花实行统购。因为宁夏当时没有织布厂、印染厂,只对棉布及棉布制品实行定量凭证供应。列入统销范围的棉布及棉布制品,一律实行分区、分类、定量凭证供应办法,定出居民消费用布、临时调剂用布、工业生产用布3个类型,干部、职工、城市居民、农民、牧民5个类别,以中央分配宁夏棉布控制数量按每人平均9.16米发放。布证的种类有"民用棉布购买证""军用棉布购买证""工业生产用布购买证""临时用布购买证"4种。

1954年8月,宁夏省财委发出《宁夏省关于实行棉布计划供应的意见》,从9月15日起,全省除额济纳旗和阿拉善旗实行棉布足量供应,其余各市、县均实行计划供应。计划供应标准:全省平均每人每年27.5市尺,其中干部、职工每人每年48市尺,城市居民30市尺,郊区及农业区农民23.7市尺,山区农民20市尺;凡实行计划供应的地区,所有棉布不分花色、品种及棉布制品,均凭票供应;生产用布及公共用布,由各使用单位编报计划,经直属上级审批后,由国营公司供应。特殊用布,成年人死亡70市尺,婚嫁男女双方各50市尺,新生婴儿30市尺,由发票机关发给。棉布计划供应由花纱布公司统一掌握控制和调运,定量布票由花纱布公司统一印制,人民政府逐级下达。

1954年10月27日,成立银川专署棉布统购统销办公室,掌管银川及新城地区的棉布统购统销和棉花统购及供应。同年,银川市人民政府以贯彻国家对资本主义工商业利用、限制、改造政策及加强市场管理为中心,先后进行了行商摊贩登记换证、利税摸底、盈余分配、棉布计划供应、物资管理等工作。

布票和购货证供应

1959—1961年三年严重困难时期,棉花和纱、布产量下降,民用布定量减低,人民的购买力转向针织品。1960年8月,商业部对主要针棉织品实行计划供应作出规定:(1)卫生衫裤、棉毛衫裤、线衣、床褥单、线毯、毛巾被、绒毯、浴巾、毛巾布睡衣等9种,实行凭布票供应;(2)毛巾、袜子、汗衫背心、民用线、棉毯等5种实行凭购货证供应;(3)除以上两类之外的其他针棉织品仍然敞开供应。1961年3月,商业部对凭布票供应又增加了毛巾、袜子、汗衫、背心、枕巾、风雨衣、蚊帐布(包括窗纱布)、人造棉布、麻布等10种商品。随后,自治区商业厅也规定了主要针棉织品收票标准和凭证供应的数量。1961年3—8月,全国人均发放2市尺布票,宁夏发放了2.31市尺,棉布定量骤减。

供应期与定量标准

1954—1956年，棉布供应期是从当年9月起至次年8月止为一个年度，这是为了与棉花生产周期相一致，称生产年度。从1958年起，棉布供应期改为每年1月至12月，称为计划年度。从1961年起再次改为生产年度，供应期是当年的9月起至次年8月，基本定量的布票一次发放，分前后两期使用，后期布票不能提前使用。1967年花纱布生产好转后，又改为计划年度。1968年的布票，使用期限到该年度的12月底为止，不再分前后期，直至1983年底。

定量标准。根据中央的规定，标准分为人民定量用布、行业生产用布、机关团体及其他用布、临时调剂用布4个项目。1961年，人民定量用布指标内增加了职工补助、城乡鞋子补助、寒冷补助、收购农副产品奖售用布、换购自留棉用布、优待侨汇用布、救灾用布等项目。劳保用布从公共用布中单独列出，与工业生产用布、公共用布合称"三项用布"。1969年取消了人民定量用布中各补充项目，直到1983年布票发行的最后一年，棉布计划供应指标再无变动。

布票的发行和收缴

1960年下半年开始，宁夏市场上出现了排队争购商品的现象，争购最普遍的是针织品。为了避免和减少排队现象，不少市、县采取不定时、不定点出售商品。这样的做法，让有时间排队的人可以买到，没有时间排队的人买不到商品，而且市场上出现了投机商贩趁机倒卖，"买商品走后门"的问题也不断发生。为解决这一问题，有些市、县发放了单项商品购买票，通过机关、企业、学校和街道居民委员会进行内部分配，有些单位还采取了评议或"抓阄"的办法，这导致全区增加了很多的票证，而且分配亦不合理。

布票的发行制度，一般是凭正式户口，经过核对人口、登记、签字盖章、复查、上报审批等手续，并组织群众监督发票，不重、不漏，严防虚报冒领。1960年，自治区商业厅根据商业部《布票印发收缴管理制度》，结合全区实际情况增加以下内容：（1）零售单位售货时，须按规定凭票供应，对收回的布票除保留部分找零用外，其余剪角或盖章作废，营业结束按照销布数量，分类整理，送交布票管理人员建立账本，以备查考。（2）批发单位对零售单位实行缴票进货。（3）服装经营、批发单位按实际用布量向零售单位收取布票，从外地调入或采购的服装，按照服装采购证明的用布数量，定期将布票送本地票主管单位。（4）县、市级棉布批发单位收回的布票年底报请县、市人委派人现场检验销毁。（5）各县、市调换回的区定量布票，按不同票面整理捆扎，注明数量，加盖经手人印章，交商业局保管，于下月5日前上交区商业厅，调换宁夏定量布票。

1961年，自治区商业厅下发了关于调换回的外省、自治区、市定量布票应定期与本区的布票在当地销毁的规定，外省、自治区、市的布票，除定量布票按照规定允许调换，其他所有布票、购布凭证在宁夏一律不能使用和调换。1983年3月，为了扩大宁夏针织品市场销售，决定全国各省、自治区、市布票均可在宁夏市场流通使用，免除兑换布票手续。

布票在当时的历史条件下，对合理分配商品、保障人民的基本生活需要，曾起到一定的积极作用，但这不是好的供应办法，给消费者带来许多不便，也给商业职工增加了许多的工作量，对改善经营管理也不利。党的十一届三中全会以后，在改革开放方针的指引下，流通领域实行了多种经济形式、多种经营方式、多条流通渠道，少环节、开放式流通体制的改革。随着棉花产量的大幅度增加，化学纤维工业的发展，针（纺）织品货源日益充足，生产力大幅提高，我国的经济状况逐渐好转，人们的生活水平不断提高，从1980年12月起，宁夏逐步减免布票的种类。

1983年12月1日，自治区人民政府决定临时取消布票和棉花票，敞开供应。1984年布票、棉花票停止发放，凭票供应的历史结束，伴随了人们30年的布票，终于退出了历史舞台。

宁夏回族自治区的成立

孙建军

新中国成立后，我国先后在甘肃、宁夏和其他省的回族聚居区建立了临夏、吴忠、固原、昌吉4个回族自治州和10个回族自治县，为民族区域自治积累了宝贵经验，为成立宁夏回族自治区创造了条件。

酝酿成立宁夏回族自治区

1954年10月，国家民委党组向中央提交了《关于拟在西北回族聚居区建立回族自治区的请示报告》，建议合并甘肃省的河东回族自治地方[①]、西海固回族自治地方[②]并划入原宁夏省的汉族地区，建立一个相当于省级行政区域的回族自治地方。中央原则上同意了这一报告。1956年2月，陈毅约李维汉、习仲勋、马明方、汪锋等商谈成立回族自治区的问题。大家一致认为，建立回族自治区是回族干部和回族人民的迫切要求，对加强民族团结和发挥回族人民建设社会主义积极性都有重大意义。会后，陈毅在写给中央的报告中指出："成立自治区的各种条件大体上已经具备；把自治区建立起来，对更进一步开展工作也较有利。"

1956年2月底，中央郑重倡议在甘肃省东北部回族人口较为集中，

---

① 今吴忠。
② 今固原。

且又有固原和吴忠两个连接的回族自治州的地区建立省级回族自治区。从1956年5月开始，全国政协常委会、甘肃省邀请各族各界人士举行多次座谈会进行协商讨论，绝大多数与会者拥护中央的倡议。

1957年5月2—3日，甘肃省人民委员会与省政协召开联席会议，会议拥护中央关于设立省级回族自治区的倡议。在自治区区划方案上，提出了两个方案。第一个方案是以甘肃省所属原宁夏省地域（蒙古族地区除外）为基础，再划入邻近的地区，即包括银川专区九市县、吴忠回族自治州五市县、固原回族自治州3个县和平凉专区的泾源回族自治县、隆德县共十九市县。第二个方案是在第一个方案的基础上，把平凉专区各市县和天水专区的张家川回族自治县都划入。经反复协商讨论，一致认为第一个方案是易行的。第一个方案作为甘肃省委的建议，在联席会议上讨论通过，并将这个方案上报国务院和全国政协审议。

1957年5月27—31日，全国政协常委会就建立回族自治区的问题连续召开了3次扩大会议，周恩来总理参加了5月27日的第一次讨论并讲了话，会议对在甘肃省东北部建立回族自治区及其区划方案表示赞同。6月7日，在国务院全体会议第五十一次会议上，国家民委副主任汪锋作了《关于建立回族自治区的报告》，对自治区区划方案及甘肃省讨论协商的情况做了详细说明，并将回族自治区的名称问题提交国务院全体会议讨论决定。

7月4日，国务院总理周恩来向第一届全国人民代表大会第四次会议提交《关于成立宁夏回族自治区的议案》。7月5日，国务院副总理兼国家民委主任乌兰夫在第一届全国人民代表大会第四次会议上作了《关于建立广西壮族自治区和宁夏回族自治区的报告》，对回族自治区区划方案再次做了说明。7月6日，第一届全国人民代表大会民族委员会召开扩大会议，通过了《关于成立广西壮族自治区和成立宁夏回族自治区的议案的审查报告》，对成立广西壮族自治区和成立宁夏回族自治区的两个议案进行了审查，建议第一届全国人民代表大会第四次会议批准国务院提出的成立广西壮族自治区和宁夏回族自治区的两个议案。

7月15日，第一届全国人民代表大会第四次会议通过《关于成立宁夏回族自治区的决议》，批准国务院总理周恩来提出的议案，成立宁夏回族自治区。宁夏回族自治区的行政区域，包括银川专区、吴忠回族自治州、固原回族自治州和平凉专区的隆德县、泾源回族自治县，共辖17个县和两个市。面积6.64万平方公里，人口197万，其中回族人口为63万，占总人口的32.15%。

筹备成立宁夏回族自治区

1957年11月初，中共中央决定成立中共宁夏回族自治区工作委员会（以下简称中共宁夏工委），任命刘格平、甘春雷等11人为工委委员。中共宁夏工委成立后，立即同甘肃省委研究了宁夏的情况，交接了工作。1958年3月，中共宁夏工委将办公地点由北京迁到银川市；4月，中央任命汪锋为中共宁夏工委第一书记，李景林、刘格平、甘春雷、马玉槐为书记处书记。中共宁夏工委的成立，为自治区的筹备工作奠定了组织基础，起到了领导核心的作用。

1958年6月3日，中共中央批准成立宁夏回族自治区筹备委员会（以下简称筹备委员会），任命刘格平为筹备委员会主任，马玉槐、吴生秀为副主任。6月16—19日，筹备委员会召开成立大会，刘格平致开幕词，指出："筹委会的工作重点，除了要积极进行自治区正式成立的准备工作外，应该集中全力搞好以工农业生产为中心的各项建设事业。"会议决定筹备委员会下设办公厅、民政处、公安处、监察处、经济计划委员会、财政处、粮食处、商业处、工业交通处、邮电管理局、农业处、文教处、卫生处、人事处、宗教事务处、参事室等工作机构。筹备委员会成立后，随即担负起自治区的行政领导责任，全力进行筹建工作。

正式成立宁夏回族自治区

1958年10月12—13日，政协宁夏回族自治区委员会一届一次会议召开，出席会议的110名委员代表着中国共产党、各民主党派、人民团体、社会人士、起义人士、工人、农民、工商业、文艺、科技、教育、医药卫生、宗教和各少数民族等各族各界。会议选举李景林为自治区政协主席，马思义、袁金璋、李冲和、何义江、洪清国为政协副主席。这次会议的召开，宣告政协宁夏回族自治区委员会正式成立，标志着以中国共产党为领导的人民民主统一战线在宁夏的巩固和发展。

10月16—21日，宁夏回族自治区第一届人民代表大会第一次会议预备会议召开。出席预备会议的正式代表158人。会议期间，代表们认真地阅读和讨论了筹备委员会工作报告（草案）、自治区1958年财政预算执行情况和1959年财政预算草案的报告、自治区1958年国民经济计划预计完成情况和1959年计划初步安排意见的报告（草案）及自治区人民代表大会和人民委员会组织条例（草案）。并初步酝酿了自治区人民委员会主席、副主席、委员候选人，自治区高级人民法院院长候选人和自治区出席第二届全国人民代表大会候选人。

10月24日，宁夏回族自治区第一届人民代表大会第一次会议在银川市隆重开幕。应出席会议的代表共208人。这次会议的任务是：选举宁夏回族自治区人民委员会组成人员，正式成立宁夏回族自治区；通过有关工作报告；制定自治区人民代表大会和人民委员会组织条例。中共中央、全国人大常委会和国务院派出以中共中央政治局委员、全国人大常委会副委员长林伯渠为团长，全国人大民族委员会副主任委员谢扶民、国家民族事务委员会副主任杨静仁等为团员的代表团专程前来祝贺。内蒙古自治区、新疆维吾尔自治区、广西壮族自治区、西藏自治区筹备委员会和甘肃等19个省、自治区、直辖市的代表也参加了会议。

10月25日，大会以无记名投票方式选举产生了由35名委员组成的宁夏回族自治区人民委员会，刘格平（回族）当选为自治区人民委员会主席，马玉槐（回族）、吴生秀、袁金璋、王志强（回族）、马腾霭（回族）、郝玉山、黄执中当选为自治区人民委员会副主席；韩幽桐（女，回族）当选为自治区高级人民法院院长；选出刘格平、李景林、马玉槐、马腾霭、雷启霖等5人为出席第二届全国人民代表大会代表。大会宣告宁夏回族自治区正式成立。

10月26日，《人民日报》和《宁夏日报》分别发表了题为《祝宁夏回族自治区成立》和《欢呼宁夏回族自治区成立》的社论，热烈庆祝宁夏的历史翻开了新的一页。

10月27日，中共宁夏工委第一书记汪锋向大会作了题为《团结在党中央和毛主席的旗帜下，乘风破浪，奋勇前进》的报告。

10月30日，大会通过了向中共中央、毛泽东、刘少奇、周恩来的致敬电和致福建前线将士慰问电。

林伯渠在宁夏逗留期间，写下了《庆祝宁夏回族自治区成立》的诗篇，诗曰："中华遍布各民族，于今团结史无先。划区自治兴宁夏，开府建基始银川。"

《档案博览》2018年第1期

在宁夏工委驻北京办事处工作的日子

张 振

1958年春天，25岁的我从部队转业，被组织分配到即将成立的宁夏回族自治区工作。在我即将赴宁之时，又接到通知，安排我先到宁夏工委驻北京办事处工作。从1958年到2018年，我已在第二故乡宁夏回族自治区生活工作了60年。如今，早已退休的我，在幸福地安享晚年的同时，时常会想起在宁夏工委驻北京办事处工作的日子。

当时中共宁夏工委驻京办事处的办公地点在北京西城区的百万庄，办事处工作人员只有10来个人，借用新疆维吾尔自治区驻京办事处一楼的3间办公室开展工作。此外，办事处还有几个同志在全国各省驻京办事处联合办公处[1]办公，主要办理工业计划方面工作。驻京办事处的工作人员主要由国家民委及民族出版社、地质部等抽调的人员组成，曾任北京机床厂领导的李春和同志为办事处主要负责人。

宁夏工委驻京办事处的主要任务是：负责办理自治区成立前宁夏各部门、各地区与北京有关事项的联系；负责支宁人员的学习、工作关系介绍及赴宁行程安排；安排各类物资运送；安排来往于北京工作人员的食宿及思想引导工作；代理有关单位采购物资；等等。宁夏工委驻京办事处当时的工作人员不多，和我有工作联系的主要包括李春和处长（1958年底与夫人夏似萍一同来宁，任自治区机械局局长）、高尤波同志（来宁后任银

---

[1] 地址是张自忠路四号。

川市幼儿园园长)、白以坦同志(来宁后在宁夏日报工作)和接收转宁干部档案的李宝珍同志(后来在自治区地质局工作),还有内勤负责转换来宁人员组织关系和收发的小王(来宁后在自治区建工局工作),以及管理行政的老韩同志、何司机、景天顺师傅。

负责为赴宁各类人员联系相关事务,提供帮助和便利,是办事处的一项主要工作。白以坦同志主要负责调入自治区文艺团体的协调和办理有关事项的工作。影响比较大的就是中国京剧院四团全团调入宁夏,与部队、全总文艺单位及杂技团组建宁夏歌舞团(文工团),安排这些文艺团体的来宁路途接待事务。1958年10月,甘春雷①夫人刘静同志到宁夏办事处工作,主管来宁干部的调入,主要负责与中组部协调高级干部的调入、到国家民委协调少数民族干部调入、到文化部协调文艺骨干的调入。中国革命先驱马骏烈士的夫人马老太太一家从黑龙江来京转宁的接待就是由办事处负责安排的。

驻京办事处组织安排赴宁人员最多的一次,是办理北京回民学院20名老教师和100多名毕业生来宁工作。当时办事处雇了两辆大轿车,将学生从学院接到火车站,我到车站把同学们送上开往宁夏的火车。这些同志到宁夏后,为宁夏的教育事业和民族工作作出了重要的贡献。

记忆最深的一次是安排我帮助招收100多名北京社会青年。这批青年先是集中住在牛街北京伊斯兰经学院内,组织开展了十几天的思想教育工作。第一批以30多名男同志为主,分配到广安门外的北京特殊钢厂做学徒。根据他们的文化和身体条件,安排了4位学习化验,后到宁夏被分配到自治区冶金局工作,身体强壮的学习炼钢,身体一般的学习浇筑,还有的学习制模,住在广安门外的农民招待所,吃饭在钢厂,休班在招待所就餐。1958年11月,自治区冶金局将这批经过半年学习培训的30多人分配到石嘴山钢厂工作。第二批以30多名女同志为主,由李老师负责安排到北京清河毛纺厂学习,后来全部被分配到银川毛纺厂工作。第三批是将30多名女同志安排到北京针织厂学习。当时宁夏还没有针织厂,学习半

---

①曾任国家民委副主任、宁夏回族自治区党委书记处书记。

年后又将她们分到甘肃兰化培训，后来自治区工业布局调整，直到1961年，这30名学徒工有的被分配到石嘴山氧气厂工作，有的又被送到南京化肥厂学习培训，由于自治区化肥厂不能上马，这部分人又被分配到刚刚上马的上海吴泾化工工作。这100多名北京社会青年可以说是自治区成立后第一代有文化、有技术的青年工人，为自治区的工业建设作出了应有贡献。

宁夏工委驻京办事处的工作可谓是内容繁杂、任务繁重。有两台汽车，由高尤波同志负责，每天分别去国务院机关事务管理局及中央各部委协助有关人员的调入和寻求物资的支援，主要是各类办公物品。这些物品大到有汽车、摩托车、文件柜、书柜，小到有自行车（蓝翎、三枪、菲利普等）、打字机、油印机、电话机等，甚至连桌椅板凳、脸盆架等不分好坏、多少都要。除了去各部委，每隔几天还要去西直门火车站要车皮，当时车皮十分紧张，要去许多次才有结果。每次要到车皮后，办事处工作人员几乎全体出动，把从各部委要来的物资送到车站，分类装车发往银川[①]。

现在汽车已经进入普通人家了，但在1958年自治区成立时，小轿车、吉普车还是十分稀缺。在自治区成立时，经过自治区领导的争取和驻京办事处的努力，自治区各厅局每个单位好坏都有了一辆汽车，而汽车的牌子就比较杂了，如福特、别克、顺风、司坦坦、吉姆等牌子，各国汽车可以说应有尽有。最好、最大的一批汽车，是由国务院从首都汽车公司调拨给宁夏的10部"华沙20"轿车，它们主要分配在宁夏工委和自治区人委，作为主要领导的专车和接待用车。

1958年12月初，宁夏工委驻北京办事处完成了历史使命。工作人员先后离京赴宁，我与刘静同志带着办事处部分档案与文件，由北京坐火车来到银川，老韩、景天顺、老冯师傅留守，办事处办公地点也搬到安定门的分司厅七号原中国回协内。后来，正式成立了宁夏回族自治区驻北京办事处，办公地点设在张自忠路四号，处长为韩志鸿。

《档案博览》2019年第3期

[①] 1958年8月1日包兰铁路通车后。

宁夏回族自治区成立周年庆祝活动的瞬间

张 磊 李 翔

1958年10月25日，宁夏回族自治区正式成立。在党中央的亲切关怀下，自治区党委和政府团结带领全区各族人民，同舟共济、艰苦创业，谱写了民族地区团结进步、繁荣发展的亮丽篇章。党中央、国务院一直高度关注宁夏的建设和发展，并对宁夏取得的辉煌成就给予高度评价，称宁夏"是我国各族人民大团结的典型缩影，是中华民族强大凝聚力的重要体现"。

自治区成立庆祝活动

1958年10月25日，宁夏回族自治区第一届人民代表大会第一次会议选举产生了宁夏回族自治区人民委员会，宣告宁夏回族自治区正式成立。中共中央政治局委员、全国人大常委会副委员长林伯渠等中央领导同志和19个省、自治区、直辖市的代表参加会议。林伯渠在讲话中说："宁夏回族自治区经过将近两年的酝酿、协商和筹备，今天正式宣告成立了。这是回族人民和自治区内各民族人民的一件大喜事，也是全国各民族人民的一件大喜事……这是我们党的民族政策的又一个重大胜利，是值得我们大家欢欣鼓舞的。"大会还宣读了全国人民代表大会常务委员会和中华人民共和国国务院的贺电。谢扶民代表全国人民代表大会民族委员会、杨静仁代表中华人民共和国国家民族事务委员会，向大会赠送了贺幛。

一周年庆祝活动

1959年10月25日，银川市各族各界1万多人在中山公园隆重举行了庆祝大会，纪念自治区成立一周年。宁夏党委书记处书记、自治区人委主席刘格平同志在大会上讲话时表示："经过一年的努力，宁夏地区在经济、文化上的落后面貌开始有了改变，各项生产建设事业蓬蓬勃勃地发展起来。"同日，固原和石嘴山也分别举行了各族各界人民庆祝自治区成立一周年大会。

五周年庆祝活动

1963年10月25日，自治区各族各界1000余人，热烈庆祝自治区成立五周年。全国人大常委会副秘书长、国家民委副主任余心清等领导同志和专程前来参加庆贺演出的文化部和民委杂技艺术团、总政文工团话剧团、兰州军区战斗文工团的全体同志参加了庆祝大会。在宁期间，余心清等领导参观了宁夏水利工程，走访了银川市红花公社北塔大队，并到石嘴山矿区参观。

二十周年庆祝活动

1978年10月25日，银川各族各界十万人举行盛大集会和游行，热烈庆祝自治区成立二十周年。中共中央政治局委员、全国人大常委会副委员长、中央代表团团长乌兰夫，副团长谷牧、张冲、郭洪涛、刘景范、刘静海、云世英等同志，以及应邀前来的内蒙古、陕西、甘肃、青海等省、自治区的代表团和其他省、自治区、直辖市及回族自治州、自治县（区）的代表参加庆祝大会。乌兰夫在讲话中称赞："二十年来，宁夏社会主义革命和社会主义建设取得了很大胜利，民族团结不断巩固和加强。"在宁期间，中央代表团分5个分团，赴银川市、固原地区、银南地区、银北地区、阿拉善左旗，看望各族干部和群众，转达党中央对宁夏各族人民的亲切关怀和慰问。

二十五周年庆祝活动

1983年10月23日，庆祝自治区成立二十五周年和自治区民族团结表彰大会在银川隆重举行。来自全区各地的1000多名代表以及自治区党政军领导同志，同前来参加庆祝活动的中央代表团和青海、新疆、内蒙古、广西等省、自治区的代表欢聚一堂，共庆节日。中共中央书记处候补书记乔石等一行前来祝贺，并参加庆祝大会和植树劳动、盛大游园活动。

三十周年庆祝活动

1988年9月21日，国家副主席、中央代表团团长王震，全国人大常委会副委员长、副团长雷洁琼，成员杨静仁、司马义·艾买提、洪学智、李学智、武连元、赵延年等抵达银川。

9月23日，庆祝宁夏回族自治区成立三十周年大会在银川隆重举行。王震在庆祝大会讲话时表示："宁夏回族自治区成立的30年，是各族人民在自治区党委和人民政府领导下，认真执行党的路线、方针和政策，团结奋斗、克服困难、胜利前进的30年。宁夏这片土地焕发了勃勃生机，整个面貌发生了深刻的变化。"中央代表团向自治区赠送教育基金200万元，并赠送了贺幛。

9月24日，王震、雷洁琼及中央代表团成员来到中山公园，与银川各族干部群众一起游园联欢。9月25—26日，中央代表团分5个分团，深入银川、石嘴山、吴忠、固原等地开展慰问活动。

四十周年庆祝活动

1998年10月25日，宁夏各族各界5000人在宁夏体育馆隆重集会，热烈庆祝宁夏回族自治区成立四十周年。中共中央政治局委员、书记处书记、国务院副总理、中央代表团团长温家宝，中央代表团副团长何鲁丽、王忠禹、白立忱、于永波和代表团全体成员出席庆祝大会。

中央代表团向自治区赠送了"庆贺宁夏回族自治区成立四十周年"铜

匾、挂毯和科技奖励基金。温家宝在讲话中表示，"今日的宁夏，经济发展，政治稳定，民族团结，社会进步，到处呈现出欣欣向荣的景象。在这里，我代表党中央、国务院重申：今后，中央支持宁夏建设和发展的基本方针不变，而且随着中央财政收入的增加和综合国力的增强，将会对宁夏的发展给予更大的支持"。随后，王忠禹宣读了中共中央、全国人大常委会、国务院、全国政协、中央军委的贺电。

26日上午，中央代表团全体成员出席了自治区成立四十周年建设成就展开幕式并参观了展览。下午，中央代表团分4路慰问了宁夏基层群众，把党中央的关怀带到各族各界，把全国人民的祝福送进千家万户。

五十周年庆祝活动

2008年9月22日下午，为庆祝宁夏回族自治区成立五十周年，中央人民政府将一尊由胡锦涛总书记亲笔题写鼎名的"民族团结宝鼎"赠予宁夏，寓意宁夏回族自治区承中央惠政之运，经济繁荣、民族团结、人民安康。

9月23日，宁夏3万群众欢聚银川市览山景观剧场，热烈庆祝宁夏回族自治区成立五十周年。中共中央政治局常委、中央纪委书记、中央代表团团长贺国强，中央代表团副团长回良玉、韩启德、杜青林、白立忱、陈炳德和代表团全体成员出席了庆祝大会。贺国强在讲话中称赞：实践充分表明，宁夏各民族大团结，是我国各族人民大团结的典型缩影，是中华民族强大凝聚力的重要体现。

9月24—25日，中央代表团分成3路，深入宁夏各地，亲切慰问各族各界各条战线的干部群众，共同庆祝这一盛大的节日。

六十周年庆祝活动

2018年9月19日，中共中央政治局常委、全国政协主席、中央代表团团长汪洋率中央代表团向宁夏回族自治区赠送纪念品，中央代表团向宁夏赠送了习近平总书记题词贺匾。习近平总书记"建设美丽新宁夏　共圆伟大中国梦"的题词位于正中，中央部分以中国红为底色，衬托山水暗纹，体现天蓝、地绿、水美的美丽宁夏，边框由60朵高浮雕马兰花纹组成，象征宁夏回族自治区成立六十周年的光辉历程，两个如意匾托表达了对宁夏人民万事顺意、吉祥美好的深切祝愿。

中央代表团赠送的纪念品共计12项，包括习近平总书记题词贺匾、"美丽宁夏"珐琅器、"民族团结"瓷瓶、"劳动托起中国梦"纪念章、暖心杯、"携手奔小康"茶具、多媒体教学一体机、LED显示屏、玩教具、健康体检一体机、心电监护仪和全科诊断仪。纪念品既体现了中央对宁夏的亲切关怀、全国各族人民对宁夏的深情厚谊，又彰显了宁夏的民俗文化、地方特色。

9月20日下午，自治区成立六十周年庆祝大会在贺兰山体育场隆重举行。中共中央、全国人大常委会、国务院、全国政协、中央军委发来贺电。中共中央政治局常委、全国政协主席、中央代表团团长汪洋出席庆祝大会并讲话。中共中央政治局委员、国务院副总理、中央代表团副团长孙春兰宣读中共中央、全国人大常委会、国务院、全国政协、中央军委庆祝宁夏回族自治区成立六十周年的贺电。

21日，中央代表团分成5个分团，深入银川、固原、吴忠、银川、中卫等地，亲切慰问各族各界各条战线的干部群众，共同庆祝这一盛大的节日。

忆往昔，60年来宁夏回族自治区各族人民携手奋进、砥砺前行，用智慧和汗水，铸就了今天的辉煌业绩。展望未来，全区人民将站在新的历史起点上，以习近平新时代中国特色社会主义思想为指导，认真贯彻落实党的十九大精神，加快实施"创新驱动、脱贫富民、生态立区"三大战略，振奋精神、实干兴宁，为实现"经济繁荣、民族团结、环境优美、人民富裕，确保与全国同步全面建成小康社会"的目标而努力奋斗。

《档案博览》2018年第5期

银新铁路的"前身"

张国栋

地铁、轻轨以干净、便捷常给人留下深刻印象,很多酒店、公司等也会因靠近地铁、轻轨站而引以为豪,将其作为自己附加值的一部分,可见方便的公共交通对人的吸引之大。银川人在外乘坐过地铁、轻轨这样方便的公共交通之后,心里不免会希望银川有一天也会有这样的交通设施。每当社会上传有这样的消息,立刻就会引起银川乃至宁夏人民群众的热议。2011年前后,关于银新铁路的存废有过一阵讨论,此后鲜有消息,归于沉寂。好似是"你从哪里来,我的朋友,你好像一只蝴蝶飞进我的窗口,为何你一去别无消息?"

银新铁路的"未来"

2016年,这只"蝴蝶"又飞回来了,有关银川市建设城市轻轨的消息又在网络上大量传播。这是真的吗?笔者登录银川市政府门户网站看到,截至2016年12月21日,银川市政府门户网站上可以检索到57条关于银川市规划建设城市轻轨的信息。其中,银新铁路再次成为大家议论的话题。银川市政府网站关于《银川或建有轨电车架起城南公共走廊》一文讲道:"2012年5月市规划管理局组织编制了《银川市历史建筑保护与利用规划》,借鉴国外废弃铁路建设的经验,银川将银新铁路列入历史建筑保护名录。《银川市城市总体规划(2011—2020)》也建议将银新铁路作为城市历史遗留建设工程予以保护。相关部门对银新铁路提出了改造利用的意见，建议银新铁路改造利用，既兼顾城市景观，又具有一定交通组织功能，将城市主要旅游景点进行衔接"。"银川市规划管理局于2015年12月组织研究了《银川市银新铁路走廊改造再利用方案》，并多次邀请知名专家及相关部门进行了研究论证。银新铁路改造利用具体方案还需进一步深化研究，未来将在这一研究基础上，编制铁路沿线城市设计和详细规划，谋划打造城市南部线性铁路公园，构筑城市公共活力走廊"。"目前，《银川市银新铁路走廊改造再利用方案》已经市政府专题会研究原则性通过"。根据此信息描述，银新铁路的"新生"看来是"光明灿烂而令人期待的"。

银新铁路的"当下"

银新铁路段与银川城市道路交叉口共14处，其中主要道路交叉口10处，次要道路交叉口4处。东到兰铁物流货场，向西直穿永安巷，线路总长10.8公里。银新铁路沿线两侧居民小区遍布，轨道沿线几乎都为裸露的荒地，杂草丛生、垃圾遍地。与各个城市道路交叉处极不平整，行车经过民族南街、利民南街、凤凰南街、正源南街、宁安大街、亲水街、满城街、通达街等交叉口时只得减速通过，剧烈的颠簸仿佛在一方面刷着存在感，一方面告诉人们它曾经的辉煌。"当下"的银新铁路，借用《三国演义》里杨修的话来形容，可谓"鸡肋"——弃之可惜，食之无味。

银新铁路的"前身"

银新铁路对于老银川人相对还是比较熟悉的，但对大量的新银川人来说，除了脏乱、碍事的印象，还有就是对它的好奇。社会上关于银新铁路的"前身"有不同说法，一说是归自治区所有，二说归兰州铁路局所有，三说此段铁路产权不清，四说此条铁路不知建于何年等。产权究竟如何？究竟建于何年？在自治区档案馆馆藏档案里，我们仅以"银新铁路"为档案文件题名（非全文检索）检索条件进行检索，就检索到了56件档案。

现将有关档案里的信息整理如下，看看能不能满足你对银新铁路"前身"的好奇。

（一）银新铁路建设目的、起点与终点及始建时间

1961年10月18日，《宁夏回族自治区银川市人民委员会关于报送银新铁路支线设计任务书的报告》和《补充报告》表明了银新铁路的建设目的。报告说，银川为宁夏物资集散要地，据不完全统计，银川新、旧城之间的货物年运量为150万吨，银川市现有运力不能满足，为此经自治区党委扩大会议研究决定修建银川老城与新城之间的铁路，以解决运量与运力之间的矛盾，彻底改变银川市运输面貌。1961年11月10日，《自治区计委（现自治区发改委，下同）关于银新铁路支线设计任务书的批复》同意了银新铁路西与银川糖厂专用线终点接轨，东至银川南门，利用1960年修建的窄轨路基加宽改造，全部加宽2.0公尺。全线共设站3处（新城站三股道、兰沸寺[①]车站二股道、保伏桥临时站四股道）。银新铁路修建委员会负责全线施工事宜，勘测设计任务委托兰州铁路管理局承担。1961年度暂先行修建银川糖厂专用线至小南门唐徕渠西一段，并要求在年内建成通车。

（二）修建中的反复

1962年，银新铁路修建中止。为何中止？1962年9月16日，《自治区计委关于银新铁路修建问题的报告》中说明了原因："关于修建银新铁路问题，区党委曾于1961年9月决定，用自筹资金安排修建，于10月开始动工，至1961年底已铺轨至唐徕渠西岸，正线长8.6公里……当年完成投资133万元。1962年初曾用我区财政结余作了安排并上报西北局计委和国家计委，未得到正式批准……确定停建"。1963年5月又复工建设。《宁夏回族自治区交通局地方铁路处关于银新铁路今年维护工程的进展和简易通车比较报告》称："四月下旬下达任务，五月初正式开（复）工"。

[①]又名来佛寺，在今银川市长城路与湖畔嘉园小区东边灵芝巷附近。

(三) 银新铁路运营管理的三次变化

第一次。1962年，银新铁路经办单位发生变化。1962年3月20日，《自治区人委关于由自治区地方铁路管理处接收银川市铁路管理所的批复》明确，将银川市地方铁路管理所全部移交给自治区交通局地方铁路管理处，原银川市地方铁路管理所的专职人员（兼职干部不交）、资产、债权、债务等全部由自治区交通局地方铁路管理处接收。

第二次。1964年，银新铁路运管单位发生变化。1962年9月22日，《宁夏交通局关于银新铁路维修养护问题的报告》中向自治区计委报告：根据国家计委及铁道部通知的精神，如银新铁路继续修建，必须委托铁路局代为维修养护，须在年底前三季度通知有关铁路局，签订协议。其间，宁夏交通局与兰州铁路局开始协商银新铁路维修养护及运营问题。1964年9月28日，《宁夏交通局关于请批示银新铁路专用线运输营业开办费用报告》表明："银新铁路专用线自1964年10月1日起正式办理货运营业（仅办理30吨位整车货物发到作业。）""运输营业按企业开支单独计算盈亏。""预计每年计划亏损88182元。"

1964年10月19日，《宁夏交通局 兰州铁路局银川铁路分局关于请审批银新铁路（专用）线运输管理试行办法（草案）的报告》中反映出了通车时间、专用线作用以及运管关系，一是反映出"银新铁路已于1964年10月1日正式通车"。二是明确了"银新铁路（专用）线系连接包兰线银川站的一条专用线，在自治区交通局的领导下，成立银新线运输管理段，负责管理银新线的线路使用、养护维修、人员管理，以及办理装卸、核收专用线使用管理费用等工作，为经济独立核算单位，自负盈亏。在行车指挥上由银川铁路分局负责"。1964年10月24日，兰州铁路局与银新铁路运输管理段签订了《银新铁路专用线运输合同》，合同有效期自1964年10月25日起至1964年12月31日止。本合同有效期满，如新合同未签订或因修订部分条款而未达成协议前，则本合同继续有效。

第三次。1973年，银新铁路运管关系再一次确定，同时也明确了线路总长及固定资金总额。1964年以后，自治区档案馆馆藏档案中再没有发现银新铁路运营管理及维修养护的内容。据了解，1964年银新铁路运输管理段在随后的产权运输管理变化后,档案也同时移交给了兰州铁路局银川分局。在1991年《自治区物价局关于银新铁路收取运输服务费的批复》和《兰州铁路局银川铁路分局关于银新铁路收取运输服务费的报告》2件档案中,关于银新铁路的产权关系均有描述,无须再查找其他档案加以印证了。2件档案表明,银川市南门至银川火车站的10.8公里铁路线,总固定资产303.35万元,原是宁夏地方铁路处管理的地方铁路,由于收不抵支等多种原因,1973年,连同全部设备(包括1961年购置的内燃机车4台、客车皮20辆),交由兰州铁路局银川铁路分局管理。

《档案博览》2017年第1期

宁夏防疫队赴唐山抗震救灾纪实

张久卿

1976年7月28日3时42分，河北唐山丰南一带发生里氏7.8级地震。这次地震的影响区域极大，强震波及我国东部的大部分地区，北起内蒙古的满洲里，南至河南的漯河，东临渤海湾，西抵宁夏的石嘴山，14个省、自治区、直辖市的数亿人都感受到震动。遭受地震破坏的区域21万多平方公里。据京津唐地区统计，地震中死亡24.2万余人，重伤16.4万余人，轻伤者不计其数。

一方有难，八方支援。地震发生后，由自治区卫生局局长陈静波担任大队长，宁夏各医疗单位的77人组成宁夏防疫大队奔赴唐山，与人民解放军和各省、自治区、直辖市卫生医疗队、防疫队共同战斗，守望相助。

紧急动员

唐山大地震发生后，国务院紧急电报通知，要求各省、自治区、直辖市派医疗队到唐山抗震救灾。得知唐山灾情严重，按照自治区党委和革委会指示，自治区卫生局召开了有关医疗单位负责人会议，号召医务人员踊跃报名，参加唐山抗震救灾工作。

8月3日下午，中央抗震救灾指挥部电告宁夏：准备救灾物资；由卫生部告宁夏，派60人的防疫队，立即组织，待命出发。下午6时，自治区卫生局召开紧急会议，决定：要以"一不怕苦，二不怕死"的精神支援灾区人民；10—15人为一小分队，人员要思想好、工作好、身体好、能吃苦；做好物资准备：半个月的用药、消毒药品、杀虫药品，并带上口罩、干粮、面包、帐篷、蚊帐；明早告卫生部准备情况，交涉专机，直飞唐山。会后，自治区和银川市有关单位紧急动员，自治区卫生局，银川市卫生局，自治区人民医院，宁夏医学院附属医院，自治区卫生防疫站，自治区地方病防治所，自治区工业卫生所，银川市人民医院、中医院、工人医院、卫生防疫站、保健所、城区医院、郊区医院等卫生医疗单位，在自愿报名的基础上，挑选出身体好、技术好、热心服务的医疗、防疫、护理、消毒杀虫等专业技术人员和行政管理人员共65人（后因救灾需要，又有12名同志先后赶赴唐山，总计77人），由自治区卫生局革命领导小组组长陈静波担任大队长，组成"宁夏防疫大队"。药品、百货、食品、供销等公司连夜准备了抗震救灾的药物和后勤装备及炒面、面包、压缩饼干、榨菜、大蒜等食品。8月4日下午4时，接送宁夏防疫大队的专机从贺兰山军用机场起飞，65名队员中，许多人直接从医院出来连家也没回就赶到机场，他们个个像慷慨赴沙场的战士，肩负着宁夏各族人民的重托启程。

到达唐山

经过两个半小时的飞行，飞机在北京落地。由于唐山机场受损严重，影响飞机起降，专机只得在北京等候命令。宁夏防疫大队的队员显得非常着急，都希望能够尽快投入到唐山的救灾中。晚上9时30分，飞机再次起飞，当飞机飞到唐山上空，队员们隐约看到市中心只有两三个亮点，飞机上的一名服务人员是唐山人，她指着那几个亮点哭着说，那可能是唐山市最繁华的一条街新华路的街灯吧。随后，全机人员一片沉默，城市此时几乎一片黑暗，心里的震撼无法形容。

当晚10时许，飞机安全降落在唐山机场。半小时后，人民解放军40军116师后勤部葛部长，带着两辆大卡车，接上宁夏医护人员前往宿营地。大震后的唐山，条件极其艰苦，部队把宁夏防疫大队安排在路北区一所小学的操场上驻扎。到达营地后，解放军战士立即给宁夏防疫大队搭帐篷，并开始烧火做饭。吃完饭已是8月5日凌晨2点，队员们没有休息，在马灯微弱的灯光下召开了战地动员会，全体队员纷纷写保证书、决心书、请战书，要求把最艰苦的任务交给自己，决心为保障灾区人民健康、恢复生产、重建家园作出贡献。宁夏防疫大队临时党支部提出："要向英雄的灾区人民学习，向伟大的人民解放军学习，向兄弟省市医疗队、防疫队学习，要把我们宁夏防疫大队建成为一支毛泽东思想的宣传队、抗震救灾的工作队、防病灭病的战斗队。"

开展救援

宁夏防疫大队分为4个分队（医学院附属医院1分队、宁夏区医院2分队、银川市各单位3分队、区防疫站等单位4分队），3人一组，共编成20个小组，归中国人民解放军40军卫生部指挥。根据抗震救灾的总体部署，宁夏卫生防疫大队的主要任务一是抢救伤员，二是开设门诊诊治伤员，三是清理尸体，四是防疫消毒。

8月5日清晨，队员们行动起来。他们兵分3路，一路进行消毒防疫，一路抢救伤员，一路协助部队清理尸体。宁夏卫生防疫大队救灾范围是唐山市路北区缸窑办事处，负责1个师部、4个团、11个工厂、12个居民委员会、16个生产大队范围内的防疫消毒工作。队员潘国萍回忆，"由于天气炎热，空气中阵阵腥臭味扑鼻而来，负责联系工作的解放军沉痛地说：'这是腐尸味，整个唐山都弥漫着这种气味。'在驻地临时医院里，我给一个女病人静脉推注时，我问多少句，她都像没听见，两眼只死死地盯着帐篷顶，望着她那绝望的眼神，我不知该说什么才好。"

为了扑灭疫情，卫生防疫队员根本顾不上自身的安危，在灾区夜以继日地工作。他们对尸体和停放尸体的地方喷洒药物，并对前几天掩埋较浅的尸体进行加土和消毒；对受到污染的水源进行消毒；他们和所在地的赤脚医生一起，进行"三管一灭"（管水、管尸体、管粪便、灭蚊蝇）工作；同营口医疗队一起，发动群众，建立简易厕所，并对全部厕所进行消毒。

唐山的灾情比想象的要严重得多。吃水要靠汽车到北京等地拉；吃饭是面包就咸菜，或炒面、压缩饼干，外加配发的一头大蒜；睡觉住帐篷，睡地铺，饱受蚊虫叮咬和湿热之苦。与宁夏共同负责路北区的营口医疗队，送给宁夏卫生防疫队4盏马灯，提供用车帮助。为更好地完成救灾防疫任务，8月6日中午，自治区卫生局张景丰处长紧急返宁，完成"要人、要车、要东西"的任务。8月11日早6点，抽调的2辆卡车、1辆救护车装载着药品、注射器、储水袋、一桶煤油、6个煤油炉、10个喷雾器、15顶蚊帐、篷布、4台半导体收音机、防疫宣传材料和第二批支援的医师、药剂师、水质检验员、炊事员等奔赴唐山。

在唐山路北区进行医疗防疫20天后，河北省抗震救灾指挥部决定：由宁夏防疫大队负责唐山郊区缸窑、傅家屯、梁家屯、果园4个公社的卫生防疫工作。

8月26日—9月7日，宁夏防疫大队4个分队各负责一个公社的卫生防疫工作。

不辱使命

在唐山抗震救灾的35天，宁夏防疫大队全体队员发扬"一不怕苦，二不怕死"的精神，背着近40斤重的喷雾器和药箱，进行防疫和防病治病，每天奔走数十里，工作十几个小时，有效地控制了疫情的蔓延。他们牢记出发时自治区领导的嘱托，不辱使命，与全国280个医疗队、防疫队一道，改写了新中国成立前"大灾之后必有大疫"的历史规律。

宁夏防疫大队是一个团结战斗的集体。刚到唐山的那几天，看到灾区用水困难，队员们共饮一杯水，共用一盆水，洗完脸再洗脚，最后洗衣服，把节约每滴水作为支援灾区人民的实际行动。不少同志的老家就在灾区，但没有一人请假要求探亲。8月19日晚，医生周菲秋出诊发现一名臀位产妇，情况紧急，她及时把产妇带回驻地医院，做好一切接产准备，凌晨一点多钟，产妇在滂沱大雨中成功分娩。队员们把自己的饼干、白糖送给产妇，并于第二天专程送她回生产队。为了感谢宁夏医务人员，产妇一家决定给孩子取名为"震宁"。防疫大队领导陈静波，以身作则，既是指挥员，也是战斗员，虽然有很严重的糖尿病，但他跟小伙子们背着一样重的喷雾器，一样地到处喷洒消毒。一次，有领导来视察，询问宁夏带队的领导在哪里时，有人指着正在废墟上清理遇难者尸体的陈静波说："那就是我们宁夏带队的领导。"这让许多在场的人非常感动。潘国萍是一名坚决要求参加抗震救灾，并且最后才被批准跟队伍出发的小护士，到灾区后，她抢着背喷雾器消毒喷洒。医治伤员中，她不顾休息，值完夜班后，第二天白天照常参加救灾工作，晚上接着出诊。9月1日，陈静波与潘国萍代表宁夏，光荣地出席了在北京人民大会堂召开的唐山丰南地震抗震救灾先进单位和模范人物代表会议。

宁夏防疫大队在唐山一个多月的抗震救灾中，完成环境消毒125万多平方米，预防接种15100人次，饮水消毒4390多户，水井消毒10眼，水车消毒76车次，新建厕所800多个，厕所消毒419个，食堂消毒1440平方米，清除垃圾356吨，烟雾剂灭蚊蝇3200户，墓地消毒793处，采集中草药300斤，治疗各种肠道传染病3710人，治疗其他疾病1800人次，进行卫生知识宣传12万人次，培训赤脚医生92人并讲课40次。

宁夏防疫大队全心全意为灾区人民防病治病，与当地群众建立了深厚的感情。9月7日，队员们撤离时，当地群众含泪相送，依依不舍。唐山丰南抗震救灾指挥部为每位队员赠送了一枚特制的"人定胜天"纪念章。河北省委、省革委会赠送宁夏防疫大队一面"防疫灭病送瘟神 抗震救灾为人民"的锦旗，这是河北人民及唐山人民对宁夏防疫大队的嘉许和赞扬。9月10日，宁夏防疫大队全体队员回到银川。在火车的广播中，听到毛主席去世的消息，许多队员泣不成声。因伟大领袖毛主席逝世，原定的欢迎和表彰活动取消，全体队员返回各自单位，参加悼念毛主席活动。

谨以此文纪念那场惨痛的灾难。让我们记住灾难，让我们远离灾难！

宁夏赴唐山抗震救灾防疫队名单

自治区卫生局（6人）：
陈静波　张景丰　赵学存　张天福　丁云鸿　王德荣
宁夏医学院附属医院（16人）：
严慕程　孔繁元　张积熙　周经悦　张启泉　周菲秋
边淑媛　王家涛　吴玉霞　沈晓玲　宋建福　王炳欣

宋继斌　陈奕堂　潘国萍　张春富

宁夏人民医院（16人）：

栗正中　牛　今　龚传彬　张成壁　何连德　吕邦宁
吴盛文　徐梦顺　曲海波　扈　福　孟庆年　杨巧玲
尹振江　何朝媛　李玉柱　于援生

银川市卫生系统（23人）：

朱振国　张增济　徐仲筠　应恭岩　李忠义　陈招娣
饶闻午　彭卫生　孙仁杰　朱家铭　蒋淑贤　陈　振
李宝忠　胡秀英　王玉林　魏兰芬　袁仁全　王玉宝
张丽萍　苏文蔚　郑明龙　梁福强　郑曼珍

自治区防疫站、地防所、工卫所（16人）：

何业新　尹忠昶　秦长育　沈玉文　哈鸿祥　李枝林
张平镖　郑贤球　陈万里　刘守春　张崇贤　马学宝
杜振东　李　海　吴建华　孙玉山

发往：北京　　　　等级：急　　　　机号：〔1976〕20号

中央抗震救灾指挥部办公室：

　　八月三日电报悉。现将我区支援唐山一带地震灾区的物资报上，请安排发运时间。

　　一、毛毡七千条。

　　二、军毯五千条。

　　三、药物：1.去痛片一百件（150万片）。2.复方氨基比林二百件（300万片）。3.解热止痛片三百万片。4.磺安结晶粉三百万盒。5.八号止血粉二千瓶。6.维C针剂4×2六千盒。7.纱布二十万米。8.药棉五十箱。9.病床五十张。10.盐水瓶吊架一百个。11.床垫一百个。12.手术反光灯十个。

宁夏回族自治区革命委员会

一九七六年八月四日

发往：北京　　等级：急　　机号：〔1976〕21号

中央抗震救灾指挥部：

  我区发往丰润车站的抗震救灾物资毡七千条、军毯五千条，共三车皮，已于今日晨三时发车，特告。

宁夏回族自治区革命委员会
一九七六年八月六日

《档案博览》2016年第3期

宁夏回族自治区成立二十周年庆祝活动安排

王海荣　张　磊

1978年10月14日，经自治区党委讨论，原则通过自治区二十大庆办公室制订的《庆祝宁夏回族自治区成立二十周年各项大型活动的实施方案》。《方案》指出，自治区二十周年庆祝活动规模较大：中央代表团，有关省、自治区、直辖市、州、县代表团，特邀代表，军队代表和区内代表团以及文艺体育团体共约1300人。时间较长：从欢迎到欢送约13天时间。住地分散，从老城（今兴庆区）到新市区（今西夏区）共6个接待点。活动场次多：从欢迎仪式、庆祝大会、游园、成就展览剪彩、参观军事表演、视察基层工作到欢送等主要活动共达20场次。同时，在大庆期间"自始至终的每一天、每一场的活动安排，都既是一项重大严肃的政治任务，又都是一次认真、细致、周到、集体的组织工作"。要求参与自治区二十大庆的工作人员"在整个庆祝活动期间，做到认真负责，积极主动，团结互助，遵守纪律，保持旺盛的斗志，切实把自己担负的工作任务全面地胜利完成"。

庆祝活动实施方案

一、10月23日前，迎接有关省、区、市、州、县代表团、代表，特邀代表和对口邀请代表，宁夏驻军和地、市、旗代表团。

二、10月23日，在军用机场欢迎中央代表团。在机场举行欢迎仪式，鲜花，奏乐，夹道欢迎。从机场到达第一招待所的沿途，在新市区、新城区（今金凤区）、老城区组织群众载歌载舞夹道欢迎。晚上8时，组织电影晚会，放映《宁夏，我的故乡》等影片。中央代表团及住在老城区来宾在红旗剧院观看，住在贺兰山饭店和军区招待所的来宾在新城剧场观看。

三、10月24日9时，在体育馆举行欢迎中央代表团大会。同时，对各代表团和全体来宾表示欢迎。会议由自治区党委书记黄经耀同志主持，自治区党委第一书记、革委会主任霍士廉同志致欢迎词。下午5时，中央代表团及来宾在住地分别参加庆祝宴会。晚8时，在几个剧院同时举行欢迎晚会，红旗剧院为重点。

四、10月25日9时，在银川南门广场举行庆祝大会和会后游行。出席大会的有中央代表团、各地代表团和来宾，区内代表团，宁夏军区和驻军代表团及观光团，区、市党政军负责同志和区级各部门主要负责人以及各方面代表。

在南门城楼主席台就座的有：中央代表团全体成员，各省、区代表团团长，安徽省、天津市和各州、县代表，邀请的部分干部和知名人士、文艺体育团体主要负责人，本区党政军负责人、政协副主席，银川市委第一书记，共150人。

广场东西观礼台可容纳700人。除邀请的文艺体育团体和区内观光团在广场组字队伍前面参加大会和观礼，其余区内外来宾和自治区各部门主要负责人、银川市党政军负责人均在东西观礼台观礼。

五、10月26日上午，代表和来宾在银川中山公园参加节日游园活动。9时，中央代表团和其余代表团、代表和来宾在第一招待所礼堂集合，分别到5个文艺演出点观看演出。

六、10月26日下午，在新市区展览馆举行"宁夏回族自治区成立二十周年社会主义革命和建设成就展览"剪彩仪式并参观展览。晚上8时，中央民族歌舞团在红旗剧院进行演出。同一时间甘肃话剧团在新城剧场演出《西安事变》。

七、10月27日上午9时30分，中央代表团和全体来宾，在宁夏军区靶场观看军事表演。下午3时，在第一招待所院内合影留念。晚上8时，在新城剧场观看甘肃话剧团演出《西安事变》。同一时间中央民族歌舞团在红旗剧院演出。

八、11月2日上午、下午机动和休息。晚8时，中央代表团在红旗剧院观看秦剧团演出《六盘曙光》。同一时间宁夏京剧团在新城剧场演出。

九、11月3日9时，在第一招待所礼堂自治区党政军领导同志向中央代表团汇报工作，并听取中央代表团对宁夏工作的指示。下午3时半，中央代表团和全体来宾参观北塔、西塔及展览。晚8时，中央代表团在新城剧场观看宁夏京剧团的演出。同一时间秦剧团在红旗剧院演出《六盘曙光》。

十、11月4—7日，在军用机场和银川火车站分别欢送中央代表团和有关省、区、市、州、县代表团、代表和来宾。

庆祝大会程序

10月25日上午9时，宁夏回族自治区成立二十周年庆祝大会，在银川市南门广场隆重召开。庆祝大会由自治区党委书记黄经耀同志主持。

一、全体起立，奏国歌；

二、自治区党委第一书记、革委会主任霍士廉同志讲话；

三、中共中央政治局委员、全国人大常委会副委员长、中央代表团团长乌兰夫同志讲话；

四、国务院副总理、中央代表团副团长谷牧同志宣读全国人大常委会、国务院贺电；

五、中央代表团赠送贺幛；

六、兰州军区第一政委肖华同志讲话，新疆维吾尔自治区党委第一书记、革委会主任汪锋同志讲话；

七、兰州军区，陕西省委、革委会、省政协，甘肃省委、革委会，青海省委、革委会，内蒙古自治区党委、革委会，天津市委、革委会，内蒙古军区党委赠送贺幛；

八、自治区党委书记、革委会副主任邵井蛙同志宣布各兄弟省、区、市、州、县等单位贺幛、贺电、贺信；

九、自治区党委书记、革委会副主任马玉槐同志宣读庆祝大会向党中央的致敬电；

十、呼口号；

十一、游行开始；

十二、庆祝大会结束。

下午3时半到5时半，观看文艺节目。中央代表团和住在老城区的来宾在红旗剧院观看内蒙古乌兰牧骑演出，住在贺兰山饭店的来宾在新城剧场看银川杂技团的演出。晚8时，在南门广场观看焰火。

中央代表团参观点

10月25日，自治区二十大庆办公室确定中央代表团参观点。10月28日—11月1日，中央代表团分5个分团并随带慰问演出队分别到银川、石嘴山、银南、固原和阿左旗视察和指导工作，各省、区、市、州、县代表团、代表和来宾，分别随同前往。

银川市：

工业方面：长城机床厂、银川氮肥厂、银川橡胶厂、宁夏制药厂、银川地毯厂、银川毛纺厂。

农业方面：王太试验场、永宁王太大队、银川郊区满春大队、贺兰金贵公社。

文教卫生方面：宁夏大学、区附属医院、银川九中、第二十一小学、第一幼儿园。

历史文物古迹：北塔、西塔。

石嘴山市：

工业方面：宁夏钢铁厂、石嘴山瓷厂、石炭井一矿、石炭井三矿、大武口洗煤厂、区建公司建井队、西北煤机总厂、西北轴承厂。

农业方面：平罗姚伏公社、前进农场。

银南地区：

工业方面：吴忠配件厂、大水坑马家滩油田、青铜峡水电站、中卫大河机床厂。

农业方面：灵武新华桥公社，吴忠古城大队，吴忠瓜儿渠大队，灵武农场，灵武梧桐树公社，盐池长城大队，中卫东园大队，中卫南山台子工程，同心扬水工程、豫海县回民自治政府代表大会会址（即同心清真大寺），沙坡头治沙林场，连湖农场。

固原地区：

农业方面：固原南郊公社、什字公社、和尚铺六盘山，泾源泾河源公社、老龙潭水库，固原中药厂，隆德沙塘公社，海原关桥公社，固原双磨大队赵磨生产队、马莲公社，西吉兴隆公社，六盘山气象站。

阿左旗：

工业方面：吉兰泰盐场、地毯厂、机井队202机台、人防工程。

农业方面：巴音诺尔公社、鹿场。

财贸方面：民族贸易公社。

《档案博览》2018年第2期

宁夏回族自治区成立二十周年庆典筹备往事

王海荣　李　翔

1975年12月9日，自治区党委、自治区革命委员会在向党中央、国务院报送《关于举办宁夏回族自治区成立二十周年庆典活动的报告》中提出，现在即着手做准备工作，以便在自治区成立二十周年的时候，有计划、有组织地开展一些群众性的庆祝活动。就此拉开了筹备宁夏回族自治区成立二十周年庆典活动的序幕。

庆典场所修整

1977年4月21日，自治区党委、自治区革命委员会又向党中央上报《关于筹备迎接自治区成立二十周年要求批给专款的请示报告》，报告中说，"一九七八年十月二十五日是宁夏回族自治区成立二十周年，鉴于我区首府银川市城市建设落后，庆祝大会广场、会场、展览馆、招待所、公园等公共设施都很不适应，需做一些必要的整修。我们本着艰苦朴素的精神，这次二十周年大庆，不准备新建楼堂馆所，仅对一些原有设施，因陋就简地进行必要的修理、扩建或改建，请求中央拨给专款一千万元，并补助钢材二千吨、木材四千方、水泥五千吨"，并提出修理、扩建和改建项目名单。主要是：拟扩建红旗剧院；整修和扩建第一、二招待所；改（扩）建新市区展览馆；维修南门广场；改（扩）建解放西街；整修中山公园；整修体育馆体操和武术场；等。

银川市政建设

1977年10月5日，自治区党委办公厅印发《关于自治区成立二十周年庆祝活动有关问题的纪要》，进一步明确从以下几个方面做好自治区成立二十周年庆祝活动的各项筹备工作：一、抓好干部、群众的思想发动工作。号召每个人都为庆祝自治区成立二十周年贡献一份力量，把各项工作促上去。二、抓紧城市建设。市建的方针是建设新市区，逐步改造老城（今兴庆区）。抓紧新市区的规划。明年庆祝大会的会场要建在新市区，同时，新建一个二百床位的招待所。三、发动群众，打人民战争，整顿好银川市容。有领导、有计划、有重点、有步骤地打几个战役，从今年开始，在元旦、春节、五一、七一、八一分别打好几个战役，搞好银川市的街道、公路、绿化、灯光、卫生等工作。四、搞好市场供应。从明年一月份开始，就要逐步改变面貌，不能只是为了庆祝活动的一个月或者几天。五、每个文艺团体要争取拿出一两个自己创作的节目来。可以考虑给剧团增添些新服装，生活上该照顾的也予以照顾。

银川市是承接自治区成立二十周年庆祝活动的主要地区，为做好二十周年庆祝活动的各项筹备工作，1977年10月12日，银川市革委会印发《放手发动群众、搞好银川市面貌迎接自治区成立二十周年》的紧急通知，将各项筹备工作继续细化，并分配给全市各单位，要各单位讲实际，讲效率，改造思想，转变作风，完成任务。要重点建设新城（包括新市区），逐步改造老城；今后区级机关及其下属单位的办公用房和新建工业项目都应放在新城，要统一规划、统一建设、统一管理。革委会研究从现在起至明年8月底有计划、有领导、有目的地组织群众打好市政建设、环境卫生、城市绿化3个战役。第一战役的中心任务就是打通老城东西南北4条环城路，修建部分街道和下水。同时，要解决老城永康巷的下水问题。各段不论距离长短，障碍物多少，困难大小，都必须严格按照城市道路的设计要求认真做好，保质保量，按期完成，做到对党负责、对国家负责、对人民负责、对社会主义事业负责。银川市建委和建材公司要根据上述任务，从现在起速组织人员，搞清地方建材资源，摸清规格品种，不足部分,尽快联系,搞好调运工作。

出版《宁夏》大型画册

为庆祝宁夏回族自治区成立二十周年,宁夏人民出版社出版了大型画册《宁夏》,共收录照片、手迹等160多幅(件)。画册收入的毛主席1961年书写的《清平乐·六盘山》手迹,是当时在宁夏工作的同志通过董必武同志请毛主席书写的。画册同时收入了毛主席给董必武同志的一封信的手迹。信中说,"必武同志:遵嘱写了六盘山一词,如以为可用,请转付宁夏同志。如不可用,可以再写。顺祝健康!毛泽东一九六一年九月八日"。画册还展示了当年红军长征途经宁夏留下的珍贵革命文物和在宁夏出土的历史文物。

发行《宁夏回族自治区成立二十周年》纪念邮票

1978年10月25日,中国邮政发行了J29《宁夏回族自治区成立二十周年》1套3枚邮票。其中,3-1为《建设新宁夏》。主图是一个回族老人和两位年轻人。姑娘头扎方巾身着蒙古袍,身边的男青年是一身矿工打扮,头戴安全帽,系着白毛巾,手里捧着奖状。3-2为《煤都新貌》。宁夏煤炭资源十分丰富,煤炭工业是宁夏的主要工业。贺兰山区北部为主要煤炭基地。主图是一个采掘机正在采煤,远处是起伏的高山。3-3为《塞北江南》。绿油油的田野,远处清晰可见的是一座水电站,昔日水土流失、风沙侵袭的宁夏,如今已是一片江南景色。

《档案博览》2018年第2期

改革开放初期宁夏落实知识分子政策综述

孙建军

党的十一届三中全会以来,自治区党委、政府全面贯彻落实党的知识分子政策,努力改善知识分子的政治、生活待遇和工作条件,弘扬知识分子无私奉献的崇高精神,强化对"科学技术是第一生产力"的认识,倡导"尊重知识,尊重人才"的社会风尚,激励全区知识分子积极投身"科技兴宁"建设,形成了具有较高素质的科技人才队伍,涌现了一批科技领军人才。

解决"学非所用"问题

1978年5月2日,自治区党委印发《关于解决知识分子中"学非所用"问题的通知》,全面解决知识分子长期"学非所用"的问题。要求凡已学完专业知识的六六、六七届大学毕业生和通过业余学习达到大学水平的六八至七〇届大学毕业生,专业不对口的,要迅速予以调整,重点加强本区科研单位、高等学校和重点中学。凡原属科研、教学单位的人员,需要归队的应立即归队。对于在科研、教学工作中有显著成绩,或有特殊专长的,要坚决予以调整。对尚能工作,但已退休的科技、教育工作者,如本人提出要求,应予以复职。在调整、归队工作中,对夫妇分居两地者,要注意照顾。凡家属在外省区的,其爱人是国家职工的,调来后要给予安排;爱人是农村的,可安排在附近农村或农场。对区级科研单位和高等学校中的骨干,经过批准允许城市落户。同时要求各级党委组织部门指定专人负责，抓好调整工作。

随后，为加快全区科学文化事业的发展，促进"四个现代化"，自治区党委成立了落实知识分子政策办公室，但是，全区落实知识分子政策的工作进展很不平衡。为此，自治区党委于1978年12月6日印发《关于重申落实党的知识分子政策有关规定的通知》，要求迅速恢复技术职称，实行技术岗位责任制，建立科技人员培养、考核、晋升、奖励制度，对有重大贡献的科技人员要给予荣誉奖或奖金，切实保证科研人员每周至少必须有5/6的业务工作时间。工矿企业、文教卫生单位的科技人员也要保证每周5/6的业务工作时间。各级党组织要努力办好托儿所、食堂等集体福利事业，重点解决科研人员尤其是高级知识分子的生活和工作条件，在调整、归队中，对夫妇分居两地者，要注意照顾。

提高政治待遇

1983年3月1日，自治区党委、政府印发《关于加强知识分子工作的决定》，要求各级党委积极大胆地选拔德才兼备、年富力强、有组织领导能力的中青年知识分子担任各级领导职务，争取在两三年内县级以上领导班子中知识分子所占的比例达到50%左右，在经济、科研、教育、文化、卫生、新闻、出版等部门达到60%以上；争取在两三年内使全区知识分子工作条件有显著好转。在业务上，保证知识分子至少每月有5/6的时间从事业务工作，减少与知识分子无关的社会活动。各级党委要把知识分子工作列入主要议事日程，定期研究讨论，每年至少召开1次知识分子工作座谈会。

改善生活条件

1984年4月，为解决当时知识分子工作中出现的新问题，自治区党委和政府印发了《关于知识分子工作几项具体政策的规定》，对具有工程师、讲师等中级以上职称的知识分子（包括大专毕业20年以上工龄、中专毕业25年以上工龄的中小学教师）每人每年补助专业图书资料费60

元，相当于助理工程师、助教等初级职称的知识分子（包括大专毕业15年以上工龄、中专毕业20年工龄和从事教学工作25年以上的中小学教师）每人每年补助图书资料费36元。在住房面积上，相当于副教授以上的高级知识分子一般达到90—100平方米，相当于讲师的中级知识分子，一般达到65—75平方米。对在自治区南部山区工作的知识分子实行有进有出的政策，取得技术员、医生、护士等同级业务职称的，每人每月增发技术岗位津贴5元，取得助理工程师以上职称的，每人每月增发岗位津贴10元。

1984年7月23日，自治区党委和政府又批转了自治区劳动人事厅《关于贯彻〈关于知识分子工作几项具体政策的规定〉中有关工资福利待遇问题的实施办法》，明确了享受有关待遇的学历，包括研究生、大学本科毕业生、大学专科毕业生、中专毕业生和经教育部批准备案，相当于普通高等学校本科或专科的函授大学、夜大学、业余大学学习取得毕业证书者等。根据全区的实际情况，将地区划分和津贴暂分为三类：一类地区：固原、彭阳、海原、西吉、隆德、泾源、同心、盐池县，以及灵武、中卫县的山区，中宁县的长山头乡和吴忠市的孙家滩。在一类地区工作的大中专毕业生或具有助理工程师、助教及相当于这一职称以上的人员，每人每月发10元地区岗位津贴，并依据工作年限分为不同金额。二类地区：沿贺兰山麓和石嘴山市、陶乐县，贺兰县金山乡，平罗县崇岗乡、下庙乡。贺兰山麓包括：大武口至暖泉车站段、包兰铁路以西地区，暖泉车站至黄羊滩车站段、西干渠以西地区，黄羊滩车站至青铜峡车站段、包兰铁路以西地区，青铜峡车站至渠口车站段、黄河以西地区，渠口车站至胜金关段、跃进渠西北地区。在二类地区工作满10年以上的大中专毕业生或具有助理工程师、助教及相当于这一职称以上的人员，每人每月发5元地区岗位津贴，并依据工作年限分为不同金额。其他为三类地区，在三类地区工作的不享受地区岗位津贴。

解决家属"农转非"问题

1982年5月26日，自治区人民政府就解决宁夏部分专业技术干部的农村直系亲属迁往城镇由国家供应粮食问题（简称家属"农转非"）专门发出通知，决定采取分期分批逐步解决该问题，所需指数不占用公安部门正常审批的控制比例，由公安、粮食、人事部门逐年下达专项指标。具体条件包括：正副教授、高级农艺师、高级工程师、高级畜牧兽医师、高级会计师、高级统计师以及同等职称的专业技术干部；年龄在40岁以上、工龄满15年的讲师、主治医师、工程师、经济师、记者等，以及同等中级职称的专业技术干部；凡在西吉、固原、隆德、泾源、盐池、同心等7个山区县和长期从事矿山地质野外生产第一线工作，年龄40岁以上，工龄15年的助教、医师、助理工程师等，以及同等职称的专业技术干部；在科研、技术以及专业工作上有特殊贡献或有重大发明创造，经自治区人民政府批准发给证书者；经自治区人民政府批准调入宁夏的科研、教育战线急需的专业技术干部（包括研究生）；家居兄弟省区农村及本区农村分配到山区七县的教师，年龄40岁、工作15年的大专毕业生和工龄满20年的中专、高中毕业生可给予照顾。

截至1996年，全区共解决300多名专业技术干部和其他知识分子家属"农转非"问题，有2万多人迁往城镇落户。

实施"双放"政策

1987年12月，自治区人民政府先后印发《关于放活科研机构和放宽科技人员政策的若干规定》和《自治区放宽科技人员政策的若干补充规定》，实施"双放"政策。规定除中小学教师，其余所有科技人员都可以调离、辞职、退职、兼职、停薪留职、带薪留职等方式到农村、企业从事技术承包和技术服务等生产活动。凡是到乡村、乡镇企业和小型企业第一线从事技术承包等活动取得显著成效的科技人员，其专业技术职务任职资格不占本单位指标，由自治区划拨专项指标解决。晋升条件以工作实绩为主，论文条件放宽，外语不做要求。

根据上述精神，自治区划拨专业技术职务专项指标高级100名、中级300名。1988年12月17日，召开全区放活科技人员工作会议，有34名在"双放"工作中作出成绩的科技人员受到表彰、奖励，兑现所得报酬，并将"双放"工作中破格晋升职称的工作统一纳入职称评审系列。1987—1996年,为了表彰科技人员在"双放"工作中的突出业绩,连续9年在全区范围内破格晋升高级专业技术职称67人、中级专业技术职称361人。

表彰有突出贡献专家

1983年,自治区党委、政府召开表彰劳动模范大会,授予18名长期在宁夏工作,并作出显著成绩的专业技术人员"自治区劳动模范"称号,还表彰和奖励自然科学先进工作者1人,其中有77人受到国家奖励。

1984年9月,宁夏赵仲修、吴家麟等4人被评为为国家作出突出贡献的中青年专家,并奖励晋升2—3级工资。此后每逢双年选拔一次,截至1998年,全区共有31人被批准为国家作出突出贡献的中青年专家。

1985年1月14日,自治区党委、政府在银川召开奖励作出突出贡献的科技人员暨表彰社会科学先进工作者大会,举行了隆重的授奖仪式,对在宁夏建设中作出重大贡献的科技人员进行表彰和奖励。评选出自治区级作出突出贡献的科技人员118人,并颁发了奖金和荣誉证书。其中,一等奖12人,二等奖33人,三等奖73人,一等奖为1500元,二等奖1000元,三等奖500元。向209名社会科学先进工作者颁发了奖品和荣誉证书,并为11000多名在宁夏从事工作20年以上的社会科学工作者颁发了荣誉证书。

改革开放40年,特别是党的十八大以来,自治区把创新驱动摆在社会经济发展的核心位置,创新驱动成效显著。截至2017年,全区拥有国家级工程技术研究中心3个、自治区级工程技术研究中心43个、国家重点实验室3个、自治区级重点实验室29个、国家级企业(集团)技术中心(含分中心)14个、自治区级企业(集团)技术中心62个、自治区级产业技术协同创新中心4个、自治区技术创新中心174个。全区开展研发活动的单位有348个,其中研发机构281个。研发人员达到1.72万人,比1978年增长16.1倍。

宁夏回族自治区成立三十周年大庆献礼工程
——银川火车站的前世今生

孙建军　王海荣

银川火车站始建于1958年，1988年迁至兴州路，现位于银川金凤区上海西路惠北巷1号。2009年银川站升级改造，2011年12月中旬银川站（东站房）竣工并启用，位于包兰铁路西侧的旧站（西站房）更名为银川西站。追溯过往，让我们在档案里找寻银川站的前世今生，以此纪念自治区成立六十周年。

提　议

1984年10月3日，自治区人民政府向国务院呈送的《关于为庆祝宁夏回族自治区成立三十周年请求对银川市城市建设补助投资的报告》中指出，为庆祝自治区成立三十周年，根据城市建设的实际需要，打算进一步改变银川市面貌，共有8个项目申请国家补助投资。这些是银川市城市建设总体规划中已确定了的，也需要在近期内组织实施的项目，包括了银川火车站调向配套项目。其中，火车站广场道路为11万平方米，排水道路3.2公里，综合商场500平方米，旅馆7000平方米。

1986年5月31日，自治区人民政府向国务院呈送的《关于为庆祝自治区成立三十周年请求对银川市三个建设项目增加补助资金的报告》中提出，自治区政府选出了3个需要在1988年之前建成的项目，其中就包括银川火车站。银川火车站站舍于1958年包兰线通车时建成，站房狭小，设施简陋，站前广场狭窄。旅客年发送量已从1958年的29000人次增加到1985年的87万人次。为适应客运及对外开放的需要，经铁道部批准，由铁道部投资在铁路西侧新建站舍；宁夏地方投资主要用于站前广场、道路、供排水等设施。

自治区党委、政府优先考虑1988年能够建成投产、发挥效益的项目，向自治区成立三十周年献礼。银川火车站调向及广场配套工程，列入三十周年大庆基本建设项目。在档案资料中出现的银川火车站改造项目是"自治区成立三十周年献礼工程"的称谓。

新 貌

站房 新建银川火车站站房由中央大厅、南北候车厅、母子候车室、贵宾候车室、软卧候车室、售票厅、车站技术用房、行政用房、客运服务用房、钟塔等部分构成。整个站房建筑面积7203平方米，是原火车站站房的5倍。另建行李包裹房1095平方米。站房一次集结人数可达2000人。新建银川火车站站房与站台平行，结构形式简洁明快、别具一格。

中央大厅 整个建筑以中央大厅为中心，南北对称布局。中央大厅空间高14米，略呈正方形，由灰白色大理石板和冰裂纹石膏板装饰的大厅墙面，同正面墙壁上用磁化玻璃马赛克镶嵌而成的大型壁画《塞上江南》形成强烈对比，色彩反差大，使大厅显得宽敞舒展而典雅大方。南北候车厅和中央大厅相通，各在一边，各宽24米，长33米，空间高度为10米。南北候车厅的南北墙面正中，各有一幅长14米、高5.5米的高温釉壁画。屹立在大厅外部顶部中央的钟塔高37米。钟塔上端是高54.5米的锥形塔尖，塔尖中部嵌着一颗直径3.5米的圆球，似"塞上明珠"，寓意银川市富饶美丽。

站场 新建银川火车站站场，增加旅客列车到发线3股，将原站场的9股道扩大为12股道。此外，还新建信号楼一座及通信信号工程，建旅客站台2座、地道一座，在一站台建风雨篷4300平方米，以供旅客候车使用。站场电气集中设备的改造和股道的增加，提高了技术作业的安全可靠程度，扩大了车站的通过能力。

广场、道路及市政配套工程 新建银川火车站站前广场位于站房西侧，南北长880米，东西宽110米，面积3.96公顷，为原车站广场面积的4.52倍。广场南邻车站邮政枢纽大楼，再向南，是宽60米、长631米的三块板式铁西公路，与西夏路相接，过立交桥可经新城达银川城区，西可通新市区。广场北半部正对站房，为旅客集散区，占广场总面积的3/5，最高聚集人数1万人，并设有公共汽车停车场和出租车、专用车停车场。广场南半部为旅客休息区，绿地面积0.81公顷，有花坛和蘑菇亭分布其间，形式自然，色调淡雅。广场东南侧建有1095平方米的行包房，门前设0.14公顷的专用停车场。广场东侧有6米宽的专行道，可通过北出站口直通一站台。整个广场区分明确、功能齐备。

剪 彩

1988年9月10日，银川火车站正式投入使用。开站典礼在站前广场隆重举行，新客站工程竣工正式投入使用，将为银川市经济更好地发展发挥门户作用。

9月10日上午，银川铁路新客站站前广场的群众川流不息，人们称赞新站舍建筑简洁明快、朴素大方、构造新颖。不少人仰望着站舍顶部闪闪发光的大"明珠"，浏览着站前广场风格别致的园林小品，连声说：漂亮，漂亮！上午9时30分，开站典礼在欢快的乐曲声和鞭炮声中开始。数百名少先队员身着节日盛装，跳起了优美的舞蹈。银川市市长金晓昀主持开站典礼，自治区副主席任启兴宣读了银川火车站工程验收委员会关于银川火车站工程验收的评语，自治区领导沈达人、白立忱和兰州铁路局局长王振秋为开站典礼剪彩，马思忠、李恽和、刘学基等自治区领导以及区直有关部门、银川市、铁道部、兰州铁路局、银川铁路分局的负责同志出席了典礼仪式。哈尔滨、呼和浩特、济南等铁路局的负责同志，也前来祝贺新客站开站。

开站典礼后，各级领导同志兴致勃勃地参观了新客站站舍、站前广场设施、站前道路和站台设施。并欢送当日从新站台始发的银川至北京170

次快车。

新　生

　　银川市火车站投入使用后，为自治区社会经济建设作出了巨大贡献。1991年，获全国城乡建设系统优秀设计表扬奖和宁夏优秀设计一等奖。2017年2月，银川火车站西站房候车大厅被列入银川市历史建筑重点保护名录。其中，火车西站房作为历史建筑，是记录银川城市建设与文化发展的重要载体，内部大面积壁画彰显了当时宁夏浓郁的历史文化特色，具有一定保护价值。

　　2011年12月16日，银川火车站新站房及站前广场正式建成投用后，银川火车站西站站房除保留售票大厅，其余封存。

　　2016年7月27日，银川市发改委在《关于对市政协十二届四次会议第1—54号提案的答复》中，对马黎刚、高保、梅花·托哈依委员提出的《关于将银川火车站西站及广场周边区域提升为综合交通枢纽、旅游集散中心和商业新中心的提案》，提出的建议为：一是拟将建设银川火车站西站交通枢纽及广场周边区域改造提升工程项目列入2016年第二批市本级项目。二是市政府统筹考虑火车站西站广场建设，整合银川汽车西站和银川公交公司停车场（快速公交BRT始终站）。三是由市政府分管领导牵头，成立联合工作组，全面负责西夏区城市综合交通枢纽、火车西站广场美化亮化工程建设。

　　2017年，银川市编制《银川火车站综合客运枢纽总体方案设计》，拟在火车站区域建设综合客运换乘枢纽，承担公（路）铁（路）换乘、城市交通和长途运输之间转换的枢纽功能，包含在银川综合客运枢纽工程中。银川综合客运枢纽工程列入自治区六十周年大庆献礼工程，2018年9月前建成。银川火车站综合客运枢纽及扩建工程项目位于银川火车站东、西广场，总建设规模约11.8万平方米。综合客运交通枢纽是集铁路、公路、轨道交通（轻轨）、城市公交、出租车、私人交通设备等多种交通方式于一体的综合性客运换乘中心。工程新建5条人行地下通道及1条车行地下通道，方便旅客换乘出行。

回望一甲子，自治区成立三十周年的献礼工程——银川火车站的主要业务功能已经退出了历史舞台。时间进入 2018 年，随着自治区成立六十周年献礼工程——银川火车站综合客运枢纽及扩建工程项目的建成，银川火车站再次为自治区经济社会发展作出的贡献将被永远铭记，成为银川城市综合交通的"新枢纽"、现代服务业的"新中心"以及银川城市形象的"新名片"。

《档案博览》2018 年第 3 期

宁夏第一家中美合资企业：
宁加农业环境仪器设备制造有限公司

孙建军

1983年12月，自治区人民政府召开首次利用外资工作会议，对全区利用外资工作进行谋划和部署。1984年11月20日，美国国际环境维护研究中心与银川市电子电表工业公司合资成立了宁夏第一家合资企业——宁加农业环境仪器设备制造有限公司（以下简称"宁加公司"）正式开业，标志着宁夏正式拉开了利用外资的帷幕。

美籍华裔科学家王仁煜博士与宁加公司

王仁煜博士当时是美国硅谷的专家、美国国际环境维护研究中心的董事长。他从1975年起，怀着为中国建设效力的强烈愿望，应教育部、农牧渔业部和中国科学院农科院的邀请，为我国环境保护和农业气象仪器制造业的科技人员讲学。此后，他想更快地把智力和科技转化为生产力，致力于引进国外最新技术和设备，先后在长春、沈阳、天津、北京、上海、福州、厦门等地，同水利电力部、环保部、国家民航局、国家气象局合作，并与十几家工厂签订合同，引进了一批批有关环保、气象、水利等方面的新技术和新设备。

党中央发出了开发大西北的号召以后，王仁煜博士怦然心动。他3次来银川，1984年有近半年的时间在宁夏，与银川市电子电表工业公司合作创建了宁加公司,担任宁加公司副董事长兼总经理。他在银川期间,每天5时起床,天天工作到深夜12点,不但与中方经理研究经营管理措施,与总工程师审定设计和图纸,而且逐一找工人谈心,听取他们的愿望、要求与建议,并把他多年积累的14000册藏书赠送给宁夏。

宁加公司批准成立

宁加公司是经营多门类、多品种、技术密集的综合性仪器制造企业。1983年8月,中美双方达成合资经营协议,拟订了生产大纲和引进技术项目。1984年,对外经济贸易部批准成立中美合资宁加公司,中外合资企业批准证书号:外经贸资审字〔1984〕123号。受对外经济贸易部委托,1983年8月25日,自治区经贸厅召集有关部门对宁加公司合同进行审查,认为宁加公司的合同、章程基本符合我国的有关政策、法规,并将审查意见报告自治区人民政府。宁加公司实行董事会领导下的总经理负责制,公司7个董事中,中方4人,美方3人,董事长由中方人员担任,合资期限为15年。

按照合资企业工商登记管理规定,国家工商行政管理局委托自治区工商行政管理局对宁加公司进行了审查。1984年10月30日,自治区工商行政管理局呈报国家工商行政管理局《关于中美合资宁加农业环境仪器设备制造有限公司的审查报告》中表示,宁加公司已具备合营条件,按国家有关规定,报经对外经济贸易部批准,经审查同意,核准登记,准予开业,并发给执照登记号码为工商企合字28001号的中华人民共和国营业执照。核定的生产经营范围以制造和销售农业、环境仪器设备为主,在中国有关法规所规定的范围内,并经中国有关部门批准同意后,可兼办美国国际环境研究中心在华业务——包括研究、咨询和出版教育工作。生产经营方式是制造、销售、咨询。注册资金500万美元中,中、外双方投资比例各占50%,各投资250万美元。职工人数580人,其中,中方578人,外方2人。

宁加公司是当时国内唯一的系列化经营制造和销售农业环境仪器设备的企业,引进欧美各国20世纪80年代先进设计、制造技术,结合改造国内原已生产的农业环境仪器设备，开发、制造具有国际先进水平的新产品。公司计划在5年内引进洪水预测报警系统、环境保护监察系统和气象预测系统及单测量的农业、环境、气象和工业用的仪器等15个国内急需的、80年代最新技术项目。1986年1月，宁加公司又经同意，增加了玩具、五金器材以及其他小型电子、机械产品的生产和加工等经营范围。同年，宁加公司研制的大气环境地面自动监测系统，荣获自治区科技进步奖四等奖。该成果主要用于地面环境的自动监测，由中心控制室、监测子站构成系统，模式是中西合璧，造价低，运行可靠。

1984年11月18日，宁加公司按照有关规定，与公司工会签订了《中美合资宁加农业环境仪器设备制造有限公司企业和职工集体劳动合同》，劳资双方友好协商共同合作，使所有职工都具有合理的、人道主义的和良好的工作条件，双方同意始终为维护和睦关系而共同努力。在合同中，公司对职工的劳务费用，在头两年内按平均每人每月220元支付，工作两年后由董事会再行决定。

边筹建边生产

宁加公司开业之初，就承接了我国尚不完全具备的"感应器—计算机—电台通讯"环境污染、气象基本测量系统工程，接受了美国ML公司委托，与美方联合设计制造标准气体检定器，产品将全部返销美国及欧洲市场。1984年5、6月，宁加公司19人用了不到两月时间，生产出难度大、精密度高、技术密集的60套大气气象环境地面监测仪，其心脏部分引进美国汉达公司的540电脑系统和外围感应器的关键技术并自主设计了可以和国内各种计算机连接的Z80计算机接口装置。产品销往广州、长沙、武汉、上海、重庆等城市，部分新产品销往美国，创造产值51万元，实现利润16万元。

公司在资金少、技术力量缺乏的情况下，讲求高效率，不少工程技术人员都是一专多能、身兼数职。同时，公司还签订了300万元（人民币）合同。全公司90名职工，预计年内可完成产值200万元，实现利润30万元左右。公司全员劳动生产率达到5万元，比银川市全员劳动生产率平均数高五倍。

自治区主席黑伯理为宁加公司开业剪彩

1984年11月20日，西北第一家中美合资企业①——宁加农业环境仪器设备制造有限公司在银川市举行揭幕庆典正式开业。出席宁加公司揭幕庆典的有自治区主席黑伯理，副主席马英亮、杨惠云，自治区人民政府顾问李力、夏似萍，自治区政协副主席张源，银川市市长金晓昀，对外经济贸易部外经局处长朱群荣以及香港和银川市企业界人士共200余人。美国阿特公司总经理阿特·赛夫尔也参加了庆典。美国驻华大使馆、城乡建设环境保护部、水利电力部、中国科学院环保科学院、农科院等发来了贺电。

在欢快的民族器乐和鞭炮声中，自治区主席黑伯理和银川市市长金晓昀，满面笑容地为宁加公司揭幕。黑伯理同志代表自治区人民政府讲话，祝贺宁加公司为宁夏中外合资办企业开了一个好头。希望宁加公司继续努力，提高技术，增加产品，增加财富。自治区要在平等互惠的原则下，引进更多的外资和技术，开发宁夏的丰富资源，加快自治区的建设。

《档案博览》2019年第1期

---

① 《宁夏日报》报道中称。

奋进四十年，一飞冲天
——宁夏民航事业发展纪实

王海荣

在无数宁夏人的意识里，黄土高原交通落后，普通人想要坐飞机更是奢望。所以，坐飞机成为无数宁夏人的一个梦想。

进入21世纪以后，越来越多的宁夏人实现了坐飞机的梦想。一个个飞来飞去的故事，见证着宁夏民航事业突飞猛进的发展历程。

银川西花园机场

银川西花园机场是民国时期宁夏地区唯一的民用机场，也是宁夏最早、使用时间最长的机场。1958年春季，中共银川市委决定重新修建西花园机场。新修跑道长1415米、宽40米，为南北向土质砾石路面。1958年10月20日正式开通北京—包头—银川—兰州航班，通航里程1300公里。20世纪60年代，西花园机场因地势低洼，每年春季跑道翻浆，夏季被水淹，航班停用时有发生。为解决机场翻浆水淹、运力不足问题，建设新的机场提上各级党委、政府议程。1976年初，银川市总体规划将新址考虑在西花园机场之北12千米处的芦花台。1984年12月，国家民航局派人员现场勘察后认为，芦花台地势低洼，常被贺兰山的山洪漫淹，不宜建机场。1985年，中国民航机场设计院、西北机场建筑设计所受自治区人民政府委托，又对多处备选场址进行勘察，初步确定在永宁县望远镇白鸽村，但因种种原因，仍无法付诸实施。

在新的机场选址过程中，随着改革开放步伐的加快，西花园机场的运载量已无法等待新机场的建成。1986年6—9月，为了满足运载需求，对西花园机场进行改（扩）建，建沥青混凝土跑道1条，长1800米、宽30米；建滑行道长45米、端安全道160米、侧安全道各60米。1988年6—9月，又将跑道加长400米，停机坪扩大至6060平方米，可以起降BAE146型及50吨以下飞机。1993年6月30日，助航灯光系统工程通过验收，9月27日机场夜航开放，先后增开银川至西安、广州、上海航班，但大型飞机仍无法起降。囿于地形限制，西花园机场处在城市之中，无法进一步扩建，1997年9月6日停止使用。

建设银川河东机场

在西花园机场改（扩）建中，新机场的选址工作并未停下脚步。1992年1月，自治区计委下达文件，要求重新对机场新址进行可行性研究。鉴于当时银古一级公路、银川黄河大桥建设工程作为交通部、自治区的重点工程已经开工，机场的选址视野扩大到黄河东岸。经调查、勘探和多方协调，终于于1993年3月4日由国务院、中央军委批准临河乡机场新址，并命名为"银川河东机场"。

1992年12月，银川民航新机场建设协调领导小组成立。12月，成立银川河东机场工程指挥部及其办事机构，具体负责工程建设事宜，共征用土地66659亩。由中国民航机场规划设计院承担可行性研究报告，民航西北机场建筑设计所承担设计任务汇总，宁夏工业设计院等5家院所承担分部工程勘察设计工作。1994年7月，确定铁道部第十九工程局、十三工程局分别承担机场场道场面、土方工程施工，其余近50家企业分别承担供水、供电、房建、装修等工程，确定概算投资为5.3881亿元。

1995年12月，银川河东机场正式开工，1997年5月竣工，9月通过国家验收并投入使用。机场飞行区等级为4D级，属国内干线机场。混凝土跑道长3200米、宽45米、厚34米；联络道两条，各长403米；升降带宽300米。可满足每小时6架次飞行需要和原波音757、原空中客车

310、原波音767及以下机型安全起降。机场站坪面积50982平方米，可停靠9架大中型飞机，其中近机位4架、远机位5架。航站楼高12.1米，南北长156米，东西宽52米，建筑面积14800平方米，油库能力达7000立方米。助航灯光设施方面，配备有各种灯光系统提供夜航条件。导航及通信系统为：跑道南端设国外引进Ⅰ类精密进近仪表着陆系统，北端为非精密进近仪表系统；设导航台8座；航管楼配有自动转报、自动录音、通信及卫星气象预报等设施。航站区及工作区总建筑面积36323平方米，包括航站楼、航管楼、办公楼、安检楼、货运室等。旅客候机大厅宽敞明亮，服务设施齐全。

银川河东机场的建成从根本上改善了宁夏民用航空运输条件。至2000年，宁夏民航机场吞吐量29.05万人，较1997年增长了76.47%。至2002年底，银川河东机场已开辟航线23条，每周航班共100余班。其中航班最多的线路为银川至西安、银川至北京，高峰时每周分别达40班和9班。

不断创造佳绩的银川河东机场

将日历往前翻，可以看到这些重要的时间节点和数据：
2017年，旅客吞吐量794万人次；
2016年，旅客吞吐量634万人次；
2015年，旅客吞吐量538万人次；
2014年，旅客吞吐量466万人次；
2013年，旅客吞吐量425万人次。

由建成通航之年1997年15万人次到2018年800多万人次的旅客吞吐量，一次次的突破，见证着河东机场从沉寂多年到蓬勃兴起、从体单力薄到羽翼渐丰、从力量分散到聚指成拳的不同寻常的发展历程。

2007年2月19日，银川至香港航线首航，结束了宁夏没有航空口岸和国际地区航班的历史。

2009年4月2日，银川河东机场开通自银川始发经北京中转的国航国际航班通程登机业务，CA1218次航班成为开通国航国际通程登机业务后的首发航班，经北京直达日本大阪。

2010年5月24日，满载着3.5吨食品和民族用品的邮政航空货运包机波音737飞机，从银川河东机场飞往迪拜，实现了宁夏地区首次与中东、中亚地区的临空对接。

走向世界的银川河东国际机场

2013年7月17日，国家民航局批复银川河东机场正式更名为银川河东国际机场。从银川河东机场到银川河东国际机场，见证了宁夏强力推进对外开放的迫切愿望和宁夏机场公司架构国际航线网络的雄心壮志。

2015年，旅客吞吐量突破500万人次，连续3年实现百万量级跨越。2018年，是银川河东国际机场不平凡的一年，更是宁夏民航发展迈入新的历史阶段的一年。这一年，银川河东国际机场新开通20个通航城市，新增14条航线，运营航空公司达到28家，通航城市达到84个，航线达89条，航线网络不断完善。随着T3航站楼改（扩）建及跑道加长工程的完工，河东国际机场飞行区等级大幅提升，可满足除空客A380外的所有机型起降。这一年的11月18日，河东国际机场的年旅客吞吐量突破800万人次，全年旅客吞吐量达894万人次，同比增长12.7%，连续4年实现百万量级跨越。2019年有望突破千万，成为西北地区第三个千万级机场。

作为国内地方性支线机场的银川河东国际机场，硬件设施及安全保障能力在建设伊始，只能满足波音757（B-757）、空中客车310（A310）、波音767（B-767）及以下机型安全起降的使用要求，难以满足当前各航空公司主力机型的起降要求和航线密度要求，制约了机场新航线的开辟，也制约了对外扩大交流。

为解决银川河东国际机场发展存在的制约，2009年，自治区人民政府启动了银川河东机场三期扩建工程。三期扩建近期目标：2020年满足旅客吞吐量1000万人次，货邮吞吐量达到10万吨，飞机起降97594架次要求；远期目标：2040年设计旅客吞吐量为2200万人次，货邮吞吐量为25万吨。扩建工程包括机场工程、空管工程、安监局工程、地面加油站工程四部分。三期扩建后，跑道和平行滑行道将向南延长400米，总长度至 3600 米，扩建 17.86 万平方米的客机站坪，新建 8 万平方米的 T3 航站楼、1.43 万平方米的停车楼、2000 平方米的特种车库、400 平方米的安检护卫业务用房，建设空管、供油等相关配套设施，总投资为 26.27 亿万元。同时，对导航、通信、助航灯光、供油、供电、给排水、消防等生产生活辅助设施进行扩建。扩建后，机场飞行区等级提升为 4E 级，可满足波音 747 系列飞机起降要求。

2016 年 12 月，银川河东国际机场 T3 航站楼正式投入运行，旨在打造航空枢纽的空中通道。目前，银川机场已开通银川至曼谷、首尔、吉隆坡等 11 条国际航线，国家民航局又批准开通卡塔尔、土耳其、阿联酋 3 家航空公司经停银川到国内 6 个城市的航线。我国对阿联酋开放银川机场第三、四、五航权，同意阿联酋航空开通迪拜经停银川至郑州的航线，每周 4 班。银川由此成为国内继海口后第二个同时获得第三、四、五航权的试点城市。第五航权的开放，相当于增加了银川至其他国家的直飞国际航线，改变了银川在西部地区的经济地理位置。银川河东国际机场的建成，对完善宁夏综合运输体系，发展快速客货运输，加快与全国乃至世界各国的联系，促进对外开放，发展宁夏经济都有十分重要的意义。

改革开放 40 年来，随着银川河东国际机场规模的扩大和人流、物流、资源流、信息流带来的发展机遇，形成了以银川枢纽为核心、中卫和固原机场为支点、银川月牙湖通用机场为补充的现代化运输机场体系。飞机，架起空中桥梁，一路飞天一路高歌。在宁夏蔚蓝的空中，各种飞机飞来飞去，一派繁忙。乘机前来的旅客，将更加会看到一个风光秀美的宁夏，更加会感受到一个开放发展的宁夏，记住一个奋进跨越的美丽宁夏！

宁夏高速第一路问世记

张 磊

宁夏历史悠久，山河壮美，地处内陆，自古以来就是丝绸之路的重要通道。近现代后，宁夏的交通建设却停滞不前，1925年宁夏出现了第一条公路，还是在大车道基础上略加整修而形成的。至新中国成立前，宁夏在文人墨客的笔下仍是"远介朔陲，交通梗阻"。

宁夏早期的公路建设

清末民国初宁夏有条大车道，由宁夏城通往包头，当时的线路依自然地理裁定，历代相沿，没有人工修理，其承载力在2吨以下，无法通行汽车。1925年，冯玉祥率国民军西进，发布《整顿西北国道汽车业》命令。为了让部队的军车、炮车通行，冯玉祥下令修筑宁包汽车路。该路是在宁夏城与包头大车道的基础上整修而成，整修后的宁包路全长650公里。

1929年1月，宁夏省成立，宁夏的公路事业以整修简易公路为主。到1932年底，宁夏的公路已形成"三大干线"[①]、"四大支线"[②]的雏形。

1933年至抗日战争全面爆发，宁夏省政府征用大量民工，调集军队，开展了全省范围的筑路活动，整修了宁包、宁平、宁兰3条干线及金积至

[①] 宁夏省城至包头、兰州、平凉。
[②] 宁夏省城至盐池、灵武、豫旺、定远营。

灵武、宁朔至灵武2条支线，共修筑公路868公里。到1936年底，全省已有干线公路4条、支线公路11条，总长1633公里。在全面抗战的8年里，国民政府因财政困难，只对宁夏的干线公路进行较为详细的勘测，而兴建、改善工程很少。这个时期的公路，主要沿用了原本的大车道，基本都是土路面，晴天尘土飞扬，雨天一片泥泞，线形弯曲半径、纵坡不合要求，遇到坡度超过10%，客车行至山麓，旅客要全部下车，与耕牛"并驾"将汽车拉上山。抗日战争结束后，当时的国民政府忙于内战，加上经济崩溃，物价飞涨，根本无力兴建公路，甚至原有公路的养护都无力顾及，到1949年9月，宁夏公路通车里程减至1167公里。

新中国的宁夏公路建设

中华人民共和国成立初期，宁夏交通部门将主要精力投入到恢复被破坏和年久失修的公路。1954年宁夏省建制撤销并入甘肃省，交通工作重点仍是将旧路改造为砂砾路。1957年底，宁夏公路统计里程为2241公里，与1949年相比增加了574公里。这些新增里程，多是农业合作化期间发动群众以义务工完成，其中466公里是恢复抗日战争前的旧有公路，新建线路仅108公里。

1958年，宁夏回族自治区成立后，适逢全国各行各业开展"大跃进"运动，宁夏提出了"全党全民大办交通"的口号，开展群众性筑路活动，在短期内修建近2000公里的公路。仅1959年9—11月即修建、改建公路585公里，这些公路大部分只有土路基，线形、坡度、路基、路面都不合标准，有的不能通车，少部分经改善提高后投入运营。"大跃进"结束后，公路建设也和其他行业一样进入调整时期，1963年动工重建汝箕沟—西大滩煤运专用公路，其中沟口到西大滩的14公里铺筑了柏油路面，成为宁夏有史以来的第一条柏油路。

1964年，公路交通进入正常发展阶段，除重点改善原有公路、发展砂砾路，新的设计、规范标准及新的施工技术在公路建设中被普遍使用，以渣油代替沥青对路面进行表面处治，并在全区推广实施。

党的十一届三中全会后，宁夏的公路发展进入历史性的转折。1981

年，交通部正式颁布公路工程技术标准，将公路分为高速公路和一级、二级、三级、四级公路共5个技术等级，自治区交通局以此标准对全区的公路进行普查，全区计有公路423条，总长6848公里，有桥梁612座，总长4100米。至1990年底，公路通车里程达7400公里，比1978年增加2173公里；二级公路从181公里增加到688公里；高级、次高级路面从1097公里增加到2146公里；等外公路里程从1345公里减少到1023公里。

"宁夏第一路"的诞生

20世纪90年代初，高速公路在我国经济发达地区刚刚起步，在西部地区更是寥寥无几，宁夏是否需要修建高等级公路，自治区交通部门经过了较长时间的深入调查研究和审慎的科学论证。调查结果表明，宁夏的交通基础设施滞后，严重制约了全区的经济发展和社会进步。尤其是银川市南北出口的交通瓶颈状况十分严重，109国道银川过境段变成银川市的东环路，高峰期车辆排成"长龙"，几乎天天堵车，通行能力已经饱和，交通事故逐年上升，公路沿线城镇迅速扩展，两侧的建筑物发展也很快，行人、非机动车密集，机动车通过时速为30公里。为了改善银川南北出口交通状况，从根本上改变宁夏交通落后的状况，交通部门主动到各市县、各有关部门通报有关情况，介绍发达国家交通运输的先进水平，介绍国内交通的发展趋势，介绍全国交通建设的"三主一支持""五纵七横"公路主骨架规划，介绍高速公路对宁夏经济发展和社会进步的重大意义和推动作用。对此，从自治区党委、政府到计委、交通厅，达成共识，要尽快修建一条高等级公路。在达成共识后，面临的新问题是线路如何布设。路线布设的原则是要服从国道主干线建设规划与宁夏路网布局，适应交通量的需求。经专家踏勘、论证，提出3个选择方案：顺沿山公路布线，对109国道进行拓宽改造，109国道两侧布线。专家、工程技术人员对3个方案从技术、经济、可实施性及发展趋势等多方面进行了认真比选论证。综合对比，沿109国道两侧布设方案符合高速公路路线布设原则，是比较理想的方案。将109国道的二级公路予以保留，作为调整公路的辅道，供行人、非机动车使用，新建的高速公路沿109国道两侧布设。其优点是，处在银川平原中部，与国家公路主骨架、宁夏公路主骨架规划相吻合，沿线是宁夏最富庶、商品经济最发达的经济长廊，有利于经济发展。

方案确定后，对路线线位进行详测、比选，确定最佳走向。路线的选定，关系今后能否提高车辆通行的能力，适应交通量日益增长的需要。交通部门在深入调查研究、搜集大量资料的基础上，反复征求相关部门，沿线地、市、县的意见，最终推荐了银川城市过境东线位方案，路线起于平罗县姚伏镇西北，经贺兰、银川、永宁，止于青铜峡叶盛西。1994年3月12日，自治区交通厅向交通部呈报《国道主干线平罗—银川、银川—青铜峡公路建设项目建议书》。同年7月19日，交通部批复了平罗至银川、银川至青铜峡公路建设项目建议书，批复同意：路线起自平罗县姚伏镇，经贺兰、银川、永宁，止于青铜峡市叶盛镇，全长约83公里；全线采用一级汽车专用公路标准。姚叶公路由此而来。

姚叶高速公路的建设

1994年11月30日，交通部正式批复初步设计，同意全线设姚伏、四十里店、贺兰、银川、永宁和叶盛6处互通式立交；全线按汽车专用公路平原微丘区一级标准建设；计算行车速度每小时100公里，路基宽24.5米，桥涵设计车辆荷载汽车–超20级，挂车–120，按8度地震烈度设防；同意推荐的贺兰县、银川市过境的正线方案，采用沥青混凝土路面，厚度12厘米；总概算核定为15.367亿元；项目总工期（自开工之日起）5年。为把宁夏第一条高速公路建设好，自治区人民政府成立自治区姚叶公路建设领导小组，下设工程指挥部和征地拆迁指挥部。1997年4月28日，姚叶高速公路正式开工建设。为保证工程质量，工程指挥部严格执行建设程序，全面推行工程招投标制、合同管理制和工程监理制。

1999年11月6日，姚叶银川段[1]55公里通车。2000年6月7日，姚叶公路通过了交通部公路工程检测中心的检测，达到高速公路的设计和使用要求。2000年6月30日，姚叶高速公路全程贯通，比计划工期提前了

---

[1]贺兰至叶盛。

22个月，8位建设功臣代表两万多名建设者，为通车剪彩。姚叶高速公路是国道主干线（GZ25）丹东至拉萨线通过宁夏境内的一段，也是宁夏"三纵六横"公路主骨架纵轴线的一段，它与青岛至银川的国道主干线在银川交会。它北起平罗姚伏县，南止青铜峡市叶盛镇，全长84.264公里，全立交、全封闭、全部控制出入，双向四车道。它开创了宁夏高速公路建设的先河，成为"宁夏第一路"，实现了宁夏高速公路零的突破，实现了宁夏高速公路建设现代化管理水平、施工水平的重大突破。在3年多的建设实践中，宁夏各级领导、工程技术人员及工程建设者们，根据全区实际情况，因地制宜，应用先进设计思想和先进设计手段，不断优化设计，科学管理，精心施工，建成质量优良、投资不超概算的优质工程。

随着国家基础设施建设投入力度加大，姚叶公路向北、向南延伸两项工程相继立项，向北延伸至石嘴山，向南延伸至中宁，于1999年9月和10月分别开工建设，这两项工程和在建的姚叶高速公路连接，形成石中高速公路。石中高速公路是宁夏跨世纪的重点交通工程建设项目，成为纵贯宁夏南北的高速大通道，极大地改善了宁夏公路交通状况，对宁夏的经济发展具有非常重要的促进作用。

随着宁夏公路建设的发展，截至2018年底，宁夏公路网密度达到53.3公里/百平方公里，高于全国平均水平。高速公路通车里程突破1678公里，2016年实现了县县通高速。

《档案博览》2019年第5期

宁夏首届支教讲师团纪实

蒋振邦

1986年8月，自治区首届区直机关支教讲师团组成，并于9月3日奔赴西海固等地，执行支教任务。第一批来自67个单位的89名干部，大都具有大专以上文化程度，40%是中共党员，最大年龄49岁，最小年龄21岁，平均年龄27.6岁。

首届支教讲师团已是几十年前的事，虽然几经更改名称，不叫"讲师团"了，但支教工作从未停止过。笔者作为宁夏大学学报编辑部的副主任，被抽调任命为西吉县分团团长，对首届讲师团的支教工作情况虽谈不上全面掌握，但也知其八九，并有两本日记作证。故此，将当年的情况，公之于众，以表纪念。

培训动员踏征程

1986年8月19日，自治区教育厅召开了讲师团培训预备会议。各分团团长[①]、自治区教育厅领导同志等参加会议。会议决定在各分团建临时党支部，由分团长担任支部书记。

8月20日，在宁夏宾馆礼堂召开培训动员大会。会议组织学习了胡耀邦1985年8月在中央讲师团欢送会上的讲话、中央关于教育改革的决

[①] 一县一团。

定等，还以分团为主进行讨论，统一思想认识。

8月22日，各分团听取了各接收支教的县教育局情况介绍，听取银川一中与自治区教研室的老师专门讲解了怎样备课、怎样讲课；又请宁夏教育学院的老师专题讲了两个问题：1. 教师的师德，2. 当前的教育改革问题。

8月23日上午，总团副团长专门对团员在讨论中提出的如取暖、探亲、吃饭工作等实际问题，集中做了解答，要求团员要适当集中，每个分团2—3个点为宜。下午，总结培训动员情况。

9月3日，自治区支教讲师团送行仪式在自治区体育馆（在光明广场，现已拆除）举行。自治区领导李学智、申效曾、马英亮、陈静波等接见了全体团员。自治区党委书记李学智在讲话中，勉励大家好好完成支教工作。

随后，各团搭车往西海固而去。大家一路风尘，一路歌声。我所在的分团到达西吉县招待所，已是晚上11时30分。然而，精神仍然饱满。

抖擞精神上讲台

在各分团到达各县时，都受到了盛大的欢迎、领导会见、座谈、致欢迎词，显得十分隆重而热情洋溢。

由于事先将团员各单位及所学专业给受援单位做了介绍，因此，团员们大都已"名花有主"。一到县上，有关仪式完成之后，团员们根据县教育局的分配名单，就奔赴各学校，其中县城中学居多，而分到乡下的，一般都是乡镇所在地。比如西吉分团成员，全部在县城中学；海原县则有一部分团员分到西安乡和李旺镇。各县师资力量薄弱，不但数量不足，而且质量太差。如西吉县当时全县512所中小学，其中中学30所。公办学校教职工2100人，而小学47%的是民办教师，初中500多名教师中，专科以上学历者不到20%，50%的只具备高中学历。突出的是文科教师不足，特别是外语，完全中学的外语课也未开足。学生入学率小学为75%。小学教师编制缺1000人，中学缺400名大专以上学历的教师。学生毕业率为80%。

万事开头难。支教讲师团中的一部分成员，是在外地求学归来的。他们思想活跃、思维敏捷，求新求变是他们的主导意识。于是，讲师团的同志们，或者公开，或者隐蔽，或者打着改革的旗号，在各县学校里掀起了一个个风潮。

在一些县的中小学，由于教师、器材短缺等客观原因，音乐、美术、体育课很少开展。有这方面特长的团员主动承担了这些课程的教学任务。各支教单位给团员们买来了文体器材。学校里不但有了歌声，而且业余歌咏队也应运而生。体育课有了教师，并且有了被校领导称之为建校以来的第一份体育课教案。各校业余体育活动也都开展起来，成立了篮球队、排球队，有的学校还组建了足球队。海原讲师团组织的排球队，利用课余时间，打遍县城无敌手。歌声唤起群众的精神，球赛震动了县城的各个角落。有的团员在完成正常的教学任务之余，还搞演讲会、知识沙龙，组织学生参加知识讲座，同学们在新奇中获得知识，在渴望中思维得到升华。

当教学工作逐步纳入正轨，团员们除了上课、搞文体活动，还有充足的时间、充沛的精力，就自找工作、自寻乐趣。于是有些团员主动进行家访，当他们看到农村那破旧的房舍、粗粮淡饭、破旧衣服，心中泛起辛酸的涟漪。有的主动将自己的衣服送给缺衣的学生穿。西海固虽然贫穷，可是文物古迹不少，有不少值得观赏的地方。比如，西吉县的古铜钱到处都有，有的团员爱好收藏，就在星期天下乡收买了一些，作为藏品；有的结伙去游古秦长城、参观火石寨的石窟群。大家对于山区又有了新的认识：这里还是一块未被开垦的旅游处女地。

讲师团通过自己的言行，对山区人的思想观念造成了巨大的冲击，也给教育界带来很大震撼。各学校原来的老师，开始是一旁静观，可到后来发现这些团员确实不同凡响，把学校沉寂的局面打破了。多数教师改变了态度，能主动接触讲师团的同志，而有少数学历不达标的老师，却忧心忡忡，怕讲师团的同志顶替自己，把自己从县城调到乡下，或者去当小学老师。各学校领导，一般来说，欢迎讲师团到校支教，因此对讲师团比较照顾，关心多一些，由此引起原有的少数教师不满意，背后发牢骚说：讲师团和原任教师是儿子与女婿的关系，不能对女婿优厚，而得罪了儿子。讲师团的到来，使少数教师有了危机感，怕失去了自己的位子。过去那些得过且过、不求进取，认为在这里"舍我其谁"的老师有了紧迫感，也不能不动作起来，于是和广大师生一同参与教育的改革活动。

至于教学效果，普遍反映，讲师团老师的教学活动渐入佳境。据西吉县统计，期中考试比过去高20分左右。

支教生活面面观

人生的酸甜苦辣无处不在、无时不有。吃饭是头等大事，开始都在学校灶上吃饭。学校馒头居多，米饭极少，菜只有白菜和土豆炒菜。当时土豆1斤1角，西红柿1斤2角，青椒1斤1角5分。早点自己准备，灶上不管。最让人想不明白的是，馒头半斤一个，不管你胃口大小。提了意见，炊管人员说，就这样的规矩。

既然如此，没过几天，支教讲师团都不约而同地自己埋锅造饭，自炊自食。总团总结了各分团的经验，主动为大家解决炊具问题。至于入灶人数，也无限制，而是自由结合。其中也确实有因在支教中一同搭伙吃饭，最后成了真夫妻，"夫妻灶"这样的佳话令人难忘。当然，这种自炊生活，也有发生过小矛盾而散伙重组的。但是，有一条不变的原则，那就是分工，不能坐享其成。因此，也就流传了以下笑谈，有时下伙房，就自编小曲哼道："我为革命下厨房，是女同胞学习的好榜样……"还有的在刷锅刷碗时，高声朗诵道："天将降大任于是人也，必先苦其心志，劳其筋骨，饿其体肤……"

住的问题，因各校条件有别，房屋宽余的一间只住一个人，差一点的住两三个人。有的学校屋子比较潮湿，床又小又窄，没有书橱，但桌椅齐全。只是生活单调，尤其到了晚上，没处去。学校一般都有电视室，但是大都锁门不开。学校领导说：晚上学生上自习，怕看电视影响教师的辅导、备课、改作业，因此电视一般不开放。

为了稳定团员的思想情绪，各分团做了不少工作。比如西吉分团，通过联系，县粮食局给每个团员每月供应大米15斤、香油半斤，并发给粮油供应证。县城只有一个澡堂，男女各一个浴池，根本满足不了大家的需要。县上经常有区直机关的领导下来，住在招待所，大家就常常利用这个机会，到招待所去洗澡。至于文娱活动，各分团就在星期日或者节庆日，搞些舞会、聚餐会等。西吉分团有3个教学点，由各教学点轮流举办舞会，外带晚餐，大家有了休闲的乐趣。

团员们年轻体壮，剩余的精力总得找个释放的地方。山区有山，不少人没上过山，因此爬山运动蓬勃兴起，几个月下来，不少分团的团员将学校及县城附近的山头爬了一遍。有的团员，三五成群逛县城，身上挎个收录机，播放着流行歌曲，在大街上合着歌曲的节拍，扭动腰肢与屁股，好奇者、围观者尾随其后……有的团员，不知从哪里搞来两个牌牌子，戴在胸前，得意洋洋，在人前摆弄，大家一看，白底黑字——一个是"难得糊涂"，另一个是"吃亏是福"。更有甚者，不知从哪里"拾"了一条小黑狗，不知品种，却给起了个令人哭笑不得的名字——巴西电视剧名角"莱昂休"。在团员中，有的领了结婚证还未举行仪式的有之；有的刚结婚，或者爱人有孕在身，就来到讲师团的。同心分团有一位男生，因为爱人没法带孩子，就将一岁多的孩子带在自己身边，于是，团员们纷纷献爱心，把娃娃当成自己的，叫"公共财富"，共同关照吃玩。还有一位刚出校门的未婚大学生，在自己的床头贴了一张字条，上写"爱情是一位伟大的导师，教我们重新做人"。有一位团员，长着茂盛的全脸胡须，也不刮，他说留胡子显得威严，可以镇住学生。后来上课，一些女生总是发笑，他问学生为什么，可学生不予回答。他后来上下打量自己，看是否有失风度的地方，才发觉自己的胡子是多余的，就一刮了之。

取长补短促支教

彼此交流，相互沟通，方能推动支教工作。我一次代人监考，发现在初二班墙报上有首小诗：

晚上
天空升起一轮明月
为行人照路
我愿，这轮明月就是我

春天
草地上开着一朵小花
给大地增添色彩
我愿，这朵小花就是我

清晨
树枝上有一只鸟
唱着催促太阳升起的歌儿
我愿，这只小鸟就是我

这首诗，让我兴奋。这是孩子们的心声！刚到山区，有好多看不惯的现象，觉得处处落后、封闭，不符合时代潮流。然而时间久了，团员们发现，这里并非一团糟。大山涌动着改革开放的心潮。有许多闪光点，就教育方面，令人振奋。

这里的学生娃娃太刻苦，晚上在路灯下看书复习功课的有之；课余时间，尤其是放学后，在广阔的田野里、田埂上、渠沟上，到处有他们自学的身影。中小学生起得早，为了赶自习，不论寒冬，还是酷暑，风雨无阻。中学生上早操，每天早晨，在大路上会有他们的跑步声。我有晨练的习惯，常常和他们相遇在路上，看到三五成群的中小学生急匆匆赶往学校的身影。

在西吉回民中学，有很多住校生，他们是从山沟里选拔上来的"精英"，满怀父老乡亲们的希望，将在县城中学完成中学学业，向高等学府冲刺。我从学生的跑操声中，听到的是年轻一代改变山河的豪迈誓言。当时有个传言说，山里人家要是出了一个大学生，就能在几年后脱贫。然而，要达到这一目标，谈何容易。住校生，口粮要自己从家里带，学校一天补助两毛钱的菜金。学生的伙食质量可想而知。有句顺口溜，具体而深刻：开水泡蒸馍，清汤盐一撮！能忍受如此困苦条件的学生，将来必定有大作为。

当团员们发觉，自己并非有那么高明时，就有了学习的动力，有了和当地老师交朋友，融合在一起的想法。各校的团员，有的请教当地教师有关教学方法，有的主动听在校老师的讲课，吸取有益的经验。团员们搞一些活动，也主动邀请当地老师参加，拉近了彼此的距离，也消除了一些误会。彼此学习，取长补短，形成了合力。在学校庆元旦座谈会上，买校长说："讲师团的同志表现不错，工作作风踏实，能同心协力搞好教学，讲师团对学校关心热爱，欢迎明年再来。"

西吉县王县长也在会上说，过去西吉有可怕论：山大沟深加狗咬，酸菜稀汤吃不饱，地震起来难逃跑。现在讲师团来了，对他们有了了解，作用表现在：一是加强了师资力量；二是提高了教学质量；三是提出宝贵意见，增加了"参谋长"；四是在区上，他们又多了15名同情者和支持者。王县长的一番话，是对讲师团公正的评价。

讲师团的老师，慢慢改变了对山区的看法。在县城还经常停电，学校评定的模范教师和优秀学生，他们最爱的奖品就是蜡烛，令大家很是感动。有时某些课没老师带，有的团员连带3门课，把自己计划复习功课考研的时间都奉献了出来。海原县李旺中学，原来有200多名学生，讲师团去了之后，学生猛增到450人。在学校的支持下，讲师团的老师开展公开教学、语文竞赛、演讲比赛等，当地老师与讲师团的老师互相学习，交流经验，给学校带来了一股清风，深受学生和家长的欢迎与好评。

青春绽放又一年

舞蹈是联络感情、娱乐休闲的好方式。山区各县城，大都是在讲师团到来之后，才开办起舞会来。西吉县工会大楼、文化馆的舞场，原来是没人会跳舞，场地都是闲着的，他们听说讲师团自己办舞会，就主动和讲师团商量，每周舞会请讲师团去领舞，结果这两处的舞会才开办起来。随后，其他县也陆续搞起文娱活动。从此，县城文化体育活动有了新气象。各学校在节假日，尤其元旦，还普遍由讲师团带头搞起了新年晚会。大多数团员除了登山、窜山沟、寻找乐趣，还组织团体与个人自由游相结合，游了秦长城、火石寨、须弥山、崆峒山、六盘山等，增添了历史知识，丰富了业余生活。

山区的民众，长期生活在封闭的大山里，对于讲师团的活动除了好奇还有点不可思议。彭阳县的团员在水库给学生上滑冰课，这是彭阳县有史以来的第一次，围观的群众很多，有人惊呼：鞋底子上安上刀子，咋就能跑了？1987年6月底，国家民委在固原的讲师团到西吉县回民中学参观时，在女生宿舍见到不少女娃在哭。经过打听，才知道上午举行了毕业典礼，从此各奔东西，不知何时能再见面。有位老师说，不少女生早已订下了"娃娃亲"，上不了高中，考不上大学，回去就得按父母之命完婚……面对此情此景，我心头沉重，感慨万分。

人在旅途，萍水相逢，甘苦得失，皆为缘分。有始有终的一个学年，也是团员们多彩青春的一年。但愿当年的团友，终生不忘这段支教的日子、多彩的岁月，更不要忘记远山的呼唤、田野的梦。

《档案博览》2019年第3期

银川市成为宁夏回族自治区首府始末

蒯陟文

1949年10月，中共中央批准成立中共宁夏省委。1949年10月29日，陕甘宁边区政府根据中共中央发布的命令，组成宁夏省人民政府，银川市建立县级市委和县级人民政权。1954年9月，中央决定撤销宁夏省建制，同时设立银川专区和中共银川地委，银川市划归银川专区管辖。1958年10月25日，宁夏回族自治区正式成立，银川市升格为地级市，定为自治区首府。成为自治区首府后，给银川提供了良好的发展机遇，经济建设和社会发展开始全面起步。

1957年6月26日—7月15日在北京召开的第一届全国人民代表大会第四次会议，通过了成立宁夏回族自治区的决议。为了加快筹备工作，11月5日在北京成立了宁工委，1958年3月宁工委迁到银川。

1958年6月，国务院决定成立由15名委员组成的宁夏回族自治区筹备委员会。6月中旬召开的自治区筹备委员会成立会议，讨论通过了自治区1958年国民经济计划、财政预算报告等5个重要文件的决议，通过了《关于撤销吴忠回族自治州、固原回族自治州、银川专署和设立固原专署及改泾源回族自治县为泾源县的方案》[①]。自治区筹委会成立后，随即全面担负起了自治区的行政领导工作，先后召开了4次全体委员会议，通过

---

①此方案经同年9月5日国务院第七十九次全体会议批准生效。

了15项议案，在领导全区工农业生产和各项建设事业、确定自治区的设置、研究起草《宁夏回族自治区人民代表大会和人民委员会组织条例（草案）》、加强对基层普选工作领导及选举自治区第一届人民代表大会代表等方面，做了大量艰苦细致的工作。

在筹备过程中，筹备工作着重抓的几项主要工作，除了干部和财政扶持问题，还从银川市在宁夏省建制撤销后没有再安排省会城市建设项目的实际情况出发，把改变银川市城市建设极端落后面貌作为重要任务，着重抓好基本建设的设计施工和建材生产，以解决生产、办公用房和职工住宅的急需，突击建设了10万平方米的简易平房应急，并动员和办理北京、上海等地一些工厂、服务行业迁宁事宜。

1958年8月，宁夏回族自治区即将成立，银川地委撤销，银川市隶属中共宁夏工委。1958年10月24日，宁夏回族自治区第一届人民代表大会第一次会议在银川隆重召开。25日，会议选举产生了由35名委员组成的宁夏回族自治区人民委员会，正式宣告宁夏回族自治区成立。自治区成立后，撤销银川专署的建制，银川市定为自治区首府。

交通事业开始迅速发展

1958年8月1日，纵贯宁夏中北部的包兰铁路在银川接轨通车，结束了宁夏不通火车的历史。包兰铁路于1954年10月经国务院批准建设，全程999公里。宁夏回族自治区成立时，包兰铁路顺利完成施工。包兰铁路全线通车这一天，在银川举行了盛大的通车典礼仪式。包兰铁路通车，银川作为包兰铁路的中间站，具有沟通两大铁路枢纽包头、兰州和连接三大交通干线包兰、陇海、兰新铁路线的重要作用，连接了宁夏与西北、华北各省区，打开了银川市通往外地的大门，使宁夏丰富的资源运往全国各地，对支援国家工业建设和国防建设，促进经济发展和商品流通，构建工业体系都起到了巨大作用，为宁夏回族自治区在第二个五年计划时期，飞跃发展煤炭工业、钢铁工业、石油工业，实现农业机械化、农村电气化，都奠定了良好的基础。银川成为西北地区重要的货物集散地和运输点。1958年10月正式开通营运，货运量在年底就达到1.2万吨。包兰铁路建成通车后，银川市又修建了从银川火车站到市内小南门的银新铁路专线和到贺兰山的银西专用铁路线。银川市铁路交通运输事业开始起步。"二五"期间，银川铁路货运量年均递增达58.43%。

包兰铁路开通运营，国家及时调拨了一批汽车充实银川市交通运输业，结束了银川市货物运输靠人拉和胶轮车运转的落后局面。1958年，全市货运汽车达到33辆，完成货物运输量达19.8万吨，是第一个五年计划时期全市货运总和的1.5倍多，货物周转量达334万吨，超过"一五"计划全市货物周转量的总和。公路客运事业的闭塞局面也打破了，银川市开通了两路公共汽车，全市4辆客运汽车投入运营，在宁夏境内首次有了市内公共汽车运营，当年完成客运量16万人。到1965年，全市有货运汽车118辆，货物运输量达77.6万吨，是1962年货运量的2.82倍。同时，银川市现代化道路建设开始起步，新建新城区公路、大连道等公路，对主要公路干线全部进行了修整，在市区铺筑沥青砼道路。

1958年，自治区政府拨款，在旧飞机场场址修建了银川飞机场，并改军用机场为民用机场。1958年10月20日，在银川起降的北京至兰州航空线正式开通，结束了宁夏没有民航航班的历史，北京—包头—银川—兰州航线通航，中国民航银川航空站成立（1964年银川航空站更名为中国民航宁夏回族自治区管理局），承担起全区民航事业的管理和运营。人民解放军空军组建的中国联合航空公司也在银川设立了办事处，开辟了西安—银川—北京的航线。银川民用航空事业也开始起步。

银川市以公路、铁路、航空为主要交通手段的现代化运输体系初步形成，为全市工农业生产的发展奠定了良好的基础。

基本建设和社会事业获得突破

自治区成立后，银川市把改变城市建设极端落后面貌作为重要任务，基本建设项目开始有计划地进行。1958年整修公路2条，全长30公里，新建大道一条，长10公里，同时开始在城区铺筑沥青路面，结束了黄土筑路、碎石铺路的历史，银川市现代化道路建设开始起步。市基本建设委员会抽调劳力2万余人，投入全市住宅施工，以解决支宁人员的住房问题，仅用了5个月的时间，建成土木结构平房5600多间。1958年，银川市房屋投资额达到2048.8万元，相当于之前5年房屋投资额的总和，城市建设、基本建设、住宅建设开始快速发展。

鉴于铁路通车为全市经济发展创造了有利条件，银川市将服务局和商业局合并，并将商业机构进行调整，根据商业发展的需要，设立了7个商店和5个直属企业为商业局直接管理的独立核算单位，并建立了蔬菜、牛奶、水果生产基地，银川市的商业也开始快速发展。

邮电通讯事业也得到发展，在主要街道分设邮政支局（所），开办汽车邮路，启用铁路运输线邮政车辆，加快邮件运送速度。到1965年，全市有邮电支局（所）14处，邮路总长度1002公里，邮电业务总量由1957年的20万元增长到87万元，市内电话用户发展到1400户。邮电通讯网络基本形成，方便群众生活，基本适应工农业生产的需要。

工业格局得到改善

银川市经济建设从工业开始起步，借助自治区成立成为首府城市的机遇，在原有薄弱的工业发展基础上，借助三线建设国家大中型企业和自治区27家工业企业在本市落户的机遇，利用自身煤炭、电力、农副产品等资源优势，建立起一批以食品、皮革、农业机械工业为主的工业企业。特别是三线建设项目在银川的实施，使一批工业企业，尤其是化学工业、机械制造等企业建成投产，银川市的工业布局得到了很大改善，工业门类增多，规模扩大。在三线建设迁建企业的带动下，银川标准件厂、银川机床修配厂、银川电线厂等一批中小型配套企业也先后建成投产，增强了工业企业相互协作的能力。同时，自治区根据中央支持地方兴建企业的有关政策，凭借包兰铁路通车的历史机遇，在银川兴建棉纺厂、氮肥厂、毛纺厂、电表厂、机床维修厂等不同产业门类的工业企业，加上银川市建成的市属5家工业企业，以及街道、机关、学校、人民公社兴办的集体企业，全市工业实力增强，开始了现代化工业发展。到1965年，工业总产值达到6272万元。

教育文化卫生事业初步发展

从1958年起，宁夏在银川开始筹建综合性大学，宁夏大学未建成前，为了适应宁夏工农业建设和宁夏教育事业发展的需要，先开设农学、医学和师范3所学院，招生400名。1958年9月15日，坐落在银川市的宁夏师范学院、宁夏农学院、宁夏医学院等3所高等院校联合举行了隆重的开学典礼，结束了宁夏没有正规高等院校的历史，高等教育开始起步。这一年，银川扩建和新建了各类学校310所，成人教育也开始起步，成立了银川夜大学，城乡涌现了政治、文化、技术三合一的各种业余学校。在"大跃进"运动中教育事业出现盲目发展的情况，但在随后的整顿过程中，很快恢复和建立了正常的教学秩序，采取多种形式、两条腿走路的办法，创办了中等职业技术学校、半工（半农）半读学校，并巩固和发展了中小学，初步形成了比较完整的体系。1965年，全市各类学校发展到390所，在校学生74637名，专职教师3057名。学龄儿童入学率达到74.8%，城乡居民文盲半文盲人口下降到65%。

为了支援和发展宁夏的文化艺术事业，自治区成立前夕，在中央有关方面的支持和协调下，中国京剧院四团划归宁夏组建宁夏京剧团，上海华艺、光艺、红花越剧团选拔部分演员组建宁夏越剧团，并分别组建宁夏歌舞团、宁夏话剧团、银川杂技团，这些团体均设在首府银川市，使专业文艺表演团队从无到有，初步活跃繁荣了群众文化事业。自治区成立后，中央及各省市对宁夏的文化事业给予了大力支持，自治区的文艺团体和文化管理机构均在银川，加速了银川市文化事业的发展，自治区和银川市专业艺术团体大量增加，达到8个，演职人员约600名。自治区图书馆和科技图书馆相继建立，加上新中国成立前建立的市图书馆，3个图书馆共藏书18万册。另外，还成立了宁夏人民出版社。在自治区的帮助下，银川市的文艺力量加强，专业文艺创作队伍逐步形成，群众业余文艺创作活动也比较活跃，市文化馆组织业余文艺演出队创作剧目并经常下乡下场演出。体育方面，体育场地、设施建设步伐加快，新建设了可容纳2500名观众的银川体育馆，自治区体育场也建成落户银川，新增加的24所大、中等院校和一批新建或内迁的厂矿企业都有了自己的体育场地和设施，为群众开展体育活动提供了便利条件。体育竞技水平在西北地区居于上游，银川市大批优秀运动员被选入自治区建立的各专业队，银川市运动员马成东于1959年参加了在波兰举行的国际田径比赛。群众体育也得到较大普及。1959年银川市第一届农民运动会开幕，参加比赛的农民运动员252名。到1963年，全市各系统组建的各类球类运动队达到149支。

　　自治区成立后，银川市的医疗卫生保健事业也得到了一个较大的发展，1957年成立市人民医院，1958年成立银川市中医院，随后又成立了银川市城区医院、新城区医院①。1959年成立的自治区结核病防治所于1963年划归银川市，1964年自治区妇幼保健院并入市医院。同时城郊几个公社成立公社卫生院（部分大队成立卫生所），一些较大的工厂、企业、机关、学校等单位也都设立了医务室、卫生所。1958年以来的几年时间内，银川市城郊以医院为中心的三级医疗网基本形成。

《档案博览》2018年第4期

---

① 1963年扩大后改为银川市工人医院。

银川市行政区划的历史变迁

李 翔

银川是著名的塞上古城，已有2000多年建城历史。其城址几经变迁，城名也屡次更改。自元初设宁夏府路以来，至明、清、中华民国，一直被称为宁夏（省、路、镇、卫、道、府、县）城。直至1947年4月，才正式定名银川市。1949年宁夏解放后，银川市行政区划伴随着宁夏行政建制的变化几经调整，逐步形成东有九曲黄河穿境而过、西倚雄壮俊美的贺兰山的区域范围，建成区面积166.84平方公里。银川市下辖三区两县一市，"三区"即兴庆区、金凤区、西夏区；"两县"即永宁县、贺兰县；"一市"即灵武市。截至2015年，全市各县（市）、区共辖23个街道办事处、20个镇、6个乡和205个居民委员会、281个村民委员会。

民国时期成立银川市

1928年，国民党中央政治会议第159次会议形成决议：成立宁夏省。1929年，国民党宁夏省政府召开成立大会，宁夏省会时称"宁夏省城"。1941年4月，原宁朔县部分辖地增设永宁县，县治驻杨和堡[①]。宁夏县更名贺兰县，县治自省城移驻谢保堡[②]。1944年4月，国民党宁夏省政府第130次委员会决定：将宁夏省会定名为银川市。1945年1月，宁夏市政筹

---

①今永宁县杨和镇。
②今贺兰县习岗镇。

备处公布《银川市筹备处组织章程》，宣布改宁夏省城为银川市。1947年4月18日，银川市正式成立，为宁夏省会。

解放初期的银川市行政区划

1949年9月23日，宁夏解放后，宁夏省人民政府正式成立，宁夏省行政区划沿用民国时期一市二旗十三县的行政建制，其中一市即银川市。彼时，银川市行政区划范围仅为原老城区辖地，并按原宁夏省城旧区建制为第一、二、三、四区，成立区公署，行使相当于现街道办事处的职权。1951年，宁夏省人民政府决定将银川近郊属永宁县的第四区、第六区10个乡和贺兰县2个乡划归银川市，成立银川市第五、第六区公署。银川市基本形成了城市包括四邻郊乡的区划格局。

1954年6月19日，中央人民政府委员会第三十二次会议通过《关于撤销大区一级行政机构和合并若干省、市建制的决定》，决定：宁夏省建制撤销，与甘肃省合并为甘肃省。银川市城内4个区并为2个区，近郊2个区并为1个区，并成立银川市第一、二、三区人民政府。

9月1日，划归甘肃省，设立银川专区和中共银川地委，银川市划归银川专区管辖，行政区划没有变化。1955年撤区并乡，将城内两个区划分为7个办事处，城郊12个乡合并为五乡一镇，成立新城镇，为以后成立新城区、郊区奠定了区划基础。

银川市市辖区的设立

1957年7月15日，第一届全国人民代表大会第四次会议通过《关于成立宁夏回族自治区的决议》，决定成立宁夏回族自治区，行政区域包括银川专区、吴忠回族自治州、固原回族自治州和平凉专区的隆德县、泾源回族自治县，下辖2个市（银川市、吴忠市）和17个县。1958年，银川市城内大致按1954年建置两个区的范围分别成立东、西街人民公社，五乡一镇合并为两个农村人民公社。银川市为省辖市，行政区划范围为俗称的老城区。

1961年，银川市城区两个人民公社合并成立城区人民委员会。1962年，新城从农村人民公社划出单独成立新城区人民委员会。

在此段时间，银川市行政区划发生变化，先后成立了3区，即城区、新城区和郊区。笔者于银川市档案馆查阅到，1961年宁夏回族自治区人民委员会《关于银川市成立市辖区的批复》："同意将旧城区东街、西街两个人民公社合并为城区人民公社，银川市城区；五一公社改为银川市新城人民公社，银川市新城区；……并按市辖区一级召开人民代表大会，特此批复。"

其中所提到的城区、新城区与已知的设立城区时间（1961年）和新城区时间（1962年）有什么区别，笔者在自治区档案馆、银川市档案馆查阅了相关档案，因年代跨度长，档案资料缺少，没有查找到相应的档案，故还有待考证。

1972年9月23日，宁夏回族自治区革命委员会（宁发〔1972〕101号）文件批示："《关于建立银川市郊区党委、革委会机构的请示报告》悉。经自治区革委会第一七七次常委会议讨论和自治区党委批示，同意建立银川市郊区机构（相当县级）。"

至此，银川市市辖三区全部确定，即城区、新城区和郊区。

银川市市辖三区两县的形成

1972—1975年，经国务院及自治区批准，银川市行政区划在原有3区的基础上，增加了2县，即永宁县和贺兰县。

永宁县 原为宁夏省直属县，1954年9月21日，隶属甘肃省银川专区。1958年，自治区成立后为自治区直属县。至1972年，宁夏回族自治区革委会《转发〈国务院关于宁夏回族自治区行政区划调整问题的批复〉的通知》（宁发〔1972〕32号）："同意宁夏回族自治区行政区划作如下调整：将永宁县划归银川市管辖"。

贺兰县 原为宁夏省直属县，1954年9月1日，隶属甘肃省银川专区。1958年，自治区成立后为自治区直属县。

1972年，宁夏回族自治区革委会《转发〈国务院关于宁夏回族自治区行政区划调整问题的批复〉的通知》（宁发〔1972〕32号）："国务院同意宁夏回族自治区行政区划作如下调整：设立银北地区，辖石嘴山市和平罗、陶乐、贺兰三县。"此时，贺兰县隶属银北地区。

1975年，宁夏回族自治区革委会《转发国务院关于同意调整我区行政区划问题的批复的通知》（宁发〔1975〕138号）："同意撤销银北地区。将所属平罗、陶乐两县划归石嘴山市领导；贺兰县划归银川市领导。"贺兰县经过两次行政区划的改变后，现属银川市管辖。

永宁、贺兰两县经行政区划调整后，属银川市管辖，至今再无变化。

银川市三区两县一市的确立

2001年以后，银川市行政区划经过调整，至2002年，形成今天为我们所熟知的行政区划：三区二县一市，即老城区、新城区、郊区和永宁县、贺兰县、灵武市。

三区的调整　2002年，《国务院关于同意宁夏回族自治区调整银川市市辖区行政区划的批复》（国函〔2002〕95号）："同意撤销银川市城区、新城区和郊区，设立银川市西夏区、金凤区和兴庆区"，并对新的三区所辖区域进行了明确，三区的名称就此确定，并沿用至今。

灵武市　原为灵武县，宁夏省时期为宁夏省直属县。1954年，隶属甘肃省河东回族自治区，1955年，隶属甘肃省吴忠回族自治州。1958年，自治区成立后为自治区直属县。

1972年，《国务院关于宁夏回族自治区行政区划调整问题的批复》（国发〔1972〕17号）："同意宁夏回族自治区行政区划作如下调整：设立银南地区，辖吴忠、灵武、盐池……七县。"灵武市（灵武县）属银南地区管辖。

1996年，民政部《关于宁夏回族自治区撤销灵武县设立灵武市的批复》（民行批〔1996〕31号）："经国务院批准，同意撤销灵武县，设立灵武市（县级），以原灵武县的行政区域为灵武市的行政区域。"

1998年，《国务院关于同意宁夏回族自治区撤销银南地区设立地级吴忠市的批复》（国函〔1998〕33号）："原银南地区的青铜峡市和灵武市由自治区直辖"。

2002年，《自治区人民政府关于灵武市由吴忠市代管变更为银川市代管的决定》（宁政发〔2002〕92号）："自治区党委、政府研究决定，将与银川市地域接壤、经济联系密切的灵武市由目前的吴忠市代管变更为由银川市代管"。

至此，银川市的行政区划保持至今，其间虽然有乡、镇一级区划的调整，但银川市所辖三区一市二县的行政区划再无改变。

近年来，银川市凭借得天独厚的生态环境优势，"碧水蓝天、明媚银川"的城市形象日益凸显，先后荣获全国文明城市、全国环保模范城市、国家节水型城市、国家卫生城市、国家园林城市、中国最具幸福感城市、亚洲都市景观奖、2015年中国领军智慧城市、中国旅游休闲示范城市、2016亚太领军智慧城市、2016中国领军智慧城市等称号。今天的银川市，立足《银川市城市总体规划（2011—2020年）》的蓝图，将逐步建设成为经济繁荣、社会和谐、民族团结、生态良好、特色鲜明的现代化城市。

《档案博览》2017年第6期

翻阅银川城市发展　感悟百姓生活变迁

邱世杰

银川城市的发展，记录着时代的变迁，承载着人们对家园的美好愿景，也饱含着历届党委、政府不忘初心、着力改善民生的奋斗历程。

从 20 米到 233 米，城市天际线不断被刷新；从 4.2 平方米到 40 平方米，人均住房面积不断在扩大，银川这座城市愈发高大了。曾经低矮的小房子变成了高楼大厦，曾经人迹罕至的小道如今被车辆穿梭的八车道所代替。

从 20 米到 233 米，银川"长高"了 213 米

如果标志性建筑的"海拔"可以算作城市高度的话，那么 20 年来，银川这座城市足足"长高"了 15 倍。

凤凰碑又称"民族团结碑"，位于银川市西门入口处，于 1984 年建成，碑身高约 20 米，碑的半圆形顶上，立着一只不锈钢铸的凤凰，高约 3 米，头朝东方，栩栩如生，而银川又名凤城，因此它不仅是民族团结的象征，更是银川的标志。

1988 年由自治区政府、中国铁路兰州局集团有限公司投资建成的"银川新火车站"位于如今的兴州路，同年 7 月 27 日投入使用。站舍总面积 6900 余平方米，高度约 25 米，候车室可容纳 1200 名旅客候车。在那个交通并不发达的年代，作为银川人外出的必经之地，这里曾见证过无数

银川人离别和重逢的场景。

2000年前后，南薰路还被称作南二环时，一幢矗立在这条街道旁的大楼，足以成为银川市的骄傲，这就是宁夏电力调度中心大楼。这座被银川人称为新电力大厦的高楼，几乎可以算当时的超高建筑。资料显示，宁夏电力调度中心大楼的高度为99.5米，主楼地下两层、地上26层，是当时银川地区最高的建筑物。

此后将近十年的时间里，凤城虽也先后交付使用了不少高楼，但是更高的记录却始终"无楼问津"。直到2009年，建发现代城双子塔的出现刷新了高度纪录，总高度达99.8米（不包括塔尖），超过了宁夏电力调度中心大楼。

在21世纪第二个十年间，随着银川市基础设施建设投入力度的不断加大，高层建筑也不断涌现。

2011年，金凤万达广场商业综合体正式开业，其地上部分28层215000平方米，建筑高度100米。尽管刚刚达到100米，却是银川商业零售业的新高度，甚至改变了银川人传统的购物习惯。

还是2011年，宁夏银行新大楼投入使用，这座大楼为25层框架结构，总建筑面积41084平方米，建筑高度150.36米。

2013年6月，由宁夏亘元地产开发建设的万豪大厦正式封顶。整个建筑物地下3层、地上50层，高216米。是宁夏首个集"国际品牌五星级酒店、时尚购物中心、5A智能化甲级写字楼"于一体的地标性建筑。它的出现让银川城市高度实现跨越式增长。

万豪大厦虽然大幅刷新了银川高层建筑纪录，但它保持纪录的时间必然不会太长。果然到2017年10月，位于银川市的宁夏第一高楼德丰大厦封顶。德丰大厦坐落于银川市金凤区宁安大街与北京路交会处，建筑总高233.2米，地上47层，地下3层，当时是银川第一高楼，也是银川市的地标性建筑。

从20米到233米，从5层到50层，不断更迭的"第一高"记录着城市筋骨强健的建设轨迹，也让银川从一个三线城市凤凰涅槃般地走上了大而美的现代化都市的建设之路。

从4到40，银川人均居住面积扩大近10倍

城市的地标性高楼，不仅是经济基础的表征，也是城市荣耀的载体，更在一定程度上影响着凤城人的居住水平。

解放初期到改革开放以前，银川市住宅建设以满足城市居民最基本的居住需求为主，房屋结构以土木结构平房为主，房屋产权为公有产权，住房分配以"实物分配"方式为主，呈现发展速度缓慢、居住水平不高、基础配套设施较差、人均面积小的特点，人均居住面积仅仅4.2平方米。

20世纪90年代初，银川城建史揭开了崭新的一页：旧城改造和新小区建设大规模开展起来。1991年，银川市大规模的危房改造开始。资料显示，到2000年，银川市区人均住宅建筑面积已经增长为13.5平方米。而到了2005年，银川市人均住宅面积已达到27平方米，也就是说，仅仅用了5年银川市人均居住面积就实现了翻一番的壮举。

2003年，凤城开始了史无前例的城市房屋拆迁工程。过去的大杂院、筒子楼、清一色的单元房，被环境更为舒适、配套设施更齐全的高层住宅、花园洋房和别墅所替代。不仅住房更加宽敞了，而且提高住宅性能和改善周边环境品质，是银川人居环境的一大亮点。星光华住宅区，是以经济实用住房为主，可居住万余人，大量采用新材料、新技术——屋面斜天窗、轻钢复合板阁楼、光电两用的太阳能热水泵系统、天然气燃气锅炉供热等。丽子园住宅区，将城市绿地、公园与小区统一规划、设计，以大面积绿化为主要造景，包括草皮、喷泉、流水、园林小品等，建成了令人耳目一新的城市绿色风景线。人们的居住条件得到彻底改善，城市面貌焕然一新。

而今，到了21世纪第二个十年，商品房市场迅速发展，银川人的住房选择也越来越多，高档住宅区、复式楼、别墅、公寓、廉租房等多种类型的房子如雨后春笋般林立，购房者对于房屋也有了严格的挑选要求，不仅是面积、价格，就连采光、户型等都成了重要选择因素，凤城楼市的发展也越来越符合国际化大都市的气质。

于百姓而言，"民生"二字彰显着执政为民的核心理念，更散发着浓

郁强烈的时代气息。单就住的方面，我们告别了平房低矮破旧、道路坑洼不平、服务设施缺乏的落后历史，实现了从住宅、道路、公园、广场到公共服务设施量的扩容和质的提升。银川人的"家"经历了从福利分配到个人消费的巨大转变，从几代人共居一室的必需品，成为今天享受生活的"奢侈品"，人均住房面积从4.2平方米变为40平方米，经历了数轮洗礼与成长，凤城人住得越来越好了。

常住人口城镇化率不断攀升，城乡融合不断提速

在城市建设的理念上，民生永远是第一视角。用脚丈量民情，用情温暖民心。60岁的农民马全升说："小时候不知道啥是暖气，天冷了，晚上就把炕烧热了睡。客厅点煤炉，然后接上一根烟囱，通到窗户外面，非常简陋，还担心煤烟中毒。现在住上了楼房，用的是燃气供暖，真是又方便又舒适。"

马全升的讲述，只是农村变化的一个细节。伴随着城乡规划、安居保障、基础配套、村镇建设等一批重点工程的推进，银川城乡住房建设呈现了诸多亮点。农民的居住条件改善了、产业发展了、环境宜居了，交通也便利了，教育、医疗、文化等城市公共服务设施逐渐延伸至周边乡村，各类学校、医院、文化场馆的建设，不断满足着农村居民对公共服务的需求。

相比之下，数据更能反映出城乡融合带来的民生改善，尤其在脱贫攻坚方面也反映出市委、市政府更加注重脱贫质量。刚刚过去的5年里，约2.1万农村贫困人口脱贫，全市26个乡镇279个行政村全部开通了客运班车线，9万多户村民用上了卫生厕所……其中不得不提到的是，作为国家东西部对口扶贫协作的示范小镇，永宁县闽宁镇陆续接纳和解决了来自宁夏西海固6个贫困县区的4万多名移民及其住房安置问题。2017年金凤区的润丰村作为国家"十三五"易地扶贫搬迁的试点村，为300多户移民打造的具有民宿风格的住宅，独门独院、白墙黛瓦、道路宽阔，整个村子犹如一幅画卷。

各类公共服务和民生资源向基层、向农村持续延伸的同时，过去的5年，城市常住人口城镇化率也在不断攀升：2014年75.45%，2015年75.8%，

2016年75.7%，2017年77.09%，2018年77.58%。

　　自宁夏回族自治区成立以来，凤城银川发生了翻天覆地的变化。巨变的背后，是城市外延和内涵的同步提升，城市建设内容越来越丰富，质量也越来越高。据统计，银川城区建成面积从最初仅仅3平方公里扩大到242平方公里，常住人口从32.63万增长到300多万，一座新兴的活力之城正在展露容姿。

《档案博览》2020年第2期

吴忠6次设市的时间及缘由探析

高广俊

吴忠地处宁夏中部,坐落在中华民族母亲河黄河之滨,是宁夏引黄灌区的精华之地,自古享有"塞上江南·鱼米之乡"的美誉。1950年10月14日,根据中央人民政府政务院批准设市(县级)。在此之前,民国时期马鸿逵主政宁夏时曾虚设"吴忠市"。解放初期,解放军驻军和宁夏省人民政府曾决定两次设市又两次缩编或调整为镇。之后,又经历了撤市设县、撤县恢复市的两次变更,随着时间的推移,对吴忠建制的变更,众说纷纭。

第一次:1945年民国宁夏省政府虚设吴忠市未果

民国时期马鸿逵主政宁夏时,吴忠是否为"市"的建制,有两种说法,一种是吴忠镇一直属灵武县管辖,未设市;一种是1945年灵武县吴忠镇改设吴忠市。

市县设置,须经中华民国中央政府批准。《中华民国国民政府公报》载:民国十八年(1929年),宁夏建省时领九县二旗,后陆续增设至一市十三县二设治局,即银川市、宁夏县、永宁县、惠农县、宁朔县、中卫县、平罗县、金积县、灵武县、豫旺县、盐池县、磴口县、中宁县、陶乐县、紫湖设治局、居延设治局。1988年胡平生[①]著《民国时期的宁夏省》在"所属各局"中记述："宁夏于建省时，除两蒙旗外，原仅八县，后陆续增设，共达十三县、一市、两设治局。"灵武县条下记述："县城东南四十里之吴忠堡，为灵武县属巨镇，为全省第二大商埠。""民国十七年遭匪抢劫，损失达三百万元以上，十八年后逐渐恢复。""抗战以来，盛形繁荣，有寝驾省城而上之势。""全镇人口三千人，为河东各县之冠，并设有财政局及电报局。"可见，民国时期吴忠镇虽为宁夏河东重镇，但国民政府并没有设立吴忠市。

民国时期，地方军阀自行设置县市的屡见不鲜。关于民国灵武县吴忠镇改设吴忠市一说，最早有文字记述是1979年5月自治区参事室《马鸿逵家族军阀集团简述》一文，文中写道："宁夏在清末时期为宁夏府，民国元年改为朔方道，均属甘肃省管辖。1929年元月，冯玉祥改为宁夏省，辖盐池、豫旺（即同心）、灵武、金积、中卫、宁朔、宁夏、平罗、磴口九县，阿拉善、额济纳两个旗。这在马鸿逵看来，实在地方太小，颇有'庙小神大'之感。向外开拓，当时又没可能，便只有缩小县区，多设几个县。这样，既在形式上（象）〔像〕个省的样子，又便于加强对宁夏人民的统治。"故于1945年又将"灵武县的吴忠镇改为吴忠市，并以银南九县（局）为银南专区，专署设中宁"。此后，《宁夏历代行政设置沿革简编》《宁夏近代历史纪年》《宁夏区情》《宁夏通史》等著作，《宁夏民政大事记》《宁夏商业志》《中宁县志》等地方志书，都有1945年设"吴忠市"，并作为银南专区所辖九县（局）之一的记述。《宁夏区情》还写道，至1949年解放前，宁夏省共辖包括吴忠市在内的18个行政单位。这些著作，只有《宁夏近代历史纪年》注明其资料来源为《马鸿逵家族军阀集团简述》一文，其他均未注明出处。为追本溯源，搞清吴忠当时建制的真实情况，吴忠市志办公室曾派人向自治区参事室及有关知情人进行调查，比较有代表性的说法是，昝元鼐在调查时谈，上引自治区参事室一文

[①] 台湾学者，因在台湾大学图书馆发现一套宁夏省政府秘书处编印的《十年来宁夏省政述要》等，遂研究宁夏省，著此书。

所说1945年吴忠镇改设吴忠市，是根据他的回忆："1945年，马鸿逵为了扩大自己的势力范围，抬高自己的地位，将吴忠镇改为吴忠市。当时没有任命市长，由公安局长张祥麟①代办市长事务。"张洪涛回忆："1945年，马鸿逵是将吴忠镇改为吴忠市，但未具体实行。直到解放前夕，吴忠镇仍叫吴忠镇，归灵武县管辖。"昝元甝，1944年3月—1945年3月曾任金积县县长，后任宁夏省政府秘书长。张洪涛是民国宁夏省回教协会秘书长，家居金积堡，他们都是历史的见证人，其回忆应当是可信的。解放后，宁夏省民政厅在给西北军政委员会民政部的报告中称："吴忠镇为本省第一大镇，在马匪统治时期，土地归灵武县管辖，行政上设吴忠镇警察局，归伪省府直接领导，为一级政府。"而且吴忠镇警察局的等级（一等）高于灵武县警察局（二等）。所以，民国时期所谓设"吴忠市"，一没有划定的行政区域，二没有成立市政府和任命市长，仅是马鸿逵为扩大个人的政治势力，指定吴忠镇警察局长"代办市长事务"，徒有虚名而已。

第二次：1949年9月26日人民解放军六十四军政治部设立吴忠堡市，11月缩编为吴忠镇

1949年9月21日吴忠解放后的行政设置，在1950年5月24日吴忠镇填报的"吴忠镇行政区划、户口、土地统计表"之"县行政设置简史"栏，做了比较完整的记述："1949年9月20日②，我解放军解放吴忠堡全区，当时边区政府未能及时派干部来吴，六十四军政治部为安定社会秩序，维持治安，支援前线，特派干部李丹林率领十余人，于9月26日成立吴忠（堡）市人民政府，由李同志暂代市长职务，市府以下设公安局维持治安，设支前委员会支援部队草料、粮秣等军需物品，并设临时散兵游勇登记处收容散兵，是为本镇政府成立之始。10月5日，边区政府派张之林任市委书记，杨生桂任市长，先后到达市府。10月23日，六十四军移防宝鸡一带，代市长李丹林等干部全部回任原职，市府一切业务移张书

---

①张祥麟，1942—1943年任吴忠镇警察局局长。
②有误，应为21日——笔者注。

记、杨市长接管。尔后新干部陆续派到，开始分配下乡，为了了解群众情况及对新政权的顾虑，针对国民党反动派的反宣传，开了多次群众大会，争取群众的信任和拥护。每日进行一个乡的群众大会，民主选举乡正副乡长，建立了二十五个乡，三百一十九个自然村，经缩编为十九个乡，共划为四个行政区。1949年11月，经省委组织部派李波峰任吴忠镇镇长、杨市长生桂改任副镇长，吴市政府亦缩编为镇，干部日渐增多，业务亦逐渐展开。"吴忠（堡）市的隶属关系，宁夏省民政厅在给西北军政委员会民政部的报告中说，吴忠镇"解放后，设治为省辖市"。西北军政委员会主席彭德怀、副主席习仲勋在给周总理及内务部谢部长的电报中亦说：吴忠堡市"由省直辖，后按整编规定划灵武县辖，但灵武县人口虽少（四八六二五人）而面积却两千二百五十〔平方〕公里，距吴忠市三四十里，因领导困难而实际仍未管辖"。缩编后灵武县辖吴忠镇，1949年12月设8个乡、96个自然村。

对1949年吴忠解放初的行政设置，说法有二：一是1949年9月26日成立吴忠堡市，归灵武县管辖，1950年1月撤销吴忠堡市，成立吴忠市，直属宁夏省；二是吴忠刚解放，与灵武县分置，设立省辖吴忠镇，1950年2月成立吴忠市。这两种说法，在行政设置变更与隶属关系的记述上都有不准确之处。值得一提的是，直到1950年5月改省辖吴忠镇时，仍使用"吴忠堡市人民政府"印鉴，而实际行政区划已经历了吴忠堡市（省辖）—吴忠镇（县辖）—吴忠市（省辖）—吴忠镇（省辖）4次变更。由于当时设立的吴忠堡市、吴忠市、吴忠镇（省辖）未经中央人民政府政务院批准，加上虽行政建制变更但一段时间仍使用"吴忠堡市人民政府"印鉴，人们在习惯上，或是在上报行文处理上，有"灵武县吴忠堡市"之称，但如上所述，并不是实际的隶属关系。

第三次：1950年2月宁夏省人民政府设立吴忠市，5月调整为吴忠镇

1950年1月4日《宁夏日报》报道："宁夏省人民政府首次政府委

员会决定：从1950年元旦起，正式划吴忠市为省府直辖市，按照丙等县编制，成立吴忠市人民政府，暂由原市长李波峰、原副市长杨生桂代行正副市长职务，即协同灵武县府勘划区域、户口，办理交接事宜。"同年2月，吴忠市从灵武县析置。

1950年5月，根据中央人民政府政务院和西北军政委员会的整编规定，经省府行政会议及财经会议研究，吴忠市调整为吴忠镇（县级），镇长李波峰，副镇长杨生桂。

第四次：1950年10月14日根据中央人民政府政务院批电设立吴忠市，1963年6月29日撤市设立吴忠县

1960年（有误，应为1950年——笔者注）6月30日西北军政委员会民政部在给宁夏省民政厅的《全省行政区划图批答》中就宁夏设立吴忠镇（县级）指出："应将设置理由，按本部民政处字第一号通令规定，呈本部转呈中央人民政府批准后，才得生效。"7月31日，宁夏省民政厅在给西北军政委员会民政部的报告中陈述："去年九月解放后，我们认为该镇扼本省水陆交通要冲，居民八八一五户，共四〇一四〇人，与银川市户口数相近，商业较繁盛，确为本省重要商埠。其次回汉杂居，情况复杂，须设置行政机构，以资管理掌握。故解放后，设治为省辖市，历时七月。后经省府行政会议及财经会议上研究，设市不足，归县则头尾倒置，有碍发展，故决定设置为吴忠镇，归省府直辖，并依照各县市人员组织而配备干部。现共划四个区，十九个乡，一〇六个行政村。请即审核，并转呈中央人民政府批准祗遵。"9月11日，西北军政委员会民政部电复宁夏省人民政府潘自力主席等："7月31日业呈转中央，经批认为吴忠堡虽有商业，但辖区大部分为农村，人口十之八九为农户，设市不如置县相宜。我们意见可否将灵武县府移吴忠。请研究这两种意思，报部再呈中央。"9月18日，宁夏省民政厅回电西北军政委员会民政部："吴忠堡我们设直辖市较为合宜。该市为水陆码头，商业繁盛，不亚于银川。回民仅占人口百分之五十三强，大多数以农兼商。因地质优良，马匪中下级军官多住于此，散

兵达四千，情况很复杂。马匪时公安、司法直属省，税务、邮电尚领导河东四县并移此，偏重西角广大区域，尤为东南山区很难照顾。我们多次研究仍设吴忠市为宜。妥否，请核示办法。"此前，8月29日，西北军政委员会主席彭德怀、副主席习仲勋发电给周总理并内务部谢部长："呈请划宁夏吴忠堡市为县级市。"9月19日，西北军政委员会民政部就宁夏省设吴忠市的意见转呈中央人民政府内务部，表示"我们同意"。9月27日，内务部复电西北军政委员会民政部："同意宁夏省吴忠堡设省辖市。"10月4日，西北军政委员会向宁夏省人民政府电转中央人民政府政务院电："吴忠镇仍改为省辖市。"10月12日，宁夏省人民政府发出"转发吴忠镇改为省直辖市"的省秘字第四二七号通令。10月14日，吴忠市人民政府向全市发出"转发吴忠镇改为省直辖市"的通知，吴忠市正式成立。

1960年9月5日，根据8月15日国务院全体会议第102次会议的决定（国务院议字57号文件），金积县撤销，原所辖川区马莲渠公社以及双闸公社的秦坝关、西门、东门、丁家湾子、田桥、马家湖等6个大队，山区从谭桥大队七小队末尾和马家湖大队一小队交界点，向南沿青（青铜峡）中（中宁）公路到滚泉，再由滚泉向南沿人行车路至同心县边界的以东地区，划入吴忠市，其余划入青铜峡市。1963年6月29日，国务院全体会议第133次会议决定，撤销吴忠市，设吴忠县，以市的行政区域为吴忠县的行政区域。

第五次：1984年1月24日根据国务院批复撤县恢复吴忠市

1983年11月10日，国务院〔1983〕国函字240号文件批复，撤销吴忠县，恢复吴忠市（县级）。1984年1月24日，吴忠县召开庆祝大会，吴忠市正式恢复。

第六次：1998年5月11日根据国务院批复设立地级吴忠市

1998年5月11日，国务院批准（国函〔1998〕33号），撤销银南地区和县级吴忠市，设立地级吴忠市，原县级吴忠市改设利通区。1998年9月8日，正式挂牌，辖利通区、青铜峡市、灵武市、中卫县、中宁县、盐池县、同心县。1998年9月5日，成立县级红寺堡开发区。2002年10月，灵武市划归银川市代管。2003年12月，中卫县、中宁县划归新设立的地级中卫市。2009年10月，红寺堡开发区设区（县级）；同月，利通区分署办公。

《档案博览》2020年第1期

第四篇 兰台文苑

鸿雁传书与苏武牧羊

张发盛

天汉元年（前100年），汉武帝派苏武以中郎将身份护送扣留在汉朝的匈奴使者回匈奴，还给匈奴单于赠送了丰厚礼物。苏武完成了与匈奴修好、互不侵扰、罢战休兵、和平友好的出使任务，准备返回时，匈奴单于借内乱将苏武扣留。苏武大义凛然、不愿受辱，拔出佩剑自杀但被救活了。苏武耿耿忠心、誓死气节不变的气概，受到匈奴单于的钦佩，于是恩威并用、千方百计想使苏武降服。面对死亡威胁，苏武大义凛然，视死如归；面对高官厚禄引诱，苏武视之粪土、不屑一顾。苏武一片赤诚爱国之心表露得越充分，单于越爱其志越想招降他。他们把苏武囚禁在大窖里，不供吃喝，苏武吃毡毛、喝雪水，十几天过去了，没有饿死。匈奴很诧异，以为是神，但仍不甘心，把他流放到没人烟的北海牧羊，用无限期的艰难困苦、饥寒交迫消磨他的意志。苏武在北海边放牧，匈奴不供给他粮食，他就挖掘野鼠储藏的草籽、野果、野菜充饥。他每天拄着汉节[①]牧羊，时刻不离手，时间长了，他须发皆白，汉节上的牦牛尾都掉光了。

在汉朝时，李陵与苏武同为侍中，苏武出使匈奴的第二年，李陵战败被俘投降了匈奴，单于派李陵到北海去说服苏武。李陵对苏武说：你这样下去，最终不能回到汉朝，白白在这荒无人烟的地方吃苦，你的忠诚大义

[①]国家的标志。

谁能看得见呢？皇帝陛下年老昏聩，法令反复无常，大臣无罪而遭夷灭的有十几家，你的兄长、弟弟先后在大臣们的争权夺利中送了命，你的妻子听说已经改嫁了，你的两个妹妹、两个女儿、一个儿子，如今过了多年，也不知是死是活。人生就像朝露一样短暂，你还要苦熬到什么时候呢？苏武说：臣子侍奉君土，有什么可遗憾的。我们常希望有机会报答皇帝、报效朝廷，现在有了杀身报效的机会，即使是受刀斧之铢、汤镬之刑，肝脑涂地也心甘情愿。如果你一定要让我投降，那就让我报效朝廷，死在你的面前。李陵见苏武忠诚之心如铁石，相比之下，自己羞愧难当，无地自容，叹息道：我李陵罪恶滔天呐，说罢泪如雨下。不久，苏武听到汉武帝驾崩的消息，面向南方放声痛哭，以致呕出鲜血，每天拂晓都哭吊武帝。

在悲痛欲绝的日子里，一个偶然的机会，苏武捕获了一只受伤的大雁。他非常怜惜这只大雁，在大雁身上他似乎看到了自己的影子。他认真给大雁疗伤，精心喂养，大雁渐渐伤愈，能飞了，白天飞出去觅食，傍晚飞回来宿夜，总是不愿离开苏武。已到深秋候鸟迁徙的季节，一批批大雁结队南飞，它们在这只大雁上空盘旋，嘎嘎地叫着同伴，这只受伤的大雁还是不愿离去。一天，苏武咬破中指，在一块白绢上写了"苏武怀汉"4个字，绑在大雁的腿上，大雁腾空而起，向南飞去。大雁不辱使命，穿云破雾，战胜狂风暴雨，终于完成了传递信息的任务。从此，有了一段"鸿雁传书"的千古佳话。

汉昭帝即位后，匈奴与汉朝和亲，昭帝要求把苏武等人放回来。匈奴单于玩弄花招，说苏武死了，汉朝以"鸿雁传书"做证将其阴谋揭穿。匈奴单于对苏武爱之甚，恨之也甚，若让苏武回到汉朝，国人效法其精神，匈奴如何能撼动大汉王朝，于是派兵扮作强盗，命其在汉边境将苏武杀害，以免让汉朝抓住把柄。

苏武一行由出使时的原路返回。行至中卫地界，过了黄河，到达寺口地区，突然蒙面大盗四起，苏武一行奋起反抗，终因势单力孤，一个个惨死在强盗刀下。受了重伤的苏武，踉踉跄跄跑到寺口山脚，沿悬崖下一条窄道逃跑，这时蒙面大盗已追至身后，苏武看着已无生还希望，只得转身做最后一搏，哪知一刀下去，豁然一声巨响，地动山摇，脚后窄道沿绝壁齐刷刷落下一段，悬崖上大小石块也纷纷滚下，蒙面大盗们大吃一惊，失魂落魄逃跑了。

苏武一刀怎么有如此大的威力？原来苏武忠贞的精神感动了上苍，在苏武即将遇难时暗中助了一把。寺口子的牧羊人在山洞里发现了苏武，他们为他疗伤，供他饮食。当得知被救活者就是被匈奴流放在北海牧羊19载的苏武时，整个香山地区沸腾了，老百姓口口相传，相互传告，一时间，苏武避难的山洞前热闹非凡，寺口子山沟挤满了前来看望的人群，像过庙会一般。随着伤势渐渐好转，苏武也出去随牧民牧羊。在寺口子和在北海虽同是牧羊，心情却有天壤之别，他热爱这里的山、这里的水，热爱这里的一草一木，崇尚这里淳朴友善的民风。他特别热爱、崇尚这里的羊，能攀上陡峭的石壁吃草，充满一种无畏、不避艰难险阻的精神，这不正是中卫香山地区人民不屈不挠精神的映照吗？他在北海放了19年羊，有丰富的管理经验，他和寺口牧民一起研究如何提高羊的繁殖能力，如何改良品种，可能闻名海内外的中卫沙毛山羊，就是苏武和寺口牧民们那时共同研究打下的基础。

苏武走了，回朝廷复命去了，可香山地区的人民忘不了他，他们在苏武栖身的地方建起了庙，还修了"苦节堂""羊圈"和"怀汉厅"，把他当神一样供奉起来，让中卫地区的后人牢记苏武崇高的爱国精神和坚贞不渝的民族气节。

五千多年的中华文明孕育了多少爱国忠贞之士，他们的事迹如日月经天、江河行地，汉代苏武是较早的一位，其高尚的气节传诵逾二千年。抗日战争时期，祖国各地曾传唱一首叫《苏武牧羊》的歌曲，歌词是："苏武留胡节不辱，雪地又冰天，苦忍十九年，渴饮雪，饥吞毡，牧羊北海边；苏公，身陷志不屈，睥高官，藐厚禄，社稷重如天……"这首歌和岳飞的《满江红》一样，在那个时代鼓舞了全国人民战胜日本帝国主义的信心。

今天，许多人提出，苏武到底在什么地方牧羊？在北海！也就是今天俄罗斯的西伯利亚贝加尔湖。那怎么说是中卫寺口子？这是中卫先民世代传下来的故事，它的存在，自有其非凡意义的历史渊源。对此，清乾隆年间中卫知县黄恩锡曾有序和诗："中邑山民多牧羊为生计，其报祀则祭苏典属国。余过香山寺口，山半有苏武庙。俗传像为肉身泥成者，不知何人假托，野老言之津津，欲辩其妄，口占一绝。"

　　破庙寒山野草风，牧羊犹解祀苏公
　　汉庭自返羁臣节，笑把荒唐问野翁

　　黄恩锡辩妄诗，否定了苏武"像为肉身泥成者"，但肯定了汉庭羁臣（苏武）往返时和寺口子的关系。苏武出使漠北匈奴途经寺口子的事，在中卫地区不知流传了多少代，延续下来的故事编出誉乡成分——把寺口子说成苏武在北海的牧羊之地，又借地质造山运动中出现的断崖宣示苏武的神勇威力，一刀能砍下一段山崖——苏武断桥，但其中心点仍是歌颂苏武崇高的民族气节和爱国精神，让苏武富贵不能淫、威武不能屈的精神在中卫地区世世代代传承下去。苏武牧羊的故事千古流传，而"鸿雁传书"的典故，溯其源，也是来自于苏武，鸿雁也就成了信使的美称。

《档案博览》2015 年第 2 期

历史文献中的隆德县沿革

梁喜太

早在新石器时期，隆德境内已有人类繁衍生息。周为荒服，居西戎，秦属北地郡。汉、三国属安定郡。南北朝属北魏秦州，隋属平凉郡，唐为原州监牧地。有史可查，宋始有行政建制，初设笼竿城，后以笼竿城建德顺军，属渭州，隶秦凤路。隆德县具有悠久历史，也沉淀了厚重的文化，东望关陕，西眺河洮，南走秦州，北通宁朔；襟带秦凉，拥卫西辅，有"关陇锁钥"之称。

明嘉靖《平凉府志》卷一三《隆德县》中记载：天文分野为营室，宋始有羊牧隆城，寻名隆德，金肇县，元因之改德顺为静宁，以县隶焉。大明因元而附隶平凉府，嘉靖三十八年直隶府。清康熙二年《隆德县志》"沿革"记载：隆德天文，营室分野，《禹贡》雍州之域。周定职方，去洛二千余里，宜为男服。寻为西戎所居，故穆王征之，正今平凉以西山后州县也。秦襄公伐戎，复泾东南八百里之地，于时西北尽为戎。后为义渠、乌戎。秦昭王灭义渠，置北地郡，属县有朝那，盖今静宁、隆德、镇原、固原、平凉、华亭之交也。汉初仍秦，属北地。至武帝析置安定郡，朝那改属焉。有曰月支道者，即今静宁、隆德境也。后汉、魏、晋因之，皆属安定郡。隋属安定，或属平凉郡。唐属渭州，至德元年没于吐蕃；大中时收复，广明后复没；暨五代末始复之。宋天禧初，置羊牧隆城，元祐八年改为隆德寨，属德顺军。金肇县属德顺州，隶熙秦路，大定二十七年改隶凤翔路。元因之，改德顺为静宁州，仍属焉，隶平凉府。明仍元旧属，嘉靖三十八年直隶府。大清因之，属平凉府。

民国《重修隆德县志》"舆地"记载：隆德，《禹贡》属雍州之域。周时为西戎所居，穆征西戎，正今平凉以西山后地。秦襄公伐戎，复泾东南八百里之地，于是平凉西北尽为戎，后为义渠、乌戎。秦昭王灭义渠，置北地郡，属县有朝那，盖今隆德、静宁、固原、平凉、华亭之交也。汉初，仍秦，属北地。至武帝析置定安，朝那乃改属安定，有曰月支道者，即今隆德、静宁境也。后汉、魏、晋因之，隋属安定，或属平凉。唐属渭州，至德后没于吐蕃，暨五代始复之。宋天禧元年，初置羊牧隆城。元祐八年，改为隆德寨，属德顺军。金升寨为县，属德顺州，隶凤翔路。考《赵阳湖剳记》，张中孚以镇戎军叛降于金。又按《固原舆地记》，绍兴元年，镇戎军没于金，升军为州。则隆德入金疑与固原同时而升县也，元属静宁州。明嘉靖三十八年直隶平凉府，清因之，民国二年，属泾原道。

民国《重修隆德县志》"城池"中记载：宋天禧初置羊牧隆城，元祐八年改为隆德寨，其址在今县西北乡火家集。后改迁于六盘山下西十五里，约在金元之世，即今之县城也。

在现存的隆德县旧志中对于隆德县沿革的记载，都有"宋天禧元年，初置羊牧隆城。元祐八年，改为隆德寨，属德顺军"这一说法。依据《武经总要》《元丰九域志》记载，这一说法是错误的。

民国《重修隆德县志》"拾遗"中记载：隆德置县肇自金，即宋之羊牧隆城。《元丰九域志》："天禧元年置羊牧隆城。"庆历八年改为隆德寨，属德顺军。这时又有"庆历八年改为隆德寨"的说法。

德顺州所辖的隆德寨，并非今天的隆德县，是指北宋天禧元年（1017年）在邪没笼川（今宁夏西吉县葫芦河川）所筑的羊牧隆城，庆历三年（1043年）改为隆德寨，金皇统二年（1142年）升德顺军为德顺州的同时，升隆德寨为隆德县，故址在今宁夏西吉县将台火家集。

据史，隆德县沿革：宋大中祥符七年（1014年）在六盘山外笼竿川（今隆德县城地址）建笼竿城。宋庆历三年（1043年）以渭州陇竿城置德顺军。元祐八年（1093年）在外底堡置陇干县，金皇统二年（1142年）

升德顺军为德顺州，地址在今隆德县城。宋天禧元年（1017年）在今西吉县火家集置羊牧隆城寨，庆历三年改名为隆德寨，金皇统二年升隆德寨为隆德县，城址在今西吉县境的火家集，旧址犹存。德顺军所辖陇干县、隆德寨，德顺州所辖陇干县、隆德县。元成宗大德八年（1304年）二月，隆德县治从羊牧隆城（今西吉县火家集）迁至笼竿城（今隆德城址），并陇干县入德顺州，改为静宁州，领隆德县。原德顺州所辖地也改由隆德县领属。政治中心西移的同时，即州衙西迁，德顺旧址由隆德县接收占有，其辖域也相应地发生变化，形成了明清时的格局。

《档案博览》2019年第2期

宁夏"壬辰兵变"中的两位功臣

张发盛

明万历二十年（1592年），宁夏镇爆发了哱拜、刘东旸之乱。哱拜原是鞑靼部小酋长，于嘉靖中来宁夏，屡立战功，升任为游击将军，并任宁夏卫世袭指挥使。万历十七年哱拜被加封副总兵衔退了下来，由其子哱承恩袭任都指挥使。多年来哱氏集团在宁夏发展成较大家族势力，对地方政权形成一定威胁，新任宁夏巡抚党馨便采取了一些措施对其限制，从而引起哱氏父子的极大怨恨。而党馨本人对部下的苛刻、贪婪，又酿成他和军士之间的尖锐矛盾。他克扣宁夏驻军士兵的军饷，3年的冬衣布花银只给一年，激起了军士的愤恨。以刘东旸、许朝等人为代表的下级军官，受到士兵拥护准备起事，此等局面被受党馨排挤正在寻找机会报复的哱拜父子利用。万历二十年二月十八日，哱拜及其子哱承恩煽动兵士要求补发冬衣、月粮而起事，指使所部军锋刘东旸等拥众冲入帅府，杀死党馨等人，挟庆王起事。起事者发布告示，列诉党馨罪状，烧官署，释放囚犯，劫持总兵张维忠。5天后，哱拜义子哱云和游击土文秀从中卫率兵回镇城[①]，参加兵变。总兵张维忠自缢身亡。哱拜自称总兵，哱承恩、许朝为左右副总兵，土文秀、哱云为左右参将。哱拜一面派兵南下，阻止固原官军北上讨伐；一面分兵攻取广武、中卫等河西诸城堡，又勾结河套著力兔部进攻

---

① 今银川市。

平房①。中卫西协参将熊国臣慑于贼势弃城逃跑，中卫呈群龙无首之状。中卫人、庠生周哲虽一介书生，临危不惧，挺身而出，召集全城士绅百姓分门据守，不料城内叛变，韩范做了叛军的内应，城陷。由是，河西望风披靡，叛军气焰十分嚣张，数日之内横扫河西四十七堡，河西军官相继投降。

周哲率众据守，叛兵将领王虎扬言杀哲。同事者劝周哲去见王虎请求宽恕，哲闻言大怒，以头触柱曰："吾宁可为国捐躯，岂肯屈膝逆贼求性命。"王虎侦知哲性刚毅，且素服众望，为收买人心暂停杀念。数日后，虎遣兵攻取尚未占据的其他城池，只留数十侍卫与己据守卫城。哲得知此事，即与其子周邦筹划，约志同道合者暗藏兵器，又选择家童中机智勇敢者，携带羊、酒等前往衙署贺礼。王虎不知是计，欣然躬身出迎。哲率众一拥而上，立毙王虎于衙前，旋即率众擒拿叛兵十余人，皆杀之，中卫城得以恢复。

宁夏北部之平房堡，由宁夏参将萧如薰率军民誓死固守，虽形势极其危险而毫不退却，坚持保护城垣，叛军首领土文秀带兵围攻数月不下。萧如薰的夫人杨氏是尚书杨兆的女儿，贤淑而有英豪之气，她变卖自己的首饰，购来食品，每天准备酒肉，亲自上城犒劳将士。哱云是叛军中最勇猛的干将，他联合河套鞑靼首领著力兔猛攻平罗城，萧如薰在平罗南关设下伏兵，假装兵败，将叛兵引入南关，然后率部突然杀回。他一马当先，一箭将哱云射死，叛军纷纷败逃。萧如薰乘胜捣毁著力兔大营，俘获大批敌军和牲畜。著力兔不服，再次进攻平罗城，萧如薰又配合朝廷派来的援军，将著力兔打败。萧如薰坚守平罗城长达几个月，"铁打的平罗城"从此扬名西北塞上。

宁夏兵变，事关九边安危，万历皇帝先后两次任命三边总督赴宁夏进剿。宁夏镇城地势低洼，官军绕城筑堤，决堤放水淹城。八月初，部分城墙倒塌，城中断粮，军民大量死亡。鞑靼著力兔率兵万余，攻占外围镇北堡等地，欲牵制明军，解除围困，被明军击败。九月，明军继续增兵攻

---

①即今平罗。

城,又设离间计,使叛军内部相互猜疑,最终内讧,自相残杀。城中官绅兵民冒死出逃,城终陷。哱拜自焚身死,降者2000余人被杀,哱承恩被押送京城肢解。中卫西协参将熊国臣因畏敌逃跑被兵部问斩。

这次兵乱,历时8个月,经反复镇压,到年底才艰难平息。兵变中,城堡、水利设施、民宅被破坏,百姓在战乱中无辜惨遭杀害,中卫以及整个宁夏地区人民遭受了巨大灾难。后任宁夏巡抚杨应聘说:"'壬辰兵燹',遂举二百年之所经营者,荡然如同草昧!"意思是说,明朝二百年经营所得的经济成果,全被这一次兵乱毁灭了。可见暴乱造成损失的严重性。

萧如薰,延安卫人,为将持重,在宁屡建战功,后为宁夏总兵。"壬辰兵变"中,因南有中卫周哲,北有平罗萧如薰,守护了城垣,使百姓免遭涂炭,二人可谓名垂千古功臣,应得到后人的称颂。今日石嘴山历史文化名人馆前的小广场上就竖立着萧如薰、蒙恬、卫青等古代名人的塑像。薰亦能作诗,他的《登牛首山》二首很值得一读。

一

理棹还登岸,攀萝入紫烟
云霄千障出,色界一灯悬
石藓碑磨灭,金光像俨然
不须探绝胜,即此是诸天

二

闻道古经台,如来说法年
树因藏垢拔,水为渡迷穿
人我终无相,空门不二缘
岂惟欣此遇,投老要归禅

《档案博览》2015年第6期

"清初第一良将"赵良栋

孙建军

银川市海宝公园南侧入口以北文化长廊区域里,摆放着9尊宁夏历史名人雕塑和3组宁夏历史事件雕塑,清代康熙年间宁夏人、勇略将军赵良栋位列其中。赵良栋雕像整体为坐石造像,一身铠甲,威风凛凛。右臂弯曲摆放在右胸前,右手紧握立在身前的大刀手柄,左肩微微张开,左手安放在左腿之上,头盔摆放在左胳膊旁的石头上,整体雕塑栩栩如生,展现了赵良栋在军旅生涯中运筹帷幄的大将风采。雕塑前方立有一块三角形状的石碑,简要记述了赵良栋的生平评价,上面刻有"清初名将赵良栋(1621—1697年),宁夏卫[①]人。戎马生涯五十多年,屡建奇功。官至兵部尚书、勇略将军。《清史稿》称其为'清初第一良将'"字样。

赵良栋是清初宁夏籍名将,他曾先后参与平定宁夏兵变及三藩叛乱等事件,还先后亲率兵丁进取汉中、平定四川、收复云南,为清初政局稳定和国家统一作出了重要贡献。《乾隆宁夏府志》人物卷记述了赵良栋生平并谓之:"赵良栋,字擎宇……国初良将,论者以良栋为最。"

笔者经查阅宁夏档案馆馆藏《清实录宁夏档案资料辑录》等相关档案及史料,梳理出从康熙十五年甘肃提督张勇提名赵良栋任宁夏总兵官,到

[①]明朝在今宁夏地区的一个卫,治今宁夏银川市,属陕西都司。清雍正二年(1724年)设置为宁夏府。

康熙三十六年康熙帝派皇长子祭奠赵良栋止，共13篇赵良栋撰写的和有关赵良栋的奏折档案史料，较为完整地记述了赵良栋在宁夏期间的历史史实。现将赵良栋调任宁夏、任宁夏提督处置叛乱以及后期告病回乡和后事办理等档案史料按时间顺序进行整理，以求拼绘出"清初第一良将"赵良栋在宁夏期间的档案拼图，以此来表达对清初这位宁夏老乡的崇敬之意。

调任宁夏

康熙十四年（1675年），宁夏发生兵变，陕西提督陈福在平定兵变时遇害。为稳定宁夏大局，清廷将宁夏总兵官缺升格为提督。康熙十五年（1676年）二月二十六日，赵良栋在甘肃提督张勇的举荐下，由天津总兵职调任宁夏提督职。

为表达对赵良栋升任宁夏提督的厚爱，康熙十五年（1676年）三月二十日，康熙皇帝特"赐新授宁夏提督赵良栋鞍马、弓矢、甲胄及貂衣一袭，白金五百两，并撤御馔一筵赐之"。

赵良栋启程赶赴宁夏后，康熙十五年三月二十一日，康熙皇帝又谕兵部，令"提督赵良栋今兼程速赴宁夏，军机紧要，赵良栋抵宁夏之日，一切军务机宜，恰塔、拉笃祜等，俱与赵良栋会商行事"，表现了康熙皇帝对赵良栋到宁夏平定兵变的关切之情。

处置兵变

赵良栋赴任宁夏之际，人心浮动，防务十分空虚。面对此种形势，赵良栋不敢鲁莽激烈，而是采取小心翼翼的招抚办法，察知兵变倡乱者后，迅速捕杀了熊虎、刘德等人，散其党羽，其余官兵仍各归原职，分别调赴各地照常驻防，既不牵连，也概不追究，并公开宣布，一下子稳住了宁夏镇城地区的局势，中止了叛乱势力在宁夏及附近区域的蔓延。

康熙十五年五月丁亥（1676年6月16日），宁夏提督赵良栋疏言：自提臣陈福遭变之后，逆贼直犯宁夏，河东诸堡俱被胁从，今二十余堡一闻招抚，相继投诚。上谕：河东各堡，因地狭民稀，不能敌贼，一时被胁，诚非得已，其概从宽宥。该提督仍加意抚绥，以副朕爱元元至意。

康熙十五年七月壬辰（1676年8月20日），宁夏提督赵良栋疏言：臣按问谋害原任提督陈福者，参将熊虎等四人实为首恶，见在拨兵拘禁，伏候敕旨。上谕：吴逆背叛以来，潜布伪书，煽惑人心……今即察明熊虎等四人实系首恶，即行正法，以惩奸宄。

赵良栋兵不血刃解决了宁夏事变，清廷对他的应变办法十分满意，宁夏局势稳定后，赵良栋奉命量留官兵守备。在驻守宁夏期间，赵良栋锐意整顿营伍，留强汰弱，补招健勇，专意练兵，使其所统帅宁夏督标各营官兵在3年多的严格操练下成为一支劲旅。

告病回乡

此后，赵良栋先后亲率宁夏督标各营兵丁进取汉中、平定四川、收复云南。至康熙二十二年（1683年），因生性亢直，赵良栋上疏自陈战功，康熙皇帝最后仍以失建昌之罪功过抵消，无功可叙，只对从征部将们给以优叙，赵良栋遂以病为借口，辞去虚职，返乡治病。

康熙三十四年七月乙丑（1695年8月14日），陕西道御史龚翔麟疏参赵良栋矜功冒奏，已蒙皇上隆恩，给以一等精奇尼哈番，今越例求赐田房，乞严议定罪。得旨：着赵良栋明白回奏。至是，赵良栋遵旨回奏……得旨：……明珠过宁夏时，赵良栋又言功绩未叙。今谓十有六载从未矜功，想年老遗忘……着赏银二千两。赵良栋年已衰老，着回原籍调养。

康熙三十四年七月己丑（1695年9月7日），接到退休养病的旨意后，赵良栋又不愿意回到原籍宁夏，上奏康熙要求到江南去就医治疗："皇上念臣年老足疾，令回籍调养，但宁夏无明医，明医多在江南，臣欲往江南就医调治。"康熙批准了他的要求，还"着给与船只前往"作为南下治病的专用交通工具。

良将故去

赵良栋虽远赴江南治病，但因年老体弱，遂又回到原籍宁夏休养。康熙三十六年正月己巳（1697年2月8日），赵良栋病情日益加重，时任尚书马齐自宁夏还京，向朝廷奏述了赵良栋"卧疾，不能动履"的病情。康熙皇帝没有忘记赵良栋这位已告病退休的老将，下诏慰问"用是深轸朕怀，特赐人参、鹿尾、驰示存问。尚其善加调摄，俾夙疾顿瘳，副朕眷注至意"，以示关切。

康熙三十六年三月初六，赵良栋病故于宁夏镇城家中。康熙皇帝在赴榆林的途中听到了这一消息后，深感哀悼。

康熙三十六年三月戊午（1697年3月29日），接到昭武将军马思喀疏报：原任勇略将军赵良栋病故。康熙帝闻报后，召随驾总兵官白斌等谕曰："赵良栋伟男子也。行间著有劳绩，但性躁心窄，每与人不合。有时奏事朕前，亦言语粗率。朕保全功臣，始终容之。后有疾，朕尝遣赐药食。彼所奏，无不准行。此特欲有疾者喜悦而速愈耳。今闻奄逝，朕殊为恻然。闻赵良栋存日，与总兵官王化行不相能。朕至宁夏，务为其妻子区处，使之安生，断不使受害于其仇也。"

康熙三十六年三月丙子（1697年4月16日），康熙帝自宁夏横城渡过黄河，在河岸边，谕大学士等：赵良栋乃为国宣力建功之人，不必以其躁急性褊为意。今已身故，来朝经过其门，欲遣皇长子及部院诸臣往视致祭一次。闰三月初六，康熙皇帝又颁御制祭文，特遣大学士伊桑阿致祭。旋又钦赐碑文，对赵良栋倍加褒誉。

身后诸事

赵良栋病逝后，历代清朝皇帝没有将他的功绩遗忘。雍正八年（1730年），雍正皇帝追叙赵良栋功勋，诏准入祀贤良祠；乾隆三十二年（1767年），乾隆皇帝再次追叙赵良栋功绩，准予其一等子爵可由子孙世袭；乾隆四十七年（1782年），乾隆对群臣说："朕恭阅《皇祖实录》，内载恢复四川，进剿云南，赵良栋立功为最。"遂又晋封赵良栋为一等伯爵世袭。这虽然有点类似今天的"追认"，对死者已无多大实际意义，但对生者不失为一种安慰。

据《乾隆宁夏府志》记载："勇略将军赵良栋墓在城东张镇堡渠东"，并御制碑文以叙其功。在碑文中赞扬他"部伍森严，秋毫不犯"，谥襄忠。在宁夏府城清和门大街为其建牌坊，御书赐坊曰"勇略邦屏"，联曰"忆昔鹰扬能百胜，每思方略冠三军"。

2009年8月6日，《宁夏日报》刊登的《兴庆区掌政镇发现清代名将赵良栋府内古井》一文，确认位于掌政镇掌政村五组的一口老井为清代名将赵良栋府内所有，此井井沿由整块青石凿刻而成，井深约2.75米，井沿大青石厚30厘米，井壁内的整块青砖无破损现象，保存完好。据掌政村五组村民孟江海回忆，他小时候，赵良栋将军的府邸还在，建设规模宏大，仅剩此井，当地人称其为赵府井。

2013年3月26日，《新消息报》刊登的《掌政中学扩建挖出清名将赵良栋后人墓碑》，报道了在兴庆区掌政中学挖出清朝名将后人墓碑，依据墓碑出土地和碑上的铭文推断，4块墓碑是清代名将赵良栋后人的，从墓志可确定，女主人生前是一品诰命夫人，地位显赫。闻听挖出了家族墓碑，赵良栋63岁的后人赵金洲告诉记者，据父辈推断，他是赵良栋的第11代或12代后人，是金字辈最年长的一位。老人回忆，"我小时候，这里有两个坟，东边较大的是赵良栋的，西边的是赵良栋儿子的。早年间，家族墓遭到严重毁损，很多墓碑丢失，极具考古价值的瓷器被砸碎，就连康熙帝钦赐的蓝底金字牌匾也劈柴烧火了……"这篇报道也算是笔者能查到的关于赵良栋最新的记载了。

《档案博览》2017年第4期

清朝宁夏府新渠、宝丰二县设置裁汰的档案记忆

孙建军

雍正二年十月（1724年12月），宁夏完成卫所改制，改宁夏卫为宁夏府，其所属左卫改为宁夏县，右卫改为宁朔县，中卫改为中卫县，平虏所改为平罗县，灵寿所改为灵州。自此确立了地方府、州、县行政建制，宁夏府形成下辖"一州四县"之格局，即灵州、宁夏县、中卫县、宁朔县、平罗县。此后不久，清政府又在宁夏平原北部新置新渠、宝丰二县，宁夏府所辖一度达到了"一州六县"的局面。到乾隆年间，因地震损毁，新渠、宝丰二县被裁汰，并入平罗、宁夏二县管辖。

从延续时间上来看，二县在宁夏府行政区划沿革史上犹如昙花一现，仅仅存在十余年，便在清代县级建制序列花名册中永远消失了。

新渠、宝丰二县的设置

康熙四十七年（1708年），宁夏水利同知王全臣率领民众在唐徕、汉延两渠之间，新开大清渠一道，溉田1200余顷。雍正四年（1726年），提出对宁夏沿黄荒地插汉拖辉[①]进行开发，为了加快开发力度，于四年新

[①] 插汉拖辉，又名查汉托户、察罕托辉，蒙古语地名，取天然好牧场之意，位于今平罗县黄河西岸的大片滩地。

建新渠县。经过两年开垦，拓地面积扩大，又于六年在紧挨插汉拖辉北石嘴子地方设宝丰县。

雍正四年五月乙未（1726年9月3日），川陕总督岳钟琪等奏称：臣遵旨同通智将隆科多、石文焯所奏插汉拖辉开渠建闸之事按图验看，自插汉拖辉至石嘴子筑堤开渠，有地万顷，可以招民耕种。请于插汉拖辉适中之地建城一座，设知县一员、典史一员，再将李纲堡把总一员、兵五十名移防县城。石嘴子地方请拨平罗营守备一员、把总一员、兵二百名驻扎。中卫边口请拨宁夏镇标守备一员、把总一员、兵一百名分汛防守。自河西寨至石嘴子筑堤二百余里，开渠一道，建拦水闸八座，请于七月动工，即行招民开垦，以资灌溉。其新设县名，恭候钦定，铸给印信。均应如所请。得旨：依议。插汉拖辉之事，甚属紧要，着通智留插汉拖辉地方办事，单畴书向官宁夏，亦着前往，同通智管理事务。寻定新设县名曰"新渠"。

雍正六年十一月壬戌（1728年12月16日），川陕总督岳钟琪遵旨酌议督理插汉拖辉工部侍郎通智、单畴书折奏事宜：一、插汉拖辉地方辽阔，开垦田地可得二万余顷，止设新渠一县，鞭长莫及。请沿贺兰山一带直抵石嘴子为界，于省嵬营左近添立一县，设知县、典史各一员，钦定县名，铸给印信……一、石嘴子地方向设营汛防守，今既设两县，宜分移二城。请将守备一员、把总一员、兵一百五十名移驻添设县治。把总一员、兵一百名移于新渠城内……得旨：……余依议。寻定新设县名曰"宝丰"。

至此，新渠、宝丰二县的名称就出现在清政府的县治行政建制序列，新渠、宝丰二县设置时间应以宁夏档案馆馆藏《清实录宁夏资料辑录》中以上两份档案史料时间为准较为适宜。新渠建县的时间，应为雍正四年五月乙未（1726年9月3日），宝丰建县的时间，则为雍正六年十一月壬戌（1728年12月16日）。

新渠、宝丰二县的地理位置

新渠县治今平罗县姚伏镇东，辖境包括今平罗县东部、黄河西岸各地。宝丰县治今平罗县宝丰镇，辖境包括今石嘴山市所辖惠农区全部。

二县共属堡寨53个，皆系新渠修竣后招徕"新户"所立诸堡，分布在今惠农区及平罗县的黄河西岸至109国道间。其堡名分别为：通义堡、通成堡、通伏堡、清水营、六中堡、内五香堡、外五香堡、沿河堡、渠中堡、简泉屯、上宝闸、下宝闸、内西河堡、外西河堡、南长渠、北长渠、内惠北堡、外惠北堡、万宝池、西宝池、通润堡、通丰堡、东永固、西永固、宝马屯、聚宝屯、市口堡、内尾闸堡、外尾闸堡、上省嵬、下省嵬、沿堤堡、永屏堡、庙台堡、内红岗、外红岗、东永惠、西永惠、六羊堡、东通平、西通平、渠阳堡、灵沙堡、东永润、西永润、通惠堡、渠口堡、交济堡、内正闸、外正闸、内双渠、外双渠。

《甘肃通志》卷四《疆域》也记载了二县的幅员：新渠县"治在（宁夏）府北六十里，东至黄河十五里，西至堤埂平罗县界一里，南至南通桥宁夏县界一百里，北至通惠桥宝丰县界五十里……东北至红冈堡宝丰县界六十里，西北至威镇桥平罗县界五十里"；宝丰县"治在府东北一百六十里，东至黄河十五里，西至贺兰山四十里，南至西永惠堡新渠县界三十里，北至石嘴子山四十里，东南至东永惠堡新渠县界三十里，西南至威镇桥平罗县界二十五里，东北至黄河长堤二十里，西北至镇远关五十里"。

地理位置上，宝丰县在新渠县之东北，二县辖境东临黄河，北至明代宁夏镇城北端的重要关隘——镇远关一带，西境宝丰县以贺兰山与阿拉善厄鲁特蒙古为界，新渠县西与平罗县为界，南境与宁夏府宁夏县为邻。二县位于今宁夏平原北部地区，相当于今惠农区、平罗县至贺兰县通义乡沿黄地区。

新渠、宝丰二县的蓬勃发展

新渠、宝丰二县设立后，农业开发均取得显著成效。

雍正七年闰七月癸未（1729年9月3日），办理陕西宁夏渠工部侍郎通智疏报：宁夏等属修浚之大渠并六羊改渠，一切工程告竣。所有新渠、宝丰、宁夏、平罗四县亩田，均沾灌溉。请定两渠嘉名，以垂永久。得旨：大渠着名"惠农渠"，六羊渠改名"昌润渠"。

雍正十一年九月甲申（1733年10月13日），甘肃巡抚许容疏报：新宝等四县开垦雍正七年、八年、九年、十年、十一年田地九千四百顷，下部知之。

雍正十三年十二月甲申（1736年1月31日），又议准甘肃巡抚许容疏称：宁夏府属之新渠、宝丰、平罗三县……所有添设驿站，并令该县卫就近管理。从之。

乾隆三年十一月丙辰（1738年12月18日），甘肃巡抚元展成疏报：新渠、宝丰二县雍正七、八等年实垦田地共七百四十顷九十三亩。

从以上摘录的档案史料可以看出，随着新渠、宝丰二县的设置，二县人口大增，有力地推动了宁夏北部社会经济的发展。

新渠、宝丰二县的裁汰

新、宝二县的裁汰与乾隆三年宁夏发生的特大地震有直接的关联。此次地震遍及宁夏府所属各县，灵州、中卫、平罗、新渠、宝丰等州、县城乡无一幸免，大地震致使新渠、宝丰两县一带地面严重下陷，加上黄河河水泛涨，使南自新渠县，北至石嘴山，东连黄河，西达贺兰山，周围一二百里的地方变成一片汪洋，沿河新垦成熟地亩废弃，新渠、宝丰两座县城由于地震沉陷已成海塘。

在档案史料记载中，二县诸如田地不能耕种、产粮大幅减少、县城沉没、文武童生应考地域调整、欠籽种粮等具体由县级政权组织实施的事务已经无法完成，二县作为县级建制的职能作用正在逐步削弱，二县裁汰也就成为必然。

清政府的当务之急是救灾，故不能再修建城堡，再加上灾后户口流散严重，已不具备设县的条件，因此，就顾不上恢复二县的建制问题。至于具体的裁汰时间，应为乾隆四年三月壬子（1739年4月13日）。以下档案史料的记录，较为清晰地反映了当时地震灾区的赈灾救灾活动及清政府裁汰新渠、宝丰二县情况。

乾隆三年十二月甲午（1739年1月25日），户部复议：甘肃巡抚元展成疏言，……又新渠、宝丰二县被水灾民，除经赈口粮外，自本年十一月至次年二月，大口日赈五合，小口三合。

乾隆四年正月丁卯（1739年2月27日），谕：上年十一月宁夏地动，民人被灾甚重……着将宁夏、宁朔、平罗、新渠、宝丰五县本年应征地丁及粮米草束杂税等项，悉行豁免。

乾隆四年三月壬子（1739年4月13日），吏部等部议复：钦差兵部右侍郎班第疏称，宁夏地震，所属新渠、宝丰率成冰海，不能建城筑堡，仍复旧规；请将二县裁汰；所有户口，从前原系招集宁夏、宁朔等乡民人，令其仍回原籍；有愿留佣工者，以工代赈，俟春融冻解，勘民可耕之地，设法安插，通渠溉种；其渠道归宁夏水利同知管理。应如所请。从之。

乾隆四年十一月（1739年1月？），川陕总督鄂弥达等奏：宁夏府属新渠、宝丰二县，前因地震水涌，县治沉没，请裁其可耕之田，将汉渠尾就近展长，以资灌溉，经部议奏准行；……可灌溉新、宝良田数千顷。①

乾隆四年十一月壬申（1739年12月29日），谕：……今闻地方自上年被灾之后，新、宝二县田地被水淹浸，不能耕种，已少产米粮数十万石……

乾隆五年二月丁酉（1740年3月23日），礼部议复：陕西学政嵩寿疏称，宁夏府属新渠、宝丰二县即经裁汰，其文武童生随原籍灵州、宁夏、宁朔、中卫、平罗五属应考……臣等伏思新、宝二县招徕之民，从前原系夏、朔等五州县人民，今即拨归本籍，其户口原不加多……若将新、宝两学二十四名之额尽数拨增，未免太浮。应遵照雍正六年奏定，新、宝二县附入平罗考取十六名之额，统于灵州、宁夏、宁朔、中卫、平罗五州县内，视人文之多寡，酌量增取。

乾隆五年五月丙辰（1740年6月10日），户部议准川陕总督鄂弥达等奏：宁夏新、宝二邑县治已裁，田地荒芜，户口离散。招徕各户报垦，请照夏、朔、平三县之例，每户借给牛具银八两，赏给口粮五斗，全支本色。

乾隆七年七月丁未（1742年9月19日），工部议准甘肃巡抚黄廷桂疏称：宁夏府属之新、宝二县，因前地震裁汰，其可耕之地，经前督臣鄂弥达奏准，兴修惠农渠口，展长汉渠之尾，引水灌溉耕作，安插无业穷

---

① 《清实录宁夏资料辑录（上）》，宁夏人民出版社，1986年。

民，并请将沿河一带长堤增筑抗御。

乾隆七年九月癸亥（1742年10月5日），户部议复：甘肃巡抚黄廷桂奏称奉发查议之刑部郎中樊天游条奏，一、宁夏府属新渠、宝丰二县，原系河滩，当日按户授田，地之肥瘠尚未分晰，即照抚臣原题，每亩升科六升；……乾隆三年正值勘定升科之期适遭地震，新、宝县治议裁，归并宁夏、平罗二县管辖。

乾隆十年十月己未（1745年11月14日），豁免甘肃宁夏、宁朔、平罗并已裁之新渠、宝丰等五县乾隆三年地震前民欠籽种粮共一万一千九百三十石有奇，平罗、新渠、宝丰三县未完牛种盖房银八万六千九十九两有奇。

乾隆十一年九月壬寅（1746年10月23日），户部议复甘肃巡抚黄廷桂条陈宝丰埂外开垦并移驻分理事宜：……一、宝丰复设县治，即奉部议不准，应将埂外户民一切编排保甲稽查之处，暂令平罗县管辖。

据此，新渠、宝丰二县因地震恢复困难，无奈被清政府裁汰。该二县从前原招灵州、宁夏、中卫、平罗、宁朔五州县之民，令仍归本籍。将新渠县原辖的通宁、通朔、通贵、通昶、通吉等五堡划归宁夏县管辖。其余清水、通福、通义、五香、通成、六中等六十三堡寨及宝丰县属各屯堡全部入平罗县。二县的寿命至此终结，只能在现存的档案史料中看到二县曾经的历史。

《档案博览》2017年第3期

孙中山手抄影印本《建国大纲》档案简述

孙建军

在泾源县档案馆众多馆藏档案资料中，有一件孙中山先生遗墨——《建国大纲》手抄影印本档案尤为珍贵。据了解，该版本在全区各级国家综合档案馆馆藏档案资料中属第一次发现，堪为"孤本"。

《建国大纲》概况

1924年1月20—30日，国民党第一次全国代表大会在广州召开，孙中山在大会前手书草拟了《国民政府建国大纲》，即《建国大纲》，是中华民国成立后，孙中山针对国家建设所提出的规划方案，并作为当时国民政府的施政纲领。在大会上，《建国大纲》与大会宣言并案审议。2月22日，《建国大纲》定稿，并正式在《广州民国日报》上发表。9月24日，孙中山发表《制定〈建国大纲〉宣言》，解释该大纲内容。《建国大纲》共25条，首次阐明了民生、民权、民族三大纲领并为后来的新三民主义联俄、联共、扶助农工的三大政策奠定了基础。《建国大纲》一经发表，革命潮流的影响从华南扩展到了整个中国。新中国成立后，人民出版社1956年出版的《孙中山选集》下卷第569—571页全文收录。

《建国大纲》档案保管情况

2016年底，笔者在泾源县档案馆看到这份手抄影印线装本《建国大纲》档案。档案装订整齐，装饰精美，字迹清楚，手稿遗墨原貌得以保留，保真度高，印刷质量及纸的质量也比较好。这件影印本档案所参照的原件是孙中山写给宋庆龄的孤本，所以历史价值高于一般的影印本。

《建国大纲》为孙中山于1924年四月初二手书。封皮和封底均为蓝色，封皮左上角从上而下空白处印有毛笔手书"建国大纲"4字，落款为"宋庆龄题"。内文第一页贴附一张1924年孙中山和宋庆龄在天津的合影照片。第二页从右起，依次竖排印有"孙中山遗墨""建国大纲"和"宋庆龄题"字样。从第三页开始印有手书的《民国政府建国大纲》正文内容。正文结尾处印有手书的"民国十三年四月十二日写于广州大本营为贤妻庆龄玩索　孙文"字样，左下角有两方红印，并排拓于"孙文"的字样下，印约2厘米，均为篆书阳文，一为"大元帅章"，一为"孙文之印"。版权页右上方印有"孙中山遗墨　建国大纲"竖写标题，孙中山先生诞辰九十周年纪念筹备委员会编印。人民美术出版社出版，人民美术出版社珂罗版厂印刷，人民美术出版社荣宝斋装订，新华书店发行。1956年11月第1版第1次印刷2000册，1956年12月第1版第2次印刷2000册。全书为大16开，一版二印，纵高33厘米，横宽21厘米。从整篇内容工整的书写，落款充满爱意的用词，都可以看出孙中山和宋庆龄的互相关心、相濡以沫，为研究这对革命伉俪提供了珍贵的历史资料。

《建国大纲》内容梗概

《建国大纲》中以三民主义作为人民应有之"权"，以五权宪法作为政府施政的"能"，将建设国家的程序分为军政时期、训政时期与宪政时期3个阶段，阐述了三民主义主张和建立独立中国的愿望。第一条规定"国民政府本革命之三民主义、五权宪法，以建设中华民国"。第二至四条规定了三民主义建设的目标："建设之首要在民生"，解决人民食衣住行四大需要；训导人民之政治知识能力，以行使其选举权、罢免权、创制权、复决权；扶植国内弱小民族，使之能自决自治，抵御外侮，恢复我国际平等、国家独立。第五条规定建设程序分军政、训政、宪政3个时期。第六条规定军政时期"一切制度悉隶于军政之下"。第七条规定"一省完全底定之日,则为训政开始之时"。第八、九条规定建立以县为自治单位的操作步骤。第十至十三条为自治县的土地政策,中央与地方在资源开发、工商建设以及财政方面的相互关系。第十四至十八条为国民代表的选举、官员的任命、中央与地方权力划分等方面的规定。并规定"一省全数之县皆达完全自治者,则为宪政开始时期"。第十九条至二十四条,规划宪政开始时期中央政府的组织机构、职权划分、运作程序,以及国民大会的职权等。主要有:中央政府设行政、立法、司法、考试、监察五院;宪法未颁布之前,各院长由总统任免督率之;全国过半数省达到自治,则开国民大会,颁布宪法。第二十五条"宪法颁布之日,即为宪政告成之时"。举行全国大选,国民政府则于大选完毕后3个月解职,授权予民选政府,"是为建国之大功告成"。

附:

建国大纲

一九二四年四月十二日

一、国民政府本革命之三民主义、五权宪法,以建设中华民国。

二、建设之首要在民生。故对于全国人民之食衣住行四大需要,政府当与人民协力共谋农业之发展,以足民食;共谋织造之发展,以裕民衣;建筑大计划之各式屋舍,以乐民居;修治道路、运河,以利民行。

三、其次为民权。故对与人民之政治知识能力,政府当训导之;以行使其选举权,行使其罢免权,行使其创制权,行使其复决权。

四、其三为民族。故对于国内之弱小民族,政府当扶植之,使之能自决自治。对于国外之侵略强权,政府当抵御之;并同时修改各国条约,以恢复我国际平等、国家独立。

五、建设之程序分为三期:一曰军政时期;二曰训政时期;三曰宪政时期。

六、在军政时期，一切制度悉隶于军政之下。政府一面用兵力以扫除国内之障碍，一面宣传主义以开化全国之人心，而促进国家之统一。

七、凡一省完全底定之日，则为训政开始之时，而军政停止之日。

八、在训政时期，政府当派曾经训练考试合格之员，到各县协助人民，筹备自治。其程度以全县人口调查清楚，全县土地测量完竣，全县警卫办理妥善，四境纵横之道路修筑成功，而其人民曾受四权使用之训练，而完毕其国民之义务，誓行革命之主义者，得选举县官以执行一县之政事，得选举议员以议立一县之法律，始成为一完全自治之县。

九、一完全自治之县，其国民有直接选举官员之权，有直接罢免官员之权，有直接创制法律之权，有直接复决法律之权。

十、每县开创自治之时，必须先规定全县私有土地之价，其法由地主自报之；地方政府则照价征税，并可随时照价收买。自此次报价之后，若土地因政治之改良，社会之进步而增价者，则其利益当为全县人民所共享，而原主不得而私之。

十一、土地之岁收，地价之增益，公地之生产，山林川泽之息，矿产水力之利，皆为地方政府之所有，而用以经营地方人民之事业，及育幼、养老、济贫、救灾、医病与夫种种公共之需。

十二、各县之天然富源与及大规模之工商事业，本县之资力不能发展与兴办，而须外资乃能经营者，当由中央政府为之协助；而所获之纯利，中央与地方政府各占其半。

十三、各县对于中央政府之负担，当以每县之岁收百分之几为中央岁费，每年由国民代表定之；其限度不得少于百分之十，不得加于百分之五十。

十四、每县地方自治政府成立之后，得选国民代表一员，以组织代表会，参预中央政事。

十五、凡候选及任命官员，无论中央与地方，皆须经中央考试铨定资格者乃可。

十六、凡一省全数之县皆达完全自治者，则为宪政开始时期。国民代表会得选举省长，为本省自治之监督，至于该省内之国家行政，则省长受中央之指挥。

十七、在此时期，中央与省之权限，采均权制度。凡事务有全国一致之性质者，划归中央；有因地制宜之性质者，划归地方；不偏于中央集权或地方分权。

十八、县为自治之单位，省立于中央与县之间，以收联络之效。

十九、在宪政开始时期，中央政府当完成设立五院，以试行五权之治。其序列如下：曰行政院；曰立法院；曰司法院；曰考试院；曰监察院。

二十、行政院暂设如下各部：一、内政部；二、外交部；三、军政部；四、财政部；五、农矿部；六、工商部；七、教育部；八、交通部。

二十一、宪法未颁布以前，各院长皆归总统任免而督率之。

二十二、宪法草案，当本于建国大纲及训政宪政两时期之成绩，由立法院议订，随时宣传于民众，以备到时采择施行。

二十三、全国有过半数省分达至宪政开始时期，即全省之地方自治完全成立时期，则开国民大会决定宪法而颁布之。

二十四、宪法颁布之后，中央统治权则归于国民大会行使之，即国民大会对于中央政府官员，有选举权，有罢免权；对于中央法律，有创制权，有复决权。

二十五、宪法颁布之日，即为宪政告成之时，而全国国民则依宪法行全国大选举，国民政府则于选举完毕之后三个月解职，而授政于民选之政府，是为建国之大功告成。

永宁县档案馆馆藏档案《金兰谱》略考

张国栋　郑玉果

笔者在永宁县档案馆调研时,发现该馆馆藏档案中,有一件《金兰谱》,原系马维翰①家中所藏。

此件档案颜色鲜艳,字迹清晰,保存完好。出于好奇,也是出于职业习惯,本文拟考究其出处及人物关系,然而这些信息都石沉大海,难以考证。

其一:《金兰谱》由来、形式、格式及内容

《金兰谱》,又称《兰谱》《金兰同契》等。旧时社会的交际习俗,结拜通常都要交换《金兰谱》。金兰,其意源于《易经·系辞》:"二人同心,其利断金;同心之言,其臭如兰。"指牢固而融洽的友情,后来用于结拜兄弟或姐妹的代称。指两人或数人之间要好讲义气、情投意合或为了共同的利益,进而结为异生兄弟或姐妹。一般少者二三人,多则不限,但须单数,实际超过七人者极少,忌四人或六人,称结金兰,俗称"换帖""磕头弟兄"或"拜把子"。

关于结拜,有大家熟知的《三国演义》里的"桃园三结义"——"玄德遂以己志告之,云长大喜。同到张飞庄上,共议大事。飞曰:'吾庄后

---

① 宁夏永宁县人,生于1912年,1947年任国民党永宁县党部监察委员。

有一桃园，花开正盛，明日当于园中祭告天地，我三人结为兄弟，协力同心，然后可图大事。'玄德、云长齐声应曰：'如此甚好。'次日，于桃园中，备下乌牛白马祭礼等项，三人焚香再拜而说誓曰：'念刘备、关羽、张飞，虽然异姓，既结为兄弟，则同心协力，救困扶危；上报国家，下安黎庶。不求同年同月同日生，只愿同年同月同日死。皇天后土，实鉴此心，背义忘恩，天人共戮！'誓毕，拜玄德为兄，关羽次之，张飞为弟"。然而其中并没有《金兰谱》的记载。

据有关史学专家考证，最早有文字记载反映《金兰谱》的，出自唐朝冯贽《云仙杂记》，其云："戴宏正每的［得］密友一人，则书于簿简，焚香告祖考，号为金兰簿。"因现有档案再未发现冯贽所称的《金兰簿》实物或史书里再无文字记载为佐证，因此史学专家推测这里所称的《金兰簿》可能是《金兰谱》早期的雏形，是当时用来"焚香告祖"的帖簿，并不作为互相交换的凭证。明清以后，在文人官吏之间渐渐形成一套十分讲究的祭祀换帖仪式，通常会请阴阳先生选定良辰吉日以举行结拜仪式，每人填写一份《金兰谱》。现存明清以后的《金兰谱》实物有相当数量，大多存于私人收藏家之手。

《金兰谱》将结拜人数、每人姓名、生辰八字、籍贯、结拜时间、誓言及祖上三代（父母、祖父、曾祖）姓名等有关事项填写清楚。如永宁县档案馆此件《金兰谱》中记录的是："桃园结义，月霁风光；难兄难弟，史册流芳；义气千云，空前绝唱；懿欤休兮，穆穆皇皇。□维□士，旧雨联床；宁为管鲍，莫踵孙庞；休戚与共，永矢莫忘；全始全终，山高水长。牟颖，字敏齐，年二十岁，民国三年古历九月初二日午时生，甘肃省陇西县人，现居陇西县城妙华寺巷本宅。职业，宁省立第一师范肄业生。曾祖，（未记录）；祖，（未记录）；父，凤翔；母，李氏。兄弟，无；姊妹，无；妻，杨氏，年二十一岁；子，无；女，无。如兄马子周惠存，如弟敏齐鞠躬。中华民国二十二年九月七日。盟于本校中山礼堂"。

《金兰谱》男用大红册页，女用粉红色册页，但女用金兰谱市面印制出售的很难买到，故常以自绣单幅丝绸请人代写有关文字、基本信息。金兰谱通常会用红纸折成信封大小数折，封面写"兰谱"或"金兰谱"。

金兰谱写完后就是结拜，在天地牌位前（另一说为拜兄弟供刘备、关羽、张飞，拜干姐妹则供观音大士或对天发誓），备上香烛、供品，并将提前填写好的金兰谱亦供在香案上，依年龄大小，依次焚香叩拜，其中年长者领读金兰谱上誓言。最后，依长幼顺序报结拜人姓名。拜毕，共同饮酒（初为用鸡血滴入酒中，以示"血盟"，亦有在读誓言时饮酒者）聚餐，彼此以兄弟相称，称呼彼此父母为"干老"或"干爹""干妈"。宴饮后，集体再叩拜，撤香案，分《金兰谱》。当然，义结金兰时称呼的"干爹"与时下一些人所称的"干爹"，实际意义已差之千里了。日后若金兰反目绝交，会先烧《金兰谱》，这称为"断义"，也叫"拔香头子"。

普通百姓之间的结拜一般不用换帖，常是互相通报姓名、年龄、生辰后便以兄弟相称。民国时有了专门由出版社印制出售的《金兰谱》，制作精美，使用简单，只需在结拜时买回来填写、交换、收藏。至今我国的许多地区还沿袭着结拜金兰的习俗，只是已省去了换帖的仪式。那些曾经记录各种美好、珍贵友谊的《金兰谱》，随着岁月的流逝，流传下来的已十分稀少，其收藏价值自然不言而喻。

其二：宁省立第一师范

此卷《金兰谱》所言及的宁省立第一师范，即现银川一中（宁夏回民高级中学），是宁夏成立最早的一所学校。1906年，宁夏知府赵惟熙，与举人吴复安在"废科举、办新学"运动的推动下，将原银川书院改为宁夏府中学堂，地址在文庙。赵惟熙还亲任学堂监督，吴复安任副监督。1911年，辛亥革命爆发，宁夏府中学堂因经费拮据而一度停办。1913年，又易名为朔方高等小学，1919年又改名为甘肃省第五中学，同年与甘肃第八师范合并，时称"五中八师"，为四年制普通中学。1925年9月，冯玉祥派刘郁芬部赴甘肃路过宁夏，在银川停留期间刘郁芬曾多次到五中八师给师生讲话，并捐款1000多元，让学校设置图书馆，继又零星捐赠了许多书籍，其中有不少进步读物。图书馆成立后，定名为"兰江图书馆"（兰江系刘郁芬的字）。1929年1月宁夏建省后，首任主席门致中，将五中八师改为宁夏省立第一中学和宁夏省立第一师范。1950年，人民政府为进一步发展教育事业，将私立贺兰中学与宁夏中学合并，仍为宁夏中学，学校由城内迁至南郊陈家寨原贺兰中学校址。1954年，宁夏省建制撤销，改称为银川中学，由银川专署文教处领导。1958年，宁夏回族自治区成立，改称为宁夏回族自治区银川第一中学，简称银川一中，由自治区文教厅和银川文教局双重领导。1960年，经上级决定，与银川卫校校址对调，迁到银川城区利群东街。1976年，银川一中在利群东街校址拆除了旧有房舍，新建了两幢教学楼，新建电教馆一座。

《档案博览》2016年第6期

民国宁夏省城的商业行话

朱文华

宁夏省城①在历史上，是个有名的古城，是西北军事重镇，经济发达，人口众多，据史书记载最多时达10万之众。市场繁荣，是陕、甘、宁、内蒙古的边贸要地。每年蒙古人将大批的牲畜、畜产品、奶制品、皮毛等物品运到宁夏省城北郊的"骆驼岭"市场，换回大量生活日用品，如食盐、粮食、布匹、绸缎、茶叶及锅碗盆罐……内地商人则用大量的粮食、茶叶、食盐等换回牲畜（特别是马匹，发展骑兵；牛驴骡等，发展农业、运输业……）当时贸易、手工业都非常发达，可谓是七十二行齐全。为了保守商业秘密，各行都有自己的暗语，也叫作"行话"。这些行话，是从何时开始？虽经多方了解，没有得到准确答案。据刘家当铺的账房先生说，是古代传下来的，只是根据货币制度的变更有所变化。

现在有些误解，以为这些"行话"是用来给顾客用的，我认为不对。实际它是用于同行业商讨价格时用的，外行根本听不懂。

1932年，我到宁夏省城，由于我只有一只右眼，在以后的十年中，为了生存去当过多次学徒，我接触过许多行业。他们在一起谈生意时，行话说得很流利，一般人是听不懂的。由于时代、行业、地域、货币不同，行话差别也很大。

---

①宁夏省城即今银川市。

当时用的货币分银圆、铜圆、麻钱3种。它的行话是：大的（指银圆）、中的（指铜圆）、小的（指麻钱），也有叫大哥（指银圆）、二哥（指铜圆）、小弟（指麻钱）3种的。

开始我把这些行话死记硬背，后来我学会了"亚伟"速记①，便在他们交易时，记录下来他们的对话。在休闲时再向他们询问，并译成汉文。目前我只能找到以下几种较完整的。

1. 买卖柴草的行话：一九子，二狗子，三斗子，四有子，五溜子，六墩子，七杆子，八权子，九抓子，十柱子。如：这一车草准备给一个银元、八个铜元、三个麻钱。用行话说：这一车草我给大九子，中权子，小斗子。

2. 卖猪的行话：山（1）、川（2）、水（3）、不（4）、尽（5）、元（6）、帅（7）、有（8）、赵（9）、公（10）。生猪先估价，我给五个银元、三个铜元、八个麻钱。用行话说就是：大尽中水小有。

3. 卖煤炭的行话：当时从石炭井到宁夏省城，没有公路运煤，全是用骆驼、骡马、毛驴……驮运。这些人一到北门"牙行"（经济人）便估计重量，用他们事前商量好的价格收买，然后再上街叫卖。牙行之间商量价格用行话是：丁不勾（1）、示不小（2）、王不立（3）、罪不非（4）、吾不口（5）、交不叉（6）、皂不白（7）、分不刀（8）、馗不首（9）、会不金（10），用来代替十个数字。如这块炭给一块银元、五个铜元、七个麻钱。用行话说是给大"丁不勾"中"吾不口"小"皂不白"。

4. 刘家当铺用的行话是：由（1）、中（2）、人（3）、工（4）、大（5）、王（6）、夫（7）、井（8）、羊（9）、非（10）。如：这件皮衣给三个银元、七个铜元、八个麻钱。则说：掌柜的请写票：皮衣一件，虫咬鼠嗑，有皮无毛，破烂不堪，实当现

---

① "亚伟"速记，是唐亚伟先生发明，书写速度很快，当时很流行。

金：大人中夫小井。

5.故衣店用的是：大（1）、土（2）、田（3）、东（4）、里（5）、春（6）、轩（7）、书（8）、籍（9）、奋（10）。

6.买卖二毛皮的行话：忆多娇（1）、耳边风（2）、散秋香（3）、思乡马（4）、误佳期（5）、柳摇金（6）、砌花台（7）、霸王桥（8）、旧情郎（9）、舍利子（10）。

7.药材的行话：夜明珠（1）、耳朵边（2）、散花（3）、狮子猫（4）、乌梅果（5）、隆冬（6）、棋盘（7）、斑毛（8）、舅子（9）、省油灯（10）。

8.买卖牲畜是"牙行"在袖子里捏指头。现在有些农村集市上还在使用。

9.买木材行的行话是：高（1）、山（2）、流（3）、水（4）、清（5）、平（6）、地（7）、楼（8）、无（9）、穷（10）。如：这根木头买五个银元、六个铜元、三个麻钱。用行话则说：大清中平小流。

有的用人的五官、七窍、肢体做数字，一至五就用人的5个指头表示，大指和小指伸展是6，大、中、食指捏起为7，大指和食指伸开是8，大弯指9，左右手的食指交叉为10。有的用典故，如桃园"为三"，竹林"为七"，魁首"为五"。

(我收集了有20多个行业的"行话"，由于时间久远，多数是在废纸上书写的，有的速记稿未即时译成汉文，有的一些符号、代号现在记不清了，有的当时就没记全，只好放弃。仅供参考)

乡村匠人一盏灯

——忆旧时中卫乡村匠人

张发盛

乡村匠人是农民中间的一部分手艺人，他们并没有完全脱离土地，只是利用农闲时节从事各种手工劳作，这些劳作涉及老百姓衣食住行以及农业生产活动的各个方面。在小农经济时代，乡村匠人是农村经济、农业生产的支柱，是农村生活不可或缺的组成部分，他们的存在，使得乡村生活变得充实、从容不迫、斑斓而丰富多彩。这些匠人主要有木匠、铁匠、泥瓦匠、皮匠、毡匠、石匠、油漆匠、补锅匠、编制匠、绳匠、鞋匠、铜匠、金银匠，还有箍缸的、钉碗的……

木 匠

木匠是农村生活中用途最广的匠人，从各种农具、日用器具到建房，都离不开木匠，木匠也就成为农村中让人羡慕的比较光鲜的职业。过去农村，大抵一个村镇就有两三家木匠，每个村庄至少有一家。木匠干活，一般以小团体出现，至少有四五人，其中一人是师傅，其余是一般木工和徒弟。

木匠的工地在事主家。事主备好了木料，就可以请木工开工。开工的第一道工序是会料，由木工师傅主持。会料是考验一个木工班子声誉的重要一环。事主家备下的小山堆一样的木料，长的、短的、厚的、薄的，这么多的木料该用到什么地方？这对木工师傅是个很大的考验。好的木工师傅像一位排兵布阵的统帅，像布置军阵一样，把每一块木料都会恰如其分地用到该用的地方，最后剩下的废料只是些边头耳郭子①，这里面最忌讳的是"大材小用"。木工师傅耳朵上夹着铅笔，手里拿着三角尺，聚精会神，在木头上点点画画，像选拔将才，其他木工心领神会，在师傅点画过的木头上开始加工。拉大锯是加工的首道工序，也是木工出力最大、最苦的工序，把大木材锯成一片片板材，才可以进一步加工。

中卫人，推广一点可以说是中国人把住房看成人生最大的必需，建房使用的木工也最多。中卫的房子适应了干旱少雨、冬冷夏热的西北气候，平顶不起脊子，基子②砌墙，冬暖夏凉，分挂枋和泥抱头两种。乡下农村，两种房子皆有之，当然也有阔绰的四合院，那是地主老财家的住宅。

挂枋的房子有四梁八柱：每个梁头下面有土柱子支撑，上面有横着的土行拉住，前面有枋板，它们之间通过卯榫紧紧连在一起，形成一个天盘大框架。这种天盘框架的优越性是即使房子的墙体倒了，房顶有框架拖住、下面有柱子支撑而不会倒塌。遭遇暴风雨也会安然无恙，即使遇上地震也能抗个四五级。

泥抱头房子是先砌墙后担梁，把墙砌起来再把大梁架上去，程序较为简单，而挂枋的房子是先立木后砌墙。上梁、立木都要请阴阳先生看时辰，上供敬土神，鸣放鞭炮。挂枋的房子立木，仪式较为隆重。当日凌晨，人们就忙碌起来，到中午时分，天盘上的木料就全部架了上去。这中间，上房两条大梁是重头戏。这两条大梁，是房子身价的代表，一般是质量好的松木，大而沉，要稳稳当当架上去可要费一些力气。天盘大功告成，就要上中行。这中行大有讲究，有的在中行中间，挖有一个小槽，装着笔墨和小小的砚台，意在后辈儿孙知书达理、书香门第传家；有的镶嵌着麻钱、铜圆，意在财源广进。上中行是个喜庆场面，木工师傅站在高高的梁头上，神采奕奕，观看自己成功的杰作，更是察看站在大梁下全村男

---

①方言，零碎之意。
②砌墙用的土坯。

女老少对自己杰作的反应。看到大家喜笑颜开，他高兴极了，手握酒瓶，在大梁上步履轻盈，像是自如行走在平衡木上，嘴里唱着"奠梁头，奠梁头，兴家立业使大牛；奠梁腰，奠梁腰，仓满囤满喜洋洋；奠梁尾，奠梁尾，父贤子孝睦乡邻"，边唱边奠酒。接下来往下面撒事先准备好的核桃、枣子、馒头，"核桃、枣子撒个遍，好比刘海撒金钱""东方的馒头白又大，生个娃娃带个把；南方的馒头圆又圆，谁抢到手谁发财；西方的馒头归事主，六畜兴旺财富宽。"木匠师傅不同，唱词也各有千秋。大梁下面，年轻媳妇、孩子在争抢，场面极为热闹。东边的一个馒头是为想生儿子的年轻媳妇准备的，这早有约定，年轻媳妇早就把包钱的红包准备好了。

天盘上去了，接下来是制作门窗。门窗又是考量木工师傅能力水平的一道重要工序。门要设计一定的图案，窗棂更像是剪纸一样，一幅幅花草图案、几何图形透过一节节短小的木段把木工师傅的聪明才智尽情展现了出来。这部分是木工师傅的尖端工艺，有的是用刀子、凿子才能完成。也有简易的，这要根据事主家的要求而定。

乡村木匠的基本工具是锯子、凿子、刨子、斧头、锛、墨线盒、三角尺等，把这些工具使得样样精通、得心应手也不是件容易的事。另外，木工的眼力和尺寸的把握也是非常重要的，一道工序是否合格，一眼要能看出来；尺寸是否准确，能不能达到严丝合缝。俗语说"铁匠短了给几锤，木匠短了成跶贼"，木匠对尺寸要求是非常高的，稍差分寸，就会成为废品，费工又费料。这些，是一个徒弟出师后恐怕还需三五年才能达到的。

木工中技艺高超、出类拔萃者才可被称作师傅，其工艺的传承，除了子承父业家族传授，多是接收徒弟。子承父业虽有耳濡目染、"门里出身，不会三分"的优势，但这样的家庭多是生活优越者，子弟多有一种闲腐、骄奢之气，吃不了大苦，下不了大力，不会成就大气。而徒弟不同，被师傅接收的徒弟，一般来自穷苦人家。师傅要挑那些聪明伶俐、身体好、能吃苦、不怕累的。师傅收徒时，要举行仪式，行拜师礼，要学3年才能出徒。这3年中，除了学手艺，还要给师傅家里干杂活，包括种地。这3年只学手，不挣钱。师傅对徒弟的传授都很严格，所谓"严师出高徒"。师傅对徒弟的传艺，除言传身教，多有棍棒教育者，有"藤条出孝子，棒头出高徒"的俗语。中卫城里的陈聋子就是典型的被打出来的高徒。

木工的活计涉及各类生产工具，其中打车是大件，老牛车、轿子车、手推车是20世纪重要的运输工具，还有犁、耧、耙、耱等农具。20世纪七八十年代后，农民生活水平提高，农村中兴起打家具摆设，什么桌椅板凳、连二柜、连三柜、橱柜成了家庭的必需。接着，方兴未艾的是出嫁姑娘的陪嫁，什么五斗橱、梳妆台、大衣柜、高低柜、写字台五大件，成了娘家的必陪之物。这些，给乡村农家带来了灵动、光彩，给老百姓的生活带来了喜悦、幸福。

铁 匠

铁匠的工作是定点的，有铺子。铁匠铺一般设在村镇街道的背巷处，四根柱子支撑起面积不小的棚子，一座炉子，连带着粗壮的烟囱，烟囱口伸出棚子之外，炉子旁边安置一个大风箱，风箱推拉把手下有一个不大的方孔，方孔里面吊着一块薄木块，把方孔遮得严严的。拉风箱把的时候，方孔口开，空气进入风箱，推风箱把的时候，方孔封闭，把空气都推进了炉膛。就是在风箱不断的推拉下，一股股风送进了铁匠炉炉膛，燃起了烈烈火焰。

铁匠炉烧的是焦炭和烟煤，中卫下河沿有用烟煤炼焦炭的历史，焦炭无烟，火力强，温度高，但不易燃着；烟炭易燃，生火"救火"非他莫属。因烧炭，铁匠铺也就经常被烟雾笼罩，成了不干净的地方，自然就不能摆在街道露脸的门面之处。它虽不能登大雅之堂，但人们的生产、生活却离不开它。上世纪五六十年代之前，在稍大一点的村镇，都有一两家铁匠铺。种田用的铁锹、锄头、镢头、铲子、镰刀，生活中用的菜刀、锅铲、铁勺、门闩、铁钉，还有骡马钉的铁掌，无一不是铁匠制作的。这里还不说冷兵器时代的武器：刀、枪、剑、戟，过去时代都离不开铁匠这个手艺行当。

铁匠是个很辛苦的行业。无论晴天阴天、刮风下雨，还是天暑天热、数九寒冬，整个村镇铁匠起得最早。凌晨，夜幕还未褪去，铁匠铺的徒弟就行动起来了。风箱拉得吧嗒吧嗒响，炉火烧起来了，整个村镇也就在铁匠铺叮叮当当的敲打声中开始了一天的生活。

铁锤声惊醒了整个村镇，一家家生意摊也开始摆上了集市，赶早集的蔬菜担子涌进了街道，集市上的人多起来，买卖人的吆喝声一浪高过一浪。而这时，铁匠铺的活计也就进入了高潮：铁坯已经烧得通红，师傅左手上的大钳夹着烧红的毛坯放在铁砧上，右手握着10斤重的小榔头，两个徒弟双手握着25斤重的大铁锤，师傅的小榔头打哪儿，徒弟的大铁锤就跟着砸哪儿。师傅手中的小榔头犹如乐队的指挥棒，徒弟根据师傅敲击的部位、轻重缓急，甩开膀子抡锤砸。有句成语叫"趁热打铁"，就指的是铁匠打铁。通红的铁坯较软，稍一间隔就会变硬，就要费更大的力气。这档口，师傅的小锤砸得又急又重，徒弟的大锤更是紧追不舍，烧红的铁坯就这样由厚变薄，再烧、再捶打，就变成了铁刀、铁铲、铁锹、铁钉，变成了各种器物。然后用起子抛光，用磨石磨平，各种产品就成功了。

刀是讲究锋利的，厨房用的菜刀、割麦子用的镰刀都是越锋利越好。打刀时刀口要用钢，钢材贵重，只能用一窄绺，夹在刀刃部位，又有句成语叫"好钢用在刀刃上"，就是指打铁刀。剩下的关键技术是淬火，淬火是把已经打制好的刀，从烧红的火炉中夹出来，突然放进冷水中，这个过程看似简单，但其中的奥妙无穷，刀的锋利程度就取决于这一淬的把握上，淬火不好，不是刀刃变钝，就是刀刃变脆，崩块掉片。

因为天天抡铁锤，铁匠的胳膊也就特别有劲，手握起来，胳膊上的肌肉一疙瘩一疙瘩的。抡起锤来，那气势真有点"力拔山兮气盖世"。打铁经常汗流浃背，上身穿不住衣服，只好光着膀子干活，下身的裤子、脚上的鞋被砸飞的红铁屑烧得尽是洞。铁匠打铁时会吸引众多看客，他们欣赏铁匠的精神、勇气，特别是红彤彤的铁坯夹出来那阵，紧张的轮番砸击，带火的铁渣四处乱飞，观者往往吓得往后躲，可铁匠们视若无睹，手中的铁锤丝毫不会停止，他们不叫苦，不喊累，苦中有乐。因为一人受苦，可以养活一家几口人的生活。

铁匠不怕技术外泄，打铁过程全在光天化日之下，包括淬火的技术，观众可以看，就是同行也不避讳。火候把握是关键技术，这个道理铁匠们都懂，但其拿捏的本事不是写在纸上，而是写在心里。因此，铁匠的技术偷不去，只能老老实实干，潜移默化，熟能生巧。

泥瓦匠

泥是土和水的混合物。过去中卫农村的房子不起脊子，是平顶，也就不用瓦，所以，泥瓦匠过去在中卫就叫"泥水匠"。

泥水匠的工具很简单，一把瓦刀，一个木制抹子，一个铁制抹子，一个水平仪和吊线锤。不大的帆布包便把工具全装了，挎在肩上，走街串巷招揽活计。泥水匠的工具不多，但技术考量是不低的。眼力是考量泥水匠技术水平的关键，特别是在建房方面。泥水匠和木匠是亲密搭档，是"哥俩好"，二者紧密配合，相得益彰，才能把房子建好。有道是："木工忙半年，泥水匠来收钱"，说的是泥水匠建房时的工期短，挣钱快。

地基准备好了，泥水匠来放线，要害是拉开的线要绝对地横平竖直，这时，水平仪和吊线锤就发挥了作用。线一固定，就开始砌墙基。先砌一圈30到50厘米高的石块，然后在房子前墙的石块上砌5到7层砖，其余都用基子砌墙。

基子砌墙是粗活，农村中的青壮年都可以干。一家建房，全村人帮工，这在过去也是农村里的习惯。这一天，建房工地上热闹非凡，众人拾柴火焰高，有一个组织者像战地指挥官发号施令。几个人包一段，和泥的、运基子的、往墙上砌基子的，安排就绪，组织者一声号令，那个紧张劲儿，真像体育场上的比赛，墙就一圈圈往上涨。泥水匠这时候倒成了甩手掌柜的，东走走，西瞧瞧，看哪点墙凹进去了，哪块基子挂了线，适时指正。这时候的线，是标尺、标杆，谁也不能越雷池半分。只一天时间，大墙全部起来了，砌得又周正，事主家高兴极了，要好好招待。在落日余晖的映照下，大碗肉烩菜、各样炒菜、热腾腾的白米饭都上来了，青年人吆五喝六，一瓶瓶中卫白干让好酒者放开了怀，日落西山才把他们送回家。

大墙起来了，事主家轻松了许多，剩下的只是些零碎小活。而泥水匠也只是在安装窗框、门框时，来吊吊线，在房泥、墙泥上好了，来压压房檐，在房檐上使两层砖。至于要在墙面上抹石灰，那虽然也是泥水匠的活，不过，这样的家庭在过去是比较少的。

泥水匠的另一个拿手活是打炕。打炕是指打"扯炕",这是泥水匠另一项技术含量高的手艺。"扯炕"烧烟煤,保温时间长,干净卫生,过去中卫农村生活过得去的家庭都打"扯炕"。"扯炕"的技术要害在3个部分:一是地垄,地垄是烧煤的炉子,炉子砌得好的标志是火旺,煤炭燃烧充分,火起来了,似乎要越过炉口,却是忽地一下,全都钻进炕里面,并发出嘭嘭的响声,这时,远离的窗户纸都哗哗作响,炉子下面挖一个深坑,可积攒十天半月的煤灰。二是炕瓢子。炕瓢子要垫得实在,有一定的坡度,要让从炉子上来的火均匀地分布开,全炕都要热到。三是"狗窝"。"狗窝"是墙拐角烟囱对直炕的部分,有阳狗窝和阴狗窝之分,各有各的技巧,运用得好,都可以让烟出得利索。"扯炕"打不好,火不旺,烟不利,炕也就热不起来,那是很麻烦的。所以,打炕都要找高手,因此,泥水匠中间就出现了分化,出现了专门从事打炕的泥水匠。

打"扯炕"的泥水匠,给农户家带来了温暖,使"老婆孩子热炕头"得以实现,因此,人们对打炕的师傅也是非常礼让尊敬的。

皮　匠

过去的中卫,在山区,家家养羊,而在川区,只有少数人家有羊,可家家都离不开羊皮、羊毛,从皮手套、皮帽子、皮坎肩、长短皮大衣、皮褥子乃至皮裤子等,不一而足。中卫羊的品种,主要有绵羊和山羊。大羊杀了,剥下的皮叫老羊皮,老羊皮主要是做皮袄的。过去的中卫冬天非常寒冷,穷苦百姓为有一件老羊皮袄能御寒而满足,所谓穷人家里四件宝:"老羊皮袄狗皮帽,骆驼蛋蛋毡捂老"。对于有钱人家,他们青睐的是羔羊皮。山羊的羔羊皮叫沙毛皮,绵羊的羔羊皮叫二毛皮,都很珍贵,被称作"塞上江南"的两颗明珠,都有保暖好、轻便、美观、皮板薄而柔韧、毛纤细而有光泽、有美丽的波浪形弯曲诸特点,因此,十分珍贵,名扬中外。

做皮衣的人称皮匠。在中卫,皮匠都是清一色的男人。服装方面的缝纫、针功,本是女人们的专长,但在缝制皮衣这个领域,男人却是独领风骚。

制作皮衣的第一步是熟皮子,学名叫鞣制。从羊身上剥下来的皮子,都比较僵硬，带有很多油脂，散发着腥味，要熟皮子。一位阿拉善左旗的老牧民说，他们家家都会熟皮子。熟皮子是把硝加水熬好，晾凉，再放一定数量的酸奶和盐。一个大缸里可以放七八张羊皮，每天上下翻腾几次，把下面的翻到上面，上面的翻到下面，这样泡制约一个星期，就可去掉皮子上的油脂、腥味，又可使皮子变柔软，不伤羊毛的附着力。如果技术要求不到位，就会泡坏皮板，羊毛和皮板分离。有成语叫"皮之不存，毛将焉附"，就是针对羊皮鞣制不好说的。皮子熟好了，再用刀刮。皮匠手里拿着一把月牙形的铲刀，一刀一刀刮，直到把羊皮板子刮到洁白、柔和、干净为止。

接下来的工序是皮衣制作，中卫人叫作皮筒子。其要领和衣服的裁剪缝纫是一样的，只不过皮匠不是用剪子，而是用小刀子裁，小刀非常锋利，熟好的皮子被小刀裁成一片一片的衣料，这里讲究的是大有大用、小有小用、和木料一样，切不可大材小用。不过，皮子比较珍贵，从大料上下来的边料，可以拼接。皮匠的针功很特殊，针线走的是 N 字形。皮匠熟练的针功使两块皮子天衣无缝地连在一起，从皮板子光板一面能看出针线，从有毛的一面却丝毫看不出连接的痕迹。

老羊皮袄都比较宽大，皮板向外毛向里，不搭面子，多半是受苦人穿的。二毛皮、沙毛皮筒子，外面要搭面子。所谓"面子"，就是在皮筒子外面挂上质量好的布料，如当时时兴、挺括的咔叽布料之类，再配上栽绒领子，高级一点的，还要配上狐皮领子。

这里还要说明的是，皮匠又分白皮匠和黑皮匠，从事羊皮工艺的叫白皮匠，而从事驴皮、牛皮、骆驼皮加工的叫黑皮匠。黑皮匠的加工程序和白皮匠稍有差别，熟驴、牛、骆驼皮需要大池子，池子周围比较脏，臭气熏天，因此被称臭皮匠。臭皮匠熟皮子的工艺水平要求比较高，因此有"三个臭皮匠赛过诸葛亮"的说法。这几种动物的皮张都很大，皮也厚。皮子熟好了，铲刮的力度大，刀也大，像是过去道士的禅杖，头大大的，刮皮子也就格外吃力。

这种皮子因比较厚，柔韧性非常强，农业生产上常常用作绳索，骡马的辔头，胶车上的大绳，牲口的拥脖子，鞭子等。

皮匠给人们带来了温暖，是农业生产不可缺少的帮手，特别是制作皮衣，常常出入有钱人家，社会地位相对较高。

毡　匠

毡匠的手艺是把羊毛通过擀洗加工，变成一块厚厚的密密实实结在一起的毡。

中卫人过去睡的都是土炕，地下的潮湿要返上来。毛毡不仅可以隔潮、防潮，还冬暖夏凉，乡下人为有一块毛毡铺在炕上而满足。擀毡的羊毛是绵羊毛，山羊毛比较直，缠合撕咬度不够，擀毡一般不用它。每年春暖花开，羊身上裹了一冬厚厚的防寒羊毛失去了作用，需要轻装换夏衣了，剪下的羊毛就可以用作擀毡的材料。

擀毡前，先把羊毛里的杂质拣净，紧接着第一道工序是弹羊毛。匠人用一张大弓，拨动弓弦，发出悦耳的嘣嘣声，羊毛就在弓弦高频率的震动中跳舞，它们飞起来，像天空中一朵朵白云，再慢慢飘落下来，像是一片片的雪花，飘落在事先准备好的竹帘上。竹帘的宽度、长度，根据事主用毡的大小而定。等落下的羊毛达到一定的厚度，就用锅盖形状的木楦旋转压实，使蓬松的羊毛压紧、缠绕实落，然后，把竹帘连同羊毛一起卷紧，中间穿过一根羊毛带子，这道工序就结束了。洗毡时，炕沿铺一块木板，毡匠两手提着羊毛绳，一拉一放，脚蹬着的竹帘子一松一蹬，手脚默契配合，竹帘子在脚前来回滚动。与此同时，不停地往竹帘子上浇水。渗透在羊毛里面的水在竹帘子的滚动、碾压中被挤了出来，既对羊毛进行了清洗，又让羊毛在碾压滚动中牢牢地缠合在一起。这样周而复始，经过一个多时辰，一条白白的毡就洗好了。

洗出的毡搭在外面晾晒，晒干晒透以防虫蛀。这样洗出的毡，非常耐用，可让几代人延续铺用。

石　匠

农村中的石匠有别于宫廷、庙宇中石料雕刻制作者，石雕是一种石料雕刻艺术，但他们使用的基本工具都是锤子、錾子。农村石匠的工作对象是农村中磨面的石磨，碾米的碾子，打场、压地用的滚子。

石磨制作的技术要求高。石磨上下两扇，下扇不动，中间有轴，上下扇都从中心向圆周辐射出一条条齿子。上扇有两个圆洞，一大一小，磨麦子时，塞住大洞，留下小洞，驴拉着上扇磨在磨道里转，麦子随着上面磨扇的旋转经小圆洞进入上下磨扇中间，在石磨上下齿子的咬合下，把麦子破碎，逐渐转到磨的边沿，落在磨台上，然后收起去用罗筛子筛，筛下去的是面，上面是麸子；磨麸子时把大洞小洞都放开，磨一遍筛一遍，周而复始，约5遍，麦子里的面粉才算磨净。

麦子磨得快不快，取决于上下磨扇的齿子，磨齿子老了，就是上下扇的磨齿子磨瞀了，就要请石匠锻磨。石匠一手握錾子，一手拿锤子敲錾子把，一锤接一锤，錾子在磨齿槽中一点点往前移动，把磨齿子敲打得尖锐一些，一槽齿子錾好了，再移动到下一个齿槽，等把所有齿槽都錾过来，再锻另一扇磨的齿槽，两扇磨片都锻过来，把齿槽中的石渣清扫干净，磨就算锻罢了。磨锻的好坏取决于石匠是否认真仔细，下得了功夫。一般锻好一盘磨需要两个时辰。一盘磨使用过四五个月就要锻一次。

碾米用的碾子，由碾轱辘和碾盘组成，都是用较大且坚硬石头加工制作的。制作一副碾子可不是一件容易的事，由于体积大，石匠加工好一副碾子要一两个月，而且还得几名石匠联合起来干。好碾子的标准是：第一遍只碾掉稻谷皮，第二遍碾去米糠而不压坏米粒，每遍都把糠皮用风车吹掉。好的碾子碎米率低，碾出的米完整、洁白。

打场用的滚子是稻麦脱粒用的工具，和碾米的碾轱辘是一样的，都是一头大一头小，是个圆锥体，只向一个方向转。有个传说，说三国里的关羽收服周仓时，两人比力气，关羽看到周仓双手把打谷场上一个大碾轱辘轻轻就举起来了，害怕比不过周仓，略动心思，说何须双手，我单臂就比过你了，不信我们来比推碾轱辘。关羽站在碾轱辘大头一边，周仓站在小头一边，周仓还以为小头轻，大头重，占了便宜，结果使尽全身力气也比不过关羽。

过去的农村，就是用这样的石磨磨面、石碾子压碾稻谷脱粒，其使用超越了一千年，到20世纪70年代才被磨面机、脱粒机淘汰。

油漆匠

油漆匠和木匠可以说是姊妹对，油漆匠离不开木匠，木匠制作的家具不油漆，就会呆板、无色泽。油漆匠是美的使者，是木工家具的化妆师。

在中卫农村，油漆匠的兴起是20世纪70年代以后的事了。随着生活水平的提高，农民家家打起了家具。家具素面朝天是不好看的，经五颜六色的油漆，在油漆匠的描绘下，漂亮灵动光彩夺目。在以后的年代里，油漆的领域扩展到门窗、墙壁。美观、漂亮成了人们的新追求、新时尚，以至于由活人的追求扩展到亡灵的冥想，由过去满足的红寿材变为艺术化的寿字组合图，变成鲜艳的牡丹、莲花、千年鹤，变成鸟语花香的美妙图画，在对逝者的悲哀中寄托出美好的向往。

油漆匠的基础是美工，因此又有画匠之称，许多有图画基础的人成不了画家，但在油漆领域他们崭露头角，把绘画艺术落实到人们的日常生活中。

其他匠人

篇幅所限，其他匠人只能简略提及。

补锅匠用坩埚熔化铝或者铜补锅，要用干炭生火，用小风箱鼓风加温，把放入坩埚中的碎铜碎铝烧化，补到锅的眼洞缝隙上。过去家庭使用的铁锅，特别是过"大事"①使用的大铁锅，都是非常贵重的，有了漏水眼，补个疤，可以继续使用。

篾匠是用沙竹编制簸箕、簸篮、斗子，用芨芨编制背箩、筐子、笊篱之类。簸箕、簸篮、笊篱用在粮食除杂上，斗子用在日常提东西上，而背箩、筐子是农业生产中不可或缺的用具。沙竹、芨芨产自沙漠，是沙漠取之不尽的植物资源。今天，这些用具很少见到了，但它们的微缩型，成了

---

①农村的红白喜事。

人们欣赏的工艺品。

箍缸匠人是南方人，他们把南方的竹子运到北方，劈成窄长条，用担子挑着，走乡串户。他们拖着长长的腔调招徕生意，箍缸两个字，箍字浑厚而长，缸字短而急促，非常富有特色。过去农村冬天腌菜的缸，磨面淘洗麦子的大圆口缸，都比较贵重而粗笨，碰破了漏水，也不能轻易抛弃，修补它是南方人的绝活。竹条在匠人手中抖动，锋利的刀迅速把竹条宽的劈窄、厚的劈薄，一圈一圈箍在光滑的缸体上。它有点像孙悟空头上的金箍圈，箍得那么紧，缸破了的缝子看不见了，水不漏了，是真正的天衣无缝。

我们的农民前辈，真是太节俭了，一只碗破了还要钉了再用。钉碗的匠人用一种微小的钻，在瓷器上钻眼，那钻尖是非常坚硬的，有俗语"没有金刚钻，不揽瓷器活"。这种工艺在今天已经不多见了，破碗片、烂玻璃随处可见，可在过去，这些东西是不能随便丢弃的，农民可以光着脚丫子下地干活、随便走路而不怕扎脚。他们应是今日学习环保的先驱。还有，金银匠人是搞首饰的，铜匠是搞餐饮制品的，绳匠是用亚麻合绳的，鞋匠是上鞋、补鞋的……至于没提及的其他匠人，所谓"七十二行"，林林总总，不一而足，不再赘述。

乡村匠人，是昔日农村生活不可或缺的部分，他们的存在，促进了农业生产的发展，美化了农民的家庭生活，他们像一盏盏的灯，照亮了农家的五彩人生，给辛勤劳碌的农民增添了喜悦和欢笑。

《档案博览》2016 年第 1 期

中卫古城街巷探源

张发盛

在中卫老年人的城市记忆中,有一种记忆是永远也抹不去的,那就是古城中的街巷。每一道街巷的背后,都承载着中卫这座古城厚重的历史和文化,有着一段段耐人寻味的故事。而更重要的是,提到老街巷,就是在启动那段和它有关的生活记忆。这些街巷的由来与中卫的地理环境、历史古迹、人物、典故、风土人情以及政治、经济发展等情况都有密切关系。遗憾的是,随着城市的变迁,许多有着中卫古城珍贵记忆的街巷已不复存在,实为可惜。

中卫人的自豪和骄傲

中卫位于宁夏回族自治区中西部,是前套之首、黄河自流灌溉第一市。自古物华天宝、人杰地灵、钟灵神秀,素有"天下黄河富宁夏,首富中卫"的美誉。

中卫秦代属北地郡,西汉为安定郡,北魏属灵州鸣沙郡,北周置会州,元设应理州,明永乐年间置宁夏中卫,清雍正年间改称中卫县[①],属宁夏府。1933年,中卫县分成中卫、中宁两县。1954年,宁夏并入甘肃省,中卫属银川专区。1958年,宁夏回族自治区成立后,中卫先后划归

---

① 含今沙坡头区、中宁县和青铜峡市部分地区。

银南地区、吴忠市管辖。2003年12月31日，国务院批准，设立地级中卫市。2004年4月28日，中卫市正式挂牌成立。

明清以来，中卫人脉兴旺，外省商人纷纷到中卫经商，山西、陕西商人居多，还专门建有同乡聚会的"山陕会馆"，河南、四川、山东商人也不少。商铺依古城主要街巷坐落，鳞次栉比，布匹绸缎、日用百货、药材药铺、饭庄酒庄、当铺烟馆、皮毛枸杞发菜一应俱全，粮食牲畜禽蛋、木材皮货、木匠铁匠铺面集中在北草市巷马号市场，旅店集中在东关。加之有年种年收的黄河自流灌溉农业做靠山，一个自给自足的小城镇提供了人们生活的一切，成就了中卫人的满足感——并非妄自尊大却也自安自乐，以致有"中卫有天下人，而天下无中卫人"之说。

弥足珍贵的历史记忆

中卫从应理州建城，到明代设"卫"增修卫城，都没有街巷的明确记载，只留下都司守备署（后为副将、同知衙）、应理仓库、儒学文庙、教育署堂、训导署堂、明伦堂、应理书院等设置的记载。至清代，街巷、寺庙的设置开始明晰化。街道设置很工整，大街有3段，由东城门到西城门，中间以新鼓楼为分界线，分为东大街和西大街；由文庙、御书楼到南城门，是中山南街。大街两边是有廊柱廊檐和条石台阶的商铺，商铺后面是商家的住宅，再后面是库房，一般的商家都有一铺两院。

中卫古城巷道以南北向为主，也有与大街平行东西向的水巷子，不过这些东西向的水巷子，每隔30米左右，就有一条两米来宽、连接两条东西巷道的碎①巷子，方便了两条巷道之间人们的往来。许多以农业、手工业为主的人家多住在巷道。此外，一些大地主、官宦人家也住在巷道，但都是漂亮的四合院，大门前有石头狮子，有高高的旗杆，房子多，占有较大地面。如旧鼓楼南二道巷的刘端甫宅邸、三道巷的张凤池宅邸，旧鼓楼北巷太平巷的苏氏宅邸、地藏寺巷的余瑞吾宅邸，南槐树巷宋亚轩宅邸、蒋举人宅邸，新鼓楼北巷的刘家瓦房，新鼓楼南巷的贺贡元宅邸等。这些

---

①方言，指小之意。

富户，都是三进院，前院叫车院，院内停车，住长工，还有牛、马、驴、骡、猪的圈棚；中院是有出插廊檐的四合院住宅，有堂屋、祠堂、厢房、对厅，祠堂在堂屋两边，各有一个小院，上有天井；后院是碾坊、磨坊和杂物房。这些富有人家的住宅，装扮、美化了城池街道，显示了中卫城池在一定历史阶段的富裕和辉煌。

沧海桑田，中卫城内的街巷经历了缓慢的蝶变。20世纪80年代，中卫县人民政府对全县地名进行普查，县城大街、巷道开始以政府的名义明确了下来，有的保留了原名，有的确定了新名。

昔日的中卫古城街巷

为了让中卫古城历史文化留下记忆，笔者经到中卫市档案馆查阅馆藏相关档案和《中卫县地名志》《建国前中卫城区寺庙祠古迹简介》等资料，并询及多位耆老，现就中卫城区街巷位置及基本情况简述于下。

北大街　由鼓楼北至火车站，以鼓楼方位取名。1960年开辟为36米宽、长1公里的街道，并埋有下水道，架设路灯，铺柏油路面，种行道树及绿化带。

南大街　由鼓楼南至南环城路。1982年开辟为长800米、宽36米的大街，架设路灯，铺柏油路面，种行道树。

中山街　由红太阳广场南至中卫二中，长1公里许，宽9米，铺柏油路面，架有路灯。

东大街　由鼓楼东至东园乡农具厂。1960年宽辟整修，长2公里，宽29米。铺柏油路面，架有路灯，埋有下水道，种行道树及绿化带。

西大街　由鼓楼西至沙渠桥。1960年宽辟整修，长2公里，宽29米，铺柏油路面，架有路灯，埋有下水道，种行道树及绿化带。

南环路　东起中卫中学，西到中卫县饲料公司。1978年开辟，长1.2公里，宽22米。铺柏油路面，架有路灯，种行道树。

东环路　南起中卫中学，北至地毯厂。1978年开辟，长1公里，宽22米。铺柏油路面，架有路灯，间隔植行道树。

北环路　东起地毯厂门前，西至关桥村委会驻地。1960年开辟，长

1.2公里，宽22米，铺柏油路面，架有路灯，植行道树。

西环路 南起饲料公司，北至关桥村委会。1978年开辟修建，长1公里，宽22米，铺柏油路面，架有路灯，植行道树。

黄湾 在镇东南角，以姓氏住巷得名。

南街 在镇南中山街两侧，以方位得名。

西关 在镇西南角，以方位得名。

雍楼 在镇东北角雍楼巷内，以姓氏楼牌得名。

高庙 在镇北的高庙西侧，以高庙得行政村名。

前锋 在高庙村西南边。1958年组织开荒队到沙漠边开荒，带头在前，得行政村名。

城北 在镇西北边太平寺巷内，以方位得名。

城隍亭巷 在镇西北角与西环城路北段平行，南北向，以庙宇得名。

槐树南巷 南北向，在西大街北，北槐树巷口至南环路，以地物方位得名。宽3米，铺炉渣，装有路灯。

槐树北巷 南北向，在西大街北，南起槐树巷口，北接北环城路西段。宽3米，铺炉渣，装有路灯。

旧鼓楼北巷 在西大街原旧鼓楼处，南从西大街起，北接北环城路西段。宽3米，铺炉渣，装有路灯。

旧鼓楼南巷 北从西大街旧鼓楼起，南接南环路西段。宽3米，铺炉渣，装有路灯。

雍楼巷 在东大街北侧、中卫一中东边。南北向，长约500米，铺炉渣，装有路灯。

北草市巷 在东大街北面、雍楼巷东边。南北向，长约500米，铺炉渣，装有路灯。

南庵巷 在中山街西边、西大街南面。南北向，以庙宇得名。

解放巷 又名牛王寺巷。在东大街南面，北起东大街，南至一小后巷，向东与东环路南段相连。长约550米，铺炉渣，装有路灯。

太平寺巷 在镇西北角，西起城隍亭巷，东接旧鼓楼北巷，以庙宇得名。长约1公里，宽3米，铺炉渣。

灯塔巷 在太平寺巷南边，起至同太平寺巷。旧以巷口设灯架得名。

招待所后巷 在灯塔巷南边，起至同灯塔巷。铺炉渣，装有路灯。

张家楼巷 在高庙前边。西接旧鼓楼北巷，东连北大街。铺炉渣，装有路灯。

会馆巷 在县政府后五金公司南边，西起旧鼓楼北巷，东接北大街。以通山陕会馆得名。铺炉渣，装有路灯。

团结巷 在镇东北角。西起北大街，东接东环路北段。长约1公里，宽3米，铺炉渣，装有路灯。

西头道巷 在西大街南边。东西向，西起槐树南巷，东接南大街。长约800米，宽3米，铺炉渣。

西二道巷 在西头道巷南面。西起西环路南段，东接南庵巷。长约60米。

西三道巷 在西二道巷南边。西关至旧鼓楼南巷。

黄湾巷 在镇东南角，西连南大街，东接解放巷。长约1公里。宽3米，铺炉渣，装有路灯。

东二道巷 在黄湾巷和东三道巷中间，东西走向。长约800米，宽2米，铺炉渣，装有路灯。

东三道巷 在东二道巷南边，东西向，南大街与东环路南段相连。长约1公里，宽3米，铺炉渣，装有路灯。

民族巷 南起东大街食品公司东侧，经清真寺向北延。长1公里多，宽3米，铺炉渣，装有路灯。以有清真寺得名。

常家街口 在灯塔巷与旧鼓楼北巷交会处的十字街口，以姓氏得名。

七棵树 雍楼村驻地，以7棵杨树得名。

南草场 又名南操场，今农贸市场。以原堆放马草得名。后搞壮丁训练又叫操场。

高庙巷 在镇北边，东起北大街，西至旧鼓楼北巷百货公司仓库北墙边。长约1公里，宽3米，铺炉渣，装有路灯。

向阳巷 在镇西南边，北起西大街西街商店对口，南至西关村通往南环路。长约1公里，宽3米，铺炉渣，装有路灯。

东方红南巷　在镇西南角大河厂东侧,北起西大街,南至四排水沟。长约1公里,宽3米,水泥路面,架路灯。

20世纪80年代,中卫县城街巷逐年加快了变化,特别是2004年中卫撤县立市后,城市面貌变化之快真是日新月异、翻天覆地。宏伟壮阔的新市区面貌已经无法和过去连到一起,昔日的街巷只能成为文字记载和老年人心中的记忆。

《档案博览》2017年第2期

中卫市城区寺庙古迹探源

张发盛

宁夏中卫是古丝绸之路北道上的一个重要驿站，佛教传入较早。中卫地区人民为求神灵保佑，商贾、士绅、善男信女募化捐助，兴修寺庙，烧香拜佛。自明清以来，中卫市古城区内建起的寺庙计有"九寺十八庙，两庵加一祠"，还有楼、阁、堂、亭、馆等多处。一年之内，庙会接连不断，艺人献艺，社火捧场，逛会拜佛、诵经还愿、看大戏娱乐身心，成为人们生活中的重要社会活动内容。

为了中卫市城区寺庙古迹历史文化留下记忆，笔者经查阅中卫市档案馆诸多馆藏档案资料和调查询及多位耆老，现就中卫市城区寺庙古迹位置及基本情况简述如下。

各具特色的九寺

保安寺 坐落于高庙脚下，建于明代，清代重修。正殿、配殿等25间，大门外空场地有戏台，住有僧人，寺产土地69亩。寺会是农历二月十五日，佛、道两教联合承办大型寺会，艺人献戏3天。

牛王寺 原址位于新鼓楼南巷东南隅，建于清代。正殿、配殿25间，住有僧人。寺会是农历七月十五日，和尚诵经，为典型的道教祭祀活动，艺人献戏3天。

地藏寺 原址槐树北巷东侧，建于清代。正殿、配殿48间，有戏楼，内供地藏王菩萨、十殿阎君等，住有僧人。寺产土地 19 亩。寺会是农历七月三十日，和尚诵经，艺人献戏 3 天。

净土寺　原址在旧鼓楼北巷东张家楼巷西南，建于清代，正殿、配殿等 28 间，住有僧人，寺产土地 64.8 亩。寺会是农历九月三十日，诵经 3 天。

太平寺　址在槐树北巷东侧太平寺巷内，建于清代。正殿、配殿 30 间，尼姑住宿，几经修饰扩建，本寺现存。寺会是农历七月十五日，献戏 3 天。

准提寺　原址在东北城墙角内，建于清代。正殿、配殿等 21 间。住有尼姑，寺产房屋 32 间，土地 52.6 亩。寺会是农历四月二十日，为眼光菩萨诞辰，诵经 3 天。是日，带香油和用纸画的眼睛前来还愿，每次过会可收香油 3—5 缸。

圆通寺　原址在新鼓楼南巷东侧，建于清代。正殿、配殿 31 间。寺产土地 15 亩。寺会是农历八月十八日，艺人献戏 3 天。

观音寺　原址在城西南垣角外，建于清代。正殿、配殿 21 间。寺产土地 4 亩。寺会是农历二月十九日，佛教众生诵经、跳民间单鼓舞。

宏宗寺　原址在山陕会馆巷东北隅，建于清代。正殿、配殿 12 间，寺会是农历八月二十日，跳单鼓舞。

数量众多的十八庙

高庙（始称玉皇阁）　为中国古建筑经典之作。楼高 29 米，耸立城中，气势雄伟。坐落于北城垣台基上，建于明代永乐年间。1942 年因香火不慎被焚，民间匠师陈铭、汪学仁、狄振义"三聋子"合力重修，历时 3 年完成建筑工程。有主楼 3 层、中楼 3 层、文武楼及转楼共计 235 间。庙产油坊一所，土地 18.6 亩。庙会是农历二月十五日和九月三十日，每会艺人献戏 3 天，香火甚盛。

文庙　原址在西大街北侧，紧靠街面，建于明代。除大成殿，并有尊经阁（御书楼）和崇圣、名宦、乡贤、忠义节孝四祠，大门正面影壁刻有"万仞宫墙"4 个金字，东西牌坊，立有石碑，上书"文武官员至此下马下轿"。每年农历八月二十八日孔子诞辰日举行大典，行三跪九叩大礼，由地方最高长官亲临宣读祭文，多为政府官员、学校师生参加，仪式庄严肃穆隆重。

武庙　原址在东门外北侧，建于清代。正殿、配殿、武侯楼共36间。并建戏台、牌坊，庙产土地4亩。庙会是农历五月十三日，艺人献戏3天。

老关庙（行宫）　原地址在东南城墙内围，建于清代。正殿、配殿、戏台共36间，庙产土地6亩。庙会是农历五月十三日，艺人献戏3天。

城隍庙　原址在西大街北侧、旧鼓楼东边，建于清代。建筑规模较大，有正殿、配殿，二道门前建有戏台，后设寝宫5间，供奉木雕城隍，共计47间，住有僧人，庙产土地89.6亩。庙会是每年清明节前一天，为城隍出府日，出府时，头戴翘天翅帽，身着蟒袍，足蹬朝靴，甚是威严。出行时在西大街摆銮驾，城隍坐八抬大轿，前有四面龙凤旗，仪仗执事列队循行，持"回避""肃静"二牌，木雕童男童女骑真马护驾，乐队齐奏，僧人诵经送行，前往西门外城隍亭（行宫）落榻，九月九日重阳节打道回府，场面威风壮观，艺人献戏3天。

财神庙（玄台庙）　原址在西门外北隅，建于清代。正殿、配殿、戏台共37间，住有道士。庙产土地15亩。庙会是农历七月二十日，由小商贩、菜贩出资供奉，艺人献戏3天。

大庙（朝天宫）　原址在会馆巷西北隅，建于元代。正殿有飞檐，配殿有戏台共17间。庙会是农历三月一日，由"三坊"（磨坊、油坊、酒坊）行业捐资供奉，艺人献戏3天。

鲁班庙　原址在会馆巷南侧，建于清代。正殿、配殿、戏台计15间。每年4次庙会，由木匠行业捐资兴办，农历二月十五日，祭祀太上老君，抬素贡；农历五月七日，祭祀鲁班师，抬猪贡；农历七月二十二日，祭祀福禄财神，抬羊贡；农历十一月十七日，祭祀鲁班诞辰最为隆重，抬猪贡，请艺人献戏3天。

火神庙　原址在南面外城垣东侧，建于清代。正殿、配殿、戏台计18间。庙产土地3亩。每年过庙会两次，农历四月二十八日，艺人献戏3天；另一次是农历十月十五日药王诞辰，由药铺行业捐资抬贡祭祀。

衙神庙　原址在西大街北侧地藏寺巷内南隅，建于清代。正殿、配殿共9间。庙会是农历二月二日，搭台艺人献戏，耍龙舞狮3天。

三皇庙　原址在东门外东南隅，建于清代。正殿、配殿、戏台共25间。庙会是农历三月一日，艺人献戏3天。庙内有木雕的虫王，带座，为活动性，遇有农村发生虫灾，乡民请神抬出虫王去受灾地区祭供。

东岳庙　原址在东关南墙边，建于清代。正殿、配殿、戏台计30间。庙会是农历正月八日和三月二十八日，前者诵经，后者艺人献戏3天。

关帝庙　原址在高庙东南、新鼓楼北巷东北侧，建于清代。正殿、配殿、戏台共26间。庙会是农历九月九日，由商会捐资请艺人献戏3天。平时为直（冀）鲁、豫会馆。

经堂庙　原址在城内西南隅城垣脚下，建于清代。正殿、配殿、斋房计22间。庙会是农历三月二十日，诵经3天。

北庙　原址在东关北隅，建于清代。正殿（两层）、配殿计28间。庙会是农历九月九日，白天诵经，晚上请艺人演唱皮灯影戏。

张娘庙（三霄殿）　原址在城内东南隅，建于清代。正殿、配殿、戏台计30间，住有尼姑。庙产土地4亩。庙会是农历七月十二日，百姓为幼儿患病来许愿或还愿赎身。庙会规模大，艺人献戏3天，并跳单鼓舞献艺。

神龙庙　原址在西门外沙渠桥头西侧，建于清代。正殿、配殿、戏台计38间。庙会是每年春季美利渠放水之日，百姓携儿带女迎水踏浪、钻桥过关，以求吉祥安康。庙会规模大，逛会人多，撒食旦（蛋），艺人献戏，热闹非凡。

廒神庙　原址在南门内东侧，建于清代。正殿塑有仓神，配殿为粮食仓库，官府管理，库兵守护。每年夏、秋两季征粮时，先祭奠，后征集。

业已消失的两庵一祠

菠萝庵　原址在旧鼓楼北巷张家楼巷南侧，建于清代。正殿、配殿计13间。过会是农历四月八日，艺人献戏3天，与水路堂同日过会，女居士参加诵经，称"坤山会"。

南庵　原址在旧鼓楼南巷东南隅,建于清代。正殿、配殿计17间。过会是农历四月八日,举行"水会",跳单鼓舞。"水会"是一种民间规模较大的地方神乐会。活动时,前面有12人高举彩旗,锣鼓齐鸣,由4名壮士抬一架小神楼,并有两人各担一小木桶,后有10名阴阳身披道袍,参与群众跟在后面,有乐队伴奏,吹吹打打来到黄河边祭祀神龙。其后,阴阳取黄河水,散发与众人喝,俗曰喝后可免灾避邪。参与人多,阵容庞大。

广生祠　原址在草市北巷北隅,建于清代。正殿、配殿计19间,内供三皇五帝。过会是农历七月七日,跳单鼓舞。

结构精巧的楼阁

新鼓楼(钟鼓楼)　居县城道路之中央,始建于明崇祯四年(1631年)。清嘉庆二十二年(1817年)夏历五月十四日,不慎失火,楼成灰烬,仅存基址。清道光十一年(1831年)重建,楼凡3层,上层为魁星阁,中层是文昌阁,下层是观音菩萨殿。鼓楼通高23米,八角玲珑,结构严整,形式美观。鼓楼底座开4道拱门,路通东南西北。拱门上镌刻横额,东曰"锁扼青铜",南曰"对峙香岩",西曰"爽挹沙山",北曰"控制边陲"(原为"控制边夷")。每年两次庙会,农历九月十九日和十月十五日,民间艺人献艺,晚上演唱皮影戏3天。底座平台建有小钟楼,内设铸铁大钟一口,专人司管。每日拂晓定时撞钟,众人闻钟而起,称之"亮钟"。

旧鼓楼(灵瑞坛)　原址在西大街旧鼓楼南北巷居中,为元代应理州(中卫)城西门楼,明代城区向西扩建,鼓楼保留下来,故称"旧鼓楼"。底座上建殿宇14间,鼓亭一座,每天黄昏击鼓,与新鼓楼的晨钟敲击配合,为"暮鼓晨钟"。庙产有住房10所,土地3亩。过会是农历九月九日,诵经3天。

文昌阁　原址在城墙的东南角上,建于清代。为木质结构、八角三层的阁楼。农历九月九日重阳节为聚集日,地方名士、文人墨客、秀才举人登高赋诗赏月,挥毫作画,观赏城内外景色。

藏经阁　原址在东大街新鼓楼东南侧，建于清代。正殿（两层七间）、配殿、斋房共22间。楼上布满经架，藏有佛教《大藏经》典籍千余卷。过会是农历六月六日，由佛教大师主持，引领众僧及教徒诵经、转经。并邀请众多学生参加，每人端经一卷，燃点香火，登上城墙，绕城垣一周，意为"晒经"。

记忆中的堂亭馆

水陆堂　原址在高庙西侧，初建于唐，清道光和民国初两次重修。正殿、配殿、斋房计28间，过会是农历四月初八，诵经3天，由男居士参加，又称"乾山会"。

城隍亭（城隍行宫）　原址在西门外北城墙边，建于清代。亭台及戏台计11间。过会是清明节。节前一天为城隍出府日，城隍和童男童女都系木雕，体形与真人相似，身穿蟒袍。出府或打道回府，前面有执事鸣锣开道，城隍乘坐八抬大轿，童男童女骑马护行，马童牵拉护卫，阵容隆重。清明节亭内香火缭绕，亭前举办交易会，农副产品、用具、建房木材、杂货等应有尽有。所有出售的产品，均没有行市，随口要价，信口还数，自顾自卖，谓之"囊包"。艺人献戏3天。

山陕会馆　原址在会馆东头，建于清嘉庆年间。正殿（带圈棚）、配殿、戏台计30间。过会是农历五月十三日，艺人献戏3天。为山西、陕西两省来卫经商者集资兴建。

《档案博览》2017年第4期

邮票中的档案故事

黄 华

我国发行过两套档案题材的邮票,第一套是《国际档案周》纪念邮票,第二套是《中国古代档案珍藏》特种邮票。

1979年11月26日,为配合国际档案理事会举办的国际档案周活动,强化人民群众的档案意识,原邮电部发行了编号为J51的《国际档案周》纪念邮票,全套3枚,由著名邮票设计师孙传哲先生设计。

第一枚为《中央档案馆》,主图是中央档案馆的外景。图案采用水彩画的表现手法,描绘了中央档案馆的雄姿。画面采取仰视的透视角度,把中央档案馆的主楼刻画得更加高大。主楼前是青翠碧绿的草坪,背景为蓝天和由周恩来总理题写的档案馆馆名,题字为红色,在蓝天的映衬下十分醒目。

第二枚为《皇史宬——金匮》,图案是皇史宬(qi)里珍藏的"金匮(gui)"。"匮",意指存放贵重物品的箱子,是古代皇帝用于收藏绝密文件和档案的工具。金匮,存放于皇史宬正殿"石室"中,现存数量达150余个。皇史宬中的金匮主要用于存放皇家的实录、圣训、玉牒等珍贵档案。这些金匮的制作工艺非常考究,内箱体为樟木,材质耐久防虫;外表铜皮镏金,并手工敲凿龙纹,坚固精美。金匮邮票选用红色衬底,使画面显得更加深沉和厚重。

第三枚为《皇史宬正殿——石室》。"石室金匮"第一次携手进入了具有"国家名片"之称的邮票领域。出现专以石室金匮——皇史宬和历史档案为题材设计的邮票，实属罕见，图案是皇史宬全景。这是一座单檐歇山顶建筑。屋顶上覆盖着金碧辉煌的琉璃瓦，四周是厚实坚固的朱红色墙壁，下面是围着汉白玉栏杆的石阶和基座。整个建筑显得富丽庄严、坚实稳固，展现了昔日皇家档案馆的风采。皇史宬坐落于北京市中心附近的南池子，始建于明朝嘉靖十三年（1534年），为皇家档案典籍库。其建筑包括正殿、东西两座配殿、碑亭、宬门等。正殿"石室"为砖石结构，未用木材，墙厚6米，设有换气窗口，以优良的物理条件保障档案典籍库的通风和温湿度，以期"纸寿千年"。邮票画面配以黄色背景，尽显皇家气派与昔日皇家档案库的风采。票面上"皇史宬"3字，由时任中国邮票总公司邮票设计室主任孙少颖先生书。

第二套是1996年9月2—7日发行。为配合第十三届国际档案大会在北京举行和反映中国档案事业发展，原邮电部发行了编号为1996-23T的《中国古代档案珍藏》特种邮票。全套4枚，由著名邮票设计师王虎鸣设计。

第一枚为《甲骨档案——商代龟甲》。选用的龟甲，是1991年10月从河南安阳殷墟出土的一块完整的商代龟甲。甲骨文是我国现存最早的文献文字记录，当时刻在龟甲上表现人类活动。经过联合国教科文组织世界记忆咨询委员会的评审，甲骨文入围《世界记忆遗产名录》。由甲骨文一脉相承发展到今天的汉字，才使中华文明发展至今没有中断，从而演变成了中国古代独特而真实的第一手最早的档案史料。

第二枚为《简牍档案——简牍》。简牍指中国古代以经过整治的竹、木为记录载体的文献。"简"是用竹、木削成的长条；"牍"是用木头或用竹剖成的板片；上面的文字是用毛笔书写的。其内容涉及社会政治、经济、军事、民情等各方面。

第三枚为《金石档案——明代铁券》。丹书铁券俗称"丹书铁契"，又名"金书铁券""金券""银券""世券"等，俗称"铁券"。丹书：用朱砂写字；铁契：用铁制的凭证。古代帝王赐给功臣世代享受优待或免罪的凭证。文字用丹书写铁板上，为了取信和防止假冒，铁券剖开两半，朝廷和诸侯各存一半。

第四枚为《纸质档案——清代国书》。清代国书是大清国与外国交往时使用的专门文书，通常具有礼仪性和凭证性的特点。邮票所选用的清代国书是清政府于光绪三十一年（1905年）致比利时国书。满汉文合璧，织锦面江崖海水龙纹函套，十分精美。这件国书有着不同寻常的故事。清光绪三十一年六月十四日，光绪帝下旨，派载泽、戴鸿慈、徐世昌、端方、绍英等五大臣出洋考察政治，随身携带精心准备的国书转达给各国君主。八月二十六日，考察团成员准备乘火车离京。当火车即将开动之时，反对君主立宪的革命党人吴樾在火车旁引爆炸弹，载泽、绍英受轻伤。此次出洋考察因此未能成行，考察团携带的几件国书也就留在了宫中。其中就有这件清政府致比利时国书，现藏于中国第一历史档案馆。邮票主图为国书函套，背景为国书正文汉文部分的局部，充分展现了这件清代档案华丽典雅的装帧。

值得一提的是，除了作为邮票图案，皇史宬、石室金匮、清代国书还出现在邮票的首日封上。当时为配合《中国古代档案珍藏》特种邮票的发行，中国集邮总公司、北京市邮票公司分别印制了邮票首日封和邮票丝织首日封，这些邮品均选择皇史宬主体建筑石室作为主图，金匮、实录、圣训、国书等珍贵历史文物与档案也分别印制在首日封上。

斗转星移，光阴荏苒。中国第一套档案题材邮票已发行近40个春秋，发行这两套邮票是为了展示我国源远流长的历史，小小邮票，方寸空间，常常体现出一个国家的历史、科技、经济、文化、风土人情及自然风貌等特色。这两套邮品所反映的历史内容都包含绽放着人类智慧的光芒，它是中国劳动人民长期以来辛勤劳动的结晶，是留给我们子孙后代的宝贵财富。档案与邮票的完美结合，推动了历史与文化的传播，一枚枚邮票与信封通过现代"邮驿"的传递，让邮票、档案走进了公众的视野。

《档案博览》2018年第1期

鉴往知来

——宁夏档案馆馆藏实物档案的故事

滕鲁平

放眼百年，斗转星移。当人们用一种按图索骥的目光追寻消逝的岁月时，一卷卷档案、一册册书籍、一张张图片在片段式的记忆中，将历史一一递送而来。也许，你可以通过一段文字回到硝烟弥漫的过去；也许，你可以通过一件实物看到历史的痕迹；也许，你可以通过一盘影音带领略历史的悲欢离合……一份珍藏就是一种记忆，一份档案就是一种记录。走进宁夏档案馆，用发现的目光触摸历史，残片缀结处，宁夏沧桑无数。2017年5月5日，依据文物藏品定级标准，经宁夏回族自治区文物局专家组鉴定、评审，宁夏档案馆现存有17件可移动文物，均属"玺印符牌"类。其中，二级文物3件，三级文物1件，一般文物13件。今天，请跟随我，给您讲述珍藏在宁夏档案馆里的文物，寻找它们的发生地，在遐思中回望宁夏的过去，在历史长河的一点一滴中感受那逝去年代的气息。

九边军事重地——宁夏镇

明代木质"甘肃宁夏镇属洪广营"印章，是一件三级文物。宁夏地处祖国边陲，为历朝历代兵家必争之地，素称"关中屏障，河陇咽喉"，战略地位极其重要。自明朝中叶以后，由于宦官专权、豪强兼并，在内地爆发此起彼伏农民起义的同时，鞑靼、瓦剌等蒙古各部不断侵扰边地。明廷为了防止蒙古各部的侵扰,从东起鸭绿,西抵嘉峪,绵延万里,分地守御。据《明史》和《明实录》记载,在北边防线上"初设辽东、宣府、大同、延绥四镇,设宁夏、甘肃、蓟州三镇",加之固原和山西的偏头都派兵把守,统称"九边"。明建文四年(1402年)将地处沿边的原宁夏府城立为"九边重镇"之一。从此,军事重地"宁夏镇"正式创立——天然屏障贺兰山绵亘150公里,沿山有主要隘口30余处,洪广营位于正中,辖有山口19处,均为宁夏镇中的军事营盘。上隶属陕西都指挥使司,下辖宁夏卫和左屯、右屯、中屯卫以及前、中、后卫等地,其地理优势得天独厚。又据文献记载,洪广营为明万历三十三年(1605年)所建。相传建城时,有一姓洪名广的小孩子出于好奇心,曾将施工标旗偷移到自家门前,遂将洪寨圈入城内,且因城为驻兵而建,故称洪广营。宁夏档案馆馆藏"宁夏镇属洪广营"印章让人能够感受到宁夏镇在历史上重要的军事战略地位,由此也造成它行政区划频繁变更。

冯玉祥革命转折——五原誓师

"民国冯玉祥赠革命纪念章"为二级文物。冯玉祥,字焕章,中国国民党爱国将领。在此,我们将通过此枚革命纪念章为大家介绍冯将军人生的重要转折点——五原誓师。冯玉祥于1926年1月通电下野,2月20日取道外蒙古,赴苏联考察。其间,国内的革命形势发生了急剧变化。1926年7月,国民革命军在广州誓师北伐,轰轰烈烈的北伐战争开始了。中共北方区委根据当时形势,加紧对国民军进行团结改造工作,冯玉祥在中国共产党的帮助与鼓舞下,于8月17日回国,并于9月16日抵达五原。在五原会议上,国民军一军张之江、李鸣钟、鹿钟麟、宋哲元,二军邓宝珊、李云龙,三军徐永昌,五军方振武,六军弓富魁等推选冯玉祥为国民军联军总司令。冯玉祥当即发表宣言,表达了他的政治主张:尊奉孙中山先生遗嘱,进行国民革命,实行三民主义。响应国民革命军北伐,团结战斗,实现先生遗愿。遂于9月17日举行了震惊中外的五原就职誓师授旗典礼大会。国民军联军全体官兵遵照冯玉祥的命令,以国民党党员身份参加大会。冯玉祥庄严宣誓就职并宣读誓词:"本国民军之目的,以国民党之主义，唤起民众，铲除卖国军阀，打倒帝国主义，求中国之自由独立，联合世界上以平等待我之民族，共同奋斗，特宣誓生死与共，不达目的不止。此誓。"会后，冯玉祥高举旗帜参加誓师队伍大游行，高呼"打倒帝国主义""铲除卖国军阀"的口号。五原誓师后，冯玉祥部正式脱离了北洋军阀体系，成为国民革命军。随后冯玉祥率部经宁夏入甘、陕，与北伐军会师于中原，为此制发了革命纪念章。正如周恩来所说："五原誓师后，又加以政治训练，西北军遂成为当时之雄。"

1929年宁夏省成立，由冯玉祥部门致中担任国民党宁夏省政府首任主席，并制发了宁夏省政府胸牌，颁给省政府工作人员。

南征北战丰功伟绩的见证——红星奖章

"中华苏维埃共和国红星奖章"为二级文物。由中华苏维埃共和国中央革命军事委员会颁发，简称"红星奖章"，是授予中国工农红军有功人员的一种证章，分为三等，3个等级的材质分别为金、银、铜。其中，一、二等奖章为十角星图案造型，三等奖章为钝角五角星形状。所有等级的奖章表带均为小铁管和铁环相系，其中朱德6号金章的表带为金质或为镀金。各级红星奖章中间钱币形圆圈中心都有一小红星，红星左右两侧由禾穗环抱，红星上部有"红星"二字，从右向左布列，下部有"章"字。一、二等章为隶带篆体，三等章为隶体。"红星奖章"的背面铸有3行长方体凸字，上行为"中华苏维埃共和国"8字，下行为"中央革命军事委员会颁"10字，最下为阿拉伯字"1933.8.1"。中华苏维埃共和国中央革命军事委员会是1931年11月25日在瑞金县叶坪乡宣告成立的，负责领导全国红军的作战和建设，至1937年7月结束，改组为中共中央革命军事委员会。1933年7月9日，中华苏维埃共和国中央革命军事委员会发布命令，于八一建军节时颁发红星奖章，表彰有特殊功勋的红军指战员。同时命令要求各军，要根据考察情况上报受奖人的事迹，由军委评审后，按其等次发给红星奖章。7月11日，中华苏维埃共和国临时中央政府也作出决议：对于"领导南昌暴动的负责同志及红军中有特殊功勋的指挥员和战斗员"授予红星奖章。1933年8月1日，在首次庆祝八一建军节时，举行了授奖大会。1958—1959年，周恩来、朱德、彭绍辉、杨得志等率先垂范，将他们保存多年的红星奖章捐赠给中国人民革命军事博物馆土地革命战争馆。宁夏档案馆馆藏"中华苏维埃共和国红星章"是三等奖章，为铜质钝角五角星形状。红星奖章是英雄们浴血奋战、争取民族解放的证明，它们将在中国革命史上永放光芒。

宁夏档案馆馆藏的实物档案

宁夏档案馆馆藏"民国宁夏省主席胸章"为二级文物，"西夏天盛元宝铜钱""西夏天盛元宝铁钱""西夏乾祐元宝铁钱""中华民国七年十月十日第二任大总统徐世昌归任纪念章""民国云南都督府拥护共和奖章""国民党青天白日勋章""各界拥护省港农工务达最后胜利纪念章""伪满洲国皇帝登基大典纪念章""西北青年救国会八一运动大会赠奖章""庞炳勋颁赠为国流血纪念章""冀鲁军区第八军分区抗战八年纪念章""国民军陆军大学毕业证章""东北民主联军朱德奖章"等13件实物档案均为一般文物。

以上介绍的文物，仅是宁夏档案馆馆藏实物档案的一部分。

实物档案是宁夏档案馆馆藏档案的重要组成部分，生动、形象、直观地记录了宁夏经济、政治、文化、社会、生态文明等发展历史、实践活动以及取得成就，与纸质、声像、电子等门类档案相互印证、互为补充，共同构成了宁夏档案馆档案信息资源。包括印章、钱币、证章、像章、字画、剪纸、票证、房契、股票、石头片、奖牌、奖杯、牌匾、锦旗、袖章、赠品、地图、图纸等。最早的档案为西夏文本活字印刷《大方广佛华严经》第11—15卷，其中第11卷为孤本。清康乾至宣统年间宁夏地区地震、黄河泛滥、山洪、干旱等自然灾害及农业生产情况的奏折，同治年间的地契，清末印花牛皮《古兰经》等，特别是中共三边地委形成的部分革命历史档案资料，内容包括三边地委开展宁夏工作和宁夏地下党组织活动形成的各种档案资料，是宁夏档案馆馆藏档案中最为珍贵的部分，具有较高历史价值。

物是人非转头空，馆舍清新尽芳菲。这些珍藏在宁夏档案馆的实物档案典藏了宁夏的历史，一批又一批档案人为了宁夏历史不断代、不隔绝、不遗忘，收集档案、整理档案、珍藏档案、利用档案，默默付出在人们的视野背后。他们用心灵感悟着一个地方的历史变迁，也在付出中凝练着信念的忠诚。步入新时代，面貌一新的宁夏档案馆在珍藏历史中实现着嬗变，在不断的追求中服务经济社会的发展。

《档案博览》2019年第4期

生态美，点亮银川美好生活
——银川城市园林绿化发展脉动

邱卫华

伴随着共和国波澜壮阔的发展历程，曾经封闭落后的小城银川，已蜕变成为充满生机活力的西北重要中心城市。笔者撷取离百姓生活最近的"园林绿化"作为视角，梳理和回顾新中国成立以来，银川城市园林建设发展轨迹，忠实记录和展示银川跨越变迁的历程，共同见证银川生态建设发展进步的生动实践。

一穷二白，在波折中负重前行

银川地处宁夏平原中部，受温带大陆性气候影响，干旱、少雨，风沙大，且地下水位高，土质盐碱含量大，绿化基础条件差。新中国成立之初，银川国民经济异常落后，百业凋敝，百废待兴，建成区面积仅3平方公里，人口不足20万，被喻为"一个公园两只猴，一条马路两座楼，一个警察看两头"。市区内街巷均为土路，街道狭窄，常常"晴天一身灰，雨天两脚泥"。市区园林遗存寥寥无几，仅有西马营（今中山公园）一处园林绿化。老城区树木稀少，官邸宅院、部分街道多是沙枣、杨柳、榆树，市区内行道树不足4000株。一直到1959年，才成立了专业绿化队，但由于没有统一的规划，城市绿化建设发展缓慢。1964年，银川城市绿化办公室成立，整建扩建了中山公园、北塔、西塔风景点，建立了专用苗圃地。

枯木逢春，实现华丽"三级跳"

党的十一届三中全会召开后，在经历了漫长的徘徊停滞，银川城市园林建设事业迎来了发展的春天。

渐进发展期（1979—1999年）。为改变园林建设落后局面，银川市积极改革园林管理体制，建立健全市、区、街道三级绿化管理体系，出台《银川市园林绿化管理规定》《银川市城市园林绿化管理暂行条例》等，成立市园林科学研究所和园林规划设计室，积极开展城市绿化树种的引进、驯化，花卉培育，草皮引种推广及防治病虫害研究。1983年9月，为改变银川绿化起步晚、苗木品类单一的境况，出台《银川园林建设"六五"规划和"七五"设想》，着力抓好景区、城市绿化和公园规划设计及单位庭院的绿化工作，使城市园林绿化步入普遍绿化和重点绿化结合的新阶段。近20年的时间里，在仅有1座公园（中山公园）的基础上，陆续建成唐徕公园、西夏公园、流芳园（现解放公园）等大型公园，新建怡园、青年公园等一批小公园、小游园；根据"市政建设到哪里，绿化就跟到哪里"的原则，陆续对市区道路、林带、街头绿地实施绿化和改造建设，行道花池以栽植常青树和花卉为主，初步实现四季常青、三季花开的园林路景观。广泛栽植市花市树及培植盆花，自治区成立三十周年和四十周年大庆期间，在广场、街道、主要路口展摆各类盆花达70万盆，装点美化城市，营造节日喜庆氛围。截至1999年底，公共绿地面积8.1万平方米，城市绿化覆盖率达22.01%，人均公共绿地面积4.24平方米。

加快发展期（2000—2010年）。进入21世纪，银川市将"生态立市"置于城市发展五大方略之首，着力在"水"和"绿"上谋篇布局、做大做强。2001年2月22日，市十一届人大三次会议提出建设"城在园中、园在城中，城在湖中、湖在城中，城在林中、林在城中"的战略目标，以创建"国家园林城市"为突破口，大力改善银川生态环境。一是打造"塞上湖城"。以满足市民多样化需求为着力点，按照"高起点规划、高标准设计，一次规划、分期实施"的原则，坚持一张蓝图绘到底，精心组织实施了鸣翠湖、阅海、典农河、宝湖、黄沙古渡等湿地保护与恢复工程，阅海和西湖等水系连通扩整工程，市区主要湖泊环境综合整治工程等，银川西南部、东南部及西北环水系建设全面完工。完善典农河、阅海等湖泊湿地的补水、排水、防洪功能，构建起城市水循环生态圈。截至2010年底，全市湖泊湿地近200处，新增湖泊湿地面积944公顷，昔日银川平原七十二连湖的胜景得以重现，"塞上湖城"景观初显成效。二是营造"绿色银川"。2002年起，在新区开发和旧城改造中，对新建改建的北京路、亲水大街、109国道、大连路、六盘山路等160条城市道路实施绿化及林带建设，达到新建改造一条、绿化美化一条，使条条道路化身绿色风景带；新建丽子园、丽景园、森林公园、德馨公园、凝翠园及小游园等，持续改造提升唐徕公园、中山公园、西夏公园等基础设施、配套设施以及绿化品质，全市所有公园实现免费开放；精心设计实施迎宾广场、大团结广场、"三馆两中心"等配套绿化工程，打造"绿岛"效应。自治区成立五十周年大庆、奥运火炬在银传递等重要节点，在广场、公园、街头及道路沿线展摆各色花卉，使银川成为花的海洋。全力营造湖泊湿地的生态、文化、休闲氛围，建成亲水步道、园林小品、休闲广场等公益设施，绿化强调植物造景，仅典农河一处，2005年完成植树7.66万株，种植低矮木本植物1.4万平方米（39.1万株）、露地花卉及木本花卉10万平方米，构建起碧水蓝天、绿树繁花交相辉映的美好景致。在此期间，加大财政和社会资金投入力度，2003—2006年，园林绿化建设专项资金投入达40434.21万元。截至2010年末，建成区绿化覆盖率达43.03%、绿地率43.22%、人均公园绿地面积12.06平方米。随着生态环境的持续改善，国家卫生城市、国家园林城市、中国人居环境范例奖、国家环保模范城市等荣誉纷至沓来，银川城市形象大幅提升，有力推动了城市化进程。

提档升级期（2011—2018年）。党的十八大以来，自治区、市党委同心同向，牢固树立"抓生态就是抓发展"理念，大力实施生态优先战略。银川市聚焦创建国家生态园林城市目标，全面提升城市生态品位，努力建设美丽银川。一是打造精品园林工程。投资12.13亿元建设银川绿博园，成功举办2015中国—阿拉伯国家绿化博览会，接待游客百余万人次；

2017年9月，第九届中国花卉博览会盛况空前，800余家花卉企业踊跃参展，姹紫嫣红的花卉盛宴吸引国内外160万游客共享花博盛况，开创西北地区举办花博会先河，并刷新多项花博会之最。自治区成立六十周年大庆期间，在亲水街、人民广场等重点区域、路段，展摆500万盆鲜花和163个50268平方米的绿雕花卉，种植30余种30万平方米的露地花卉，形成大色带、大色块的花带花海，营造节日喜庆氛围。二是实施生态绿化品质提升行动。对六盘山路、北京路、贺兰山路、正源街、友爱中心路等城市主干道实施大整治大绿化，构建高密度、大绿量、多色彩的城市"绿网"；实施街头绿地、小游园精品化改造，建成湖滨街游园等一批小微公园和主题公园，打造"一街一景，一园一品"；完成西夏公园、览山公园、日新公园等绿化改造提升，唐徕公园整治扩建以及典农河、大雁湖、阅海等沿河沿湖休闲栈道和绿地改造提升建设。三是奏响"湖城银川"最强音。出台《关于加强鸣翠湖等31处湖泊湿地保护的决定》，对宝湖、海宝湖、鸣翠湖等实施湖体清淤、水草治理、水生植物种植，完成七子连湖退田还湖和城市水系连通工程。加强对阅海、宝湖等湿地区域生物多样性保护，水质、水资源监测和疫源疫病监测防控，抓好重点湿地补水、污染防控、有害生物防治、栖息地恢复等综合治理工程。开展鸟类迁徙期监测，摸清重点湿地鸟类活动规律。在中山公园、森林公园等湖泊湿地进行人工增殖放流，投放鱼苗。2009年以来，累计投入湿地保护工程项目资金约34.5亿元，市、区湿地面积5.31万公顷，湿地率达10.65%，湿地保护率达78.5%。

成果丰硕，群众的获得感、幸福感节节攀升

满城青翠，宜居宜业。绿色孕育生机，绿色彰显活力。70年来，银川城市园林绿化从无到有、从零星点缀到满目苍翠，取得令人惊艳的骄人业绩。特别是党的十八大以来，将"绿色高端和谐宜居"城市发展理念融入园林建设，着力构建以街头、庭院、小区绿地为"点"，以城市干道、河湖沟渠绿化为"线"，以公园、广场绿地为"面"的绿化格局，使城市园林绿化以年均新建和完善500多公顷的速度递增，形成"点上绿色成景，线上绿树成荫，面上绿意成片"的城市景观。截至2018年底，银川

市园林绿地面积达 7659 公顷，有公园广场 134 个，绿地率 42.10%，绿化覆盖率 41.68%。绿色已成为银川发展最亮丽的底色，中国喜鹊之乡、中国十大新天府、中国最美丽城市、中国最佳生态旅游城市、中国旅游休闲示范城市、中国最宜居城市等荣誉接踵而至，今天的银川充满了繁荣发展的活力，以全新的姿态绽放着新时代"丝路明珠·魅力银川"的耀眼光彩。

绿意盎然，民心欢悦。一枝一叶总关情，良好生态环境就是最普惠的民生福祉。2014 年以来，结合旧城改造、老旧小区改造、街道提档升级和新建住宅等建设，通过拆违还绿、拆迁建绿、定点增绿、见缝插绿等方式，每年建成一批特色鲜明的小型绿地、小微公园、小游园，积极回应市民对优美生态环境的新期待。截至 2018 年底，建有公园 53 个，人均公园绿地面积达 17.04 平方米。市民推窗见景、出门入园，处处都是赏心悦目的好去处。晨曦时分、茶余饭后，置身绿意盎然、花团锦簇、曲径通幽的氛围中健身、休闲、娱乐，成为市民最为惬意、轻松和畅快的时刻，愉悦的笑容成为银川生态建设最完美的注脚，发展带来的绿色福祉极大提高了银川市民的归属感、幸福感和自豪感。2019 年 2 月，银川入选"中国美好生活城市"的消息瞬间霸屏市民"朋友圈"，市民纷纷点赞、喝彩。

塞上湖城，尽展美好。银川依水而生、因水而美。自古得黄河灌溉之利，境内湖泊星罗棋布，清乾隆年间便有"七十二连湖"之称。21 世纪以来，银川市把恢复建设湖泊湿地、打造"塞上湖城"作为提升城市生态品质、推进城市化进程的重要抓手，不断加快湿地植被恢复、鸟类栖息地修复、湖泊利用等建设进度，全力实施以水系连通、扩湖整治为重点的湖泊湿地保护综合整治，完成近 2200 公顷退化湿地的生态恢复，大力营造湖光山色、灵动秀美的城市新图景。随着全市生态环境的逐步改善，作为候鸟迁徙的重要中转站，每年冬春时节都会有大批候鸟光顾各大湿地公园，驻足停留的野生鸟类约有 239 种，成群结队的候鸟和观鸟热潮已成为一道亮丽的风景。截至 2019 年 12 月，拥有 5 处国家湿地公园、1 处国家城市湿地公园、6 处自治区级湿地公园、8 处市级公园。2018 年，先后斩获全球首批"国际湿地城市""中国最具生态竞争力城市"等殊荣。如今的银川，不是江南胜似江南。

醉美花事，精彩绽放。景观花卉凸显城市生态品质。近年来，银川以花为媒、以花为题，不断创新工作模式，大做花卉文章。大面积栽植各类乔灌花草460余种，每年4—11月，在街道、公园、广场处处可见各色花树渐次绽放，五颜六色的花朵挤满枝头，多样化的树种把银川装扮得美丽妖娆、绚烂多彩，花香满城的迷人景致常常使人乐不思蜀。"美丽庭院""鲜花进万家"活动，令市民欢呼雀跃，共建"美丽银川"的理念深入人心。承办的第九届中国花卉博览会，成功会聚国内顶尖和最具特色、最有代表性的花卉新品种、新技术、新成果，展摆花卉二十二大类7000多个品种。首届郁金香节，精选51个品种八大色系80万株郁金香，面积达2万平方米。首届荷花节以"荷韵清风·明媚银川"为主题，融观荷、赏荷、品荷于一体，在鸣翠湖国家湿地公园闪耀亮相。第九届中国花卉博览会菊花展，展出340余个品种16万盆300余组菊花造型，一系列美轮美奂的花事盛宴，吸引区内外大批游客慕名前来，游人驻足花前，沉醉于花香，流连于花海。目前，已连续举办九届菊花艺术展，荷花节、郁金香节等各类花事活动初具规模，形成广场花坛突显、节点花岛呈现、绿地鲜花常现、花事活动常办的良好格局，极大满足了游人的视觉享受，丰富活跃了群众的文化生活。

抚今追昔，旨在登高望远；知往鉴今，意在更好前行。放眼如锦的银川城市园林绿化，感受生机盎然的生态美景，我们有理由相信，在习近平生态文明思想的指引下，全市上下凝心聚力、携手共进，银川必将在"建设美丽新宁夏、共圆伟大中国梦"的新征程上，书写出更加精彩、更为绚烂的华美乐章！